普通高等教育"十四五"规划教材·财经案例分析系列教材

公司财务会计案例分析

谢德兵　袁奋强　范丽红　等　编

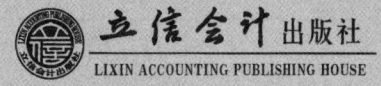

图书在版编目(CIP)数据

公司财务会计案例分析 / 谢德兵等编. —上海：立信会计出版社,2022.12
ISBN 978-7-5429-7213-2

Ⅰ.①公… Ⅱ.①谢… Ⅲ.①公司-财务管理-案例-研究 Ⅳ.①F276.6

中国国家版本馆 CIP 数据核字(2023)第 036637 号

策划编辑　王斯龙
责任编辑　王斯龙
助理编辑　郑文婧
美术编辑　吴博闻

公司财务会计案例分析
GONGSI CAIWU KUAIJI ANLI FENXI

出版发行	立信会计出版社		
地　　址	上海市中山西路 2230 号	邮政编码	200235
电　　话	(021)64411389	传　　真	(021)64411325
网　　址	www.lixinaph.com	电子邮箱	lixinaph2019@126.com
网上书店	http://lixin.jd.com		http://lxkjcbs.tmall.com
经　　销	各地新华书店		
印　　刷	上海华业装潢印刷有限公司		
开　　本	787 毫米×1092 毫米	1/16	
印　　张	12		
字　　数	240 千字		
版　　次	2022 年 12 月第 1 版		
印　　次	2022 年 12 月第 1 次		
书　　号	ISBN 978-7-5429-7213-2/F		
定　　价	41.00 元		

如有印订差错,请与本社联系调换

前　言

工商管理学科将学生能力的培养放在首位，案例教学是经济与管理类专业在课程教学中普遍使用的教学方法。教师在教学过程中，除了系统地讲授学科的理论框架，还要不断培养学生自主学习的能力、批判性思维、系统性分析问题的能力和快速提出解决方案的能力，案例教学是提升学生上述能力的不可或缺的途径。

本书选取的案例涉及机械制造、材料加工、生物制药、医疗等多个行业，案例内容涵盖了成本管理、营运资金管理、绩效评价、股权激励、会计信息系统应用等方面。本书选取的案例属于专业综合论证型，强调财务决策在不同类型企业的适用性。通过学习本书案例，学生可以从决策者的视角，分析管理过程中的问题所在，确定解决方案，考察有关的数据并作出决策；可以巩固所学的财务知识，提高财务知识的应用能力、财务信息管理能力、整体分析能力及判断能力。本书既适合财务会计专业的本科生学习参考，也适合在各类企业从事管理工作的人员学习参考。

本书精选的每个案例后都附有思考题和理论依据，旨在引导学生对案例内容进行开放性思考。本书选取的案例时间跨度较大，涵盖行业众多，围绕公司财务多个层面展开分析。

本书的案例研发团队做了大量的访谈、调研及数据整理工作。本书的编写分工如下：第一章、第二章由谢德兵执笔，第三章、第四章由范丽红执笔，第五章、第六章由袁奋强执笔，第七章由商燕劼执笔，第八章由李艳平执笔，第九章由刘敏执笔，第十章由何薇执笔，全书由谢德兵统稿整理。

在本书出版之际，对所有为我们提供素材的企业家和经理们表示感谢！对立信会计出版社在本书的立项、编写与出版过程中给予的许多建设性意见，以及提供的大力帮助表示诚挚的感谢！对本书的编辑老师在本书出版过程中的辛勤工作表示诚挚的感谢！

由于编写团队水平有限，本书中的内容可能存在疏漏，敬请读者批评指正。

编　者

2022 年 12 月

目 录

第一章 ZL 公司员工持股计划的激励效果及改进 / 001

    一、背景描述 / 002

    二、现状与问题 / 004

    三、改进与应用 / 014

    四、本章小结 / 017

第二章 制造业参与基础设施类项目 PPP 模式的探索研究——以 XG 集团为例 / 021

    一、背景描述 / 021

    二、现状与问题 / 022

    三、改进与应用 / 023

    四、本章小结 / 037

第三章 GT 会计师事务所人力资源薪酬体系优化设计 / 042

    一、背景描述 / 043

    二、现状与问题 / 046

    三、改进与应用 / 049

    四、本章小结 / 054

第四章 CH 股份并购 TM 集团重组方案设计 / 059

    一、背景描述 / 059

    二、两轮并购重组过程 / 064

    三、改进与应用 / 072

    四、本章小结 / 074

第五章 EPCO 模式下业财融合体系的构建和应用——以 HY 集团为例 / 078

    一、背景描述 / 079

    二、现状与问题 / 079

    三、改进与应用 / 085

    四、本章小结 / 092

第六章　基于 RBRVS 的多维集成绩效评价体系——以 ABC 医院为例 / 096
　　一、背景描述 / 096
　　二、ABC 医院存在的问题及成因分析 / 097
　　三、改进与应用 / 098
　　四、本章小结 / 112

第七章　基于动态能力的价值链成本管理框架设计 / 119
　　一、背景描述 / 119
　　二、现状与问题 / 121
　　三、改进与应用 / 128
　　四、本章小结 / 131

第八章　财务共享服务模式下上市公司资金管理研究——以 PA 集团为例 / 135
　　一、背景描述 / 135
　　二、现状与问题 / 136
　　三、改进与应用 / 139
　　四、本章小结 / 142

第九章　JX 公司定向增发下控股股东利益输送行为研究 / 147
　　一、背景描述 / 148
　　二、JX 公司定向增发存在的问题 / 150
　　三、改进与应用 / 163
　　四、本章小结 / 164

第十章　管理会计信息系统在养老健康产业的应用 / 169
　　一、背景描述 / 169
　　二、主要问题及动因分析 / 170
　　三、改进与应用 / 170
　　四、本章小结 / 183

第一章　ZL公司员工持股计划的激励效果及改进

员工持股计划（employee stock ownership plans，ESOP）是一种特殊的企业薪酬规划，属于长期激励机制。员工持股计划起源于美国，在西方成熟的资本市场中是一种非常普遍的制度安排。员工持股计划是缩减贫富差距、维护社会稳定的重要策略。2013年11月，党的十八届三中全会通过的《中共中央关于全面深化改革若干重大问题的决定》拉开了我国员工持股计划试点工作的序幕。2014年6月，中国证券监督管理委员会（以下简称证监会）发布了《关于上市公司实施员工持股计划试点的指导意见》，对上市公司的员工持股计划及其相关活动进行规范，标志着我国上市公司实施员工持股计划逐渐制度化。

自2014年9月我国首次实施员工持股计划以来，已有千余家上市企业宣布实施员工持股计划，其中有71家上市企业已正式实施员工持股计划，员工持股计划在我国发展迅速。然而，由于我国员工持股计划起步较晚，无论是理论研究还是实践经验，都与发达国家存在较大的差距。社会制度、经济制度和市场环境等方面的差异，使得国外成功案例的经验对于我国企业来说应用价值十分有限。企业在实施员工持股计划时遇到各种问题，轻则影响实施效果，重则失败。据东方财富Choice统计，自2015年1月1日开始至2020年12月31日，我国上市公司累计发布员工持股计划公告996份，被股东大会否决的有5份，被取消的有114份。因此，员工持股计划对企业各方面产生的激励效果如何？怎样使得企业员工的价值得以实现？这些问题都需要进一步研究。

当前，中国科技创新正站在历史新起点上，以赶超者的姿态加速发展成为世界创新中心。高新技术企业作为科技创新的领头羊，其发展对国家推进创新驱动战略至关重要，而公司高管和技术人员在推动高新技术企业发展中发挥着关键作用。因此，实施员工持股计划能够为该类企业优化内部管理、吸引人才，以及推动创新提供有效的激励机制。

ZL 公司位于我国苏南地区,是一家国家重点高新技术企业,作为国内新能源行业的佼佼者,在行业内始终发挥着带头示范作用。本章将 ZL 公司作为研究案例,既能为研究提供实践与应用支持,也能为高新技术企业在面临此类问题时提供借鉴和参考。

一、背景描述

(一)公司简介

ZL 公司成立于 2008 年,是国家级火炬计划重点高新技术企业,于 2014 年成功上市,是 A 股中最早以光伏背板作为主营业务的上市公司。ZL 公司在光伏业务领域不断拓展,坚持以领先技术为核心、以奋斗型人才为驱动、以客户发展为中心,聚焦绿色新能源领域。ZL 公司主营四大业务板块,分别是光伏背板、光伏电池与组件、分布式系统应用开发与新能源业态创新开发。ZL 公司四大业务板块聚焦了新能源行业的先进材料、先进技术、创新集成、多产联动,顺应行业大趋势,逐步形成互动互补、共生共享的平台,不断深耕新能源技术与市场,努力构建面向未来的产业生态链,以实现绿色能源转型并为"碳中和"赋能。目前,ZL 公司总资产超 120 亿元,员工超 2 500 人,其中研发人员 500 人左右。ZL 公司 2014—2021 年的主要经营状况,如表 1-1 所示。

表 1-1 ZL 公司 2014—2021 年的主要经营状况   单位:亿元

项目	2014 年	2015 年	2016 年	2017 年	2018 年	2019 年	2020 年	2021 年
资产	10.55	15.98	34.70	61.94	60.02	85.95	97.17	121.40
负债	3.14	7.15	24.72	35.42	34.34	50.94	52.77	80.72
所有者权益	7.42	8.83	9.98	26.52	25.68	35.01	44.40	40.67
营业收入	4.76	7.34	13.88	32.43	26.92	34.78	50.85	58.20
净利润	1.18	1.08	1.65	2.62	1.31	2.61	1.47	-4.13

数据来源:ZL 公司 2014—2021 年年度报告。

表 1-1 显示,ZL 公司在 2014—2021 年的资产规模持续增长,2016 年和 2017 年的资产总额呈现倍数增长态势,2018—2021 年的资产总额增速放缓。ZL 公司 2018 年受行业发展趋势下滑影响,营业收入下降,同年的净利润下降 50.00%。ZL 公司 2019 年的净利润增长率接近 100%。由于行业环境持续带来的负面影响,ZL 公司 2020 年以来的净利润持续下跌。尽管 ZL 公司的企业规模不断扩大,盈利状况堪忧。

(二)股权结构

股权结构是上市公司治理结构的基础,也是决定公司组织架构、经营决策的依据。对比 2014 年和 2021 年 ZL 公司的前十大股东持股情况,我们可以看出,ZL 公司的股权结构呈现逐步分散的趋势。2014年，ZL公司的前四大股东均为自然人，ZL公司创始人夫妇（张育政、林建伟）持股比例高达53.72%，成为ZL公司控股股东和实际控制人。2021年，ZL公司引入的机构投资者股份占比明显提升，前十大股东中，机构投资者占比16.06%，而ZL公司创始人夫妇持股比例下降为29.04%。从2014—2021年ZL公司发布的公告可知，ZL公司分别于2015年6月、2019年3月、2020年1月和2020年6月实施四次员工持股计划，对ZL公司的股权结构产生一定影响。ZL公司2014年与2021年的前十大股东持股情况，如表1-2和表1-3所示。

表1-2　ZL公司2014年前十大股东持股情况表

股东名称	持股数量（股）	持股比例
张育政	38 509 897	32.23%
林建伟	25 673 265	21.49%
江小伟	17 115 510	14.32%
颜玲明	4 278 878	3.58%
苏州普乐投资管理有限公司	4 032 450	3.37%
平安信托有限责任公司——金蕴55期（季胜）集合资金信托	635 382	0.53%
全国社保基金四一八组合	369 665	0.31%
中国农业银行——中邮核心成长股票型证券投资基金	369 665	0.31%
宁波银行股份有限公司——国泰民益灵活配置混合型证券	369 665	0.31%
中国农业银行股份有限公司——国泰浓益灵活配置混合型证券投资基金	369 665	0.31%

数据来源：ZL公司2014年年度报告。

表1-3　ZL公司2021年前十大股东持股情况表

股东名称	持股数量（股）	持股比例
林建伟	180 685 737	16.58%
张育政	135 745 704	12.46%
上海道得投资管理合伙企业（有限合伙）——泰州姜堰道得新材料股权投资合伙企业（有限合伙）	86 587 320	7.95%
上海浦东发展银行股份有限公司——广发高端制造股票型发起式证券投资基金	34 361 697	3.15%
中国工商银行股份有限公司——广发鑫享灵活配置混合型证券投资基金	14 129 520	1.30%
中国建设银行股份有限公司——广发诚享混合型证券投资基金	11 486 264	1.05%

（续表）

股东名称	持股数量（股）	持股比例
兴业银行股份有限公司——广发兴诚混合型证券投资基金	11 146 700	1.02%
苏州普乐投资管理有限公司	9 936 448	0.91%
方东晖	7 540 677	0.69%
苏州中来光伏新材股份有限公司——第三期员工持股计划	7 426 994	0.68%

数据来源：ZL 公司 2021 年年度报告。

二、现状与问题

ZL 公司在 2014—2021 年共实施了四次员工持股计划，其中 2015 年和 2019 年的参加对象分别有 100 人和 146 人，2020 年的两次员工持股计划参加对象数量偏少。考虑到 2015 年实施的员工持股计划至 2022 年 12 月存续期届满，本案例侧重分析 ZL 公司 2015 年员工持股计划的实施情况。

（一）员工持股计划实施现状

1. 员工持股计划实施动因

1）相关政策及法规逐渐健全

2012 年开始，国务院和证监会相继出台了一系列的政策法规，以保障我国上市公司员工持股计划的实施。政策法规的出台很好地健全了我国员工持股计划的相关制度体系，同时也体现了国家对员工持股计划的关注和重视。相关政策颁布时间，如表 1-4 所示。

表 1-4 相关政策颁布时间

时间	相关政策
2012 年 8 月	证监会《上市公司员工持股计划管理暂行办法（征求意见稿）》
2013 年 2 月	《关于深化收入分配制度改革的若干意见》中明确指出要支持有条件的企业开展员工股持股计划
2013 年 11 月	十八届三中全会提出对混合所有制公司进行员工持股改革
2014 年 6 月	证监会《关于上市公司实施员工持股计划试点的指导意见》（以下简称《指导意见》）
2014 年 9 月	《上海证券交易所上市公司员工持股计划信息披露工作指引》
2014 年 11 月	深圳证券交易所《员工持股计划信息披露业务备忘录》
2016 年 8 月	国资委《关于国有控股混合所有制企业开展员工持股试点的意见》
2018 年 6 月	证监会《关于试点创新企业实施员工持股计划和期权激励的指引》
2022 年 1 月	《上海证券交易所上市公司自律监管指引第 1 号——规范运作》

资料来源：证监会官网。

2）向市场释放积极的信号

员工持股计划这种方式，通常会向外界释放一种积极的信号。由于公司的内部员工长期接触公司的内部事项，了解公司真实的发展和经营情况，公司内部人员认为公司的未来发展前景较好才会认购本公司股票，这在一定程度上说明员工对公司的长期发展是有信心的。并且，员工持股计划体现了公司经营管理层及所有者对公司未来发展的信心，传递出公司积极进取、扩大发展规模的信号。ZL公司于2014年成功上市，2015年实施员工持股计划，参与人员占比超过20%，向外界传递公司做大做强的决心。

同时，公司通过员工持股计划的形式将公司整体利益与员工个人利益挂钩，在一定程度上提高员工的积极性，员工出于利己心理，必然会希望股票价格能不断上涨，在未来出售时让自己获得更多利润，因此更愿意通过自己的劳动带动公司整体业绩的上升。利用这种方式向外部投资者传递积极信号，也可以有效地刺激股价上升。ZL公司的股价在上市之初为20元，2015年实施员工持股计划时已高达140元（复权后），公司市值也增长了7倍多。

3）应对人才需求和行业竞争

ZL公司自成立之日起，紧跟新能源产业快速发展的步伐，面对日趋激烈的行业竞争，打造专业技术团队，培养经验丰富、专业性强的技术人才。同时，作为民营科技型企业，ZL公司必须掌握核心生产技术，不断创新，才能继续扩大市场，获得长期发展。因此，对于ZL公司而言，人力资本就是其必不可少的核心竞争力，核心专业技术人才队伍的稳定性对企业发展非常重要，如果核心技术人员离开，对企业整体竞争力会有很大的影响，这使得ZL公司在推行员工持股计划方面具有更强的动机。

2014年，ZL公司已成为上交所的A股上市公司，当年公司年报披露的数据显示，在职员工总数294人，技术人员占比仅为10.54%。从学历水平来看，研究生以上学历的员工占比仅为3.40%，本科学历的员工占比为15.31%，中专以下学历的员工占比近七成，整体偏低的员工学历非常不利于高素质人才团队的打造。面对日趋激烈的业内竞争，如果ZL公司不采取措施吸引更多优秀人才，将难以保持目前的行业领先地位。在此背景下，ZL公司于2015年开展了首期员工持股计划，并在经历行业发展波动期后，陆续实施了三期员工持股计划。

2. 员工持股计划方案设计

1）方案主要内容

ZL公司在2015年6月4日对外公布了《第一期员工持股计划（草案）》，草案的主要内容如表1-5所示。ZL公司第二期、第三期、第四期员工持股计划草案的主要内容，如

表 1-6、表 1-7 和表 1-8 所示。

表 1-5 ZL 公司第一期员工持股计划内容

核心要素	主要内容
存续期	锁定期 12 个月,存续期 60 个月
参与对象	符合公司制定的标准,并经董事会确认、监事会核实(不超过 100 人)
资金来源	员工合法薪酬、自筹资金和法律、行政法规允许的其他方式
股票来源	通过二级市场购买、大宗交易等法律法规许可的方式取得并持有公司股票
股票数量	股票数量上限约为 63 万股,约占公司现有股本总额的 0.53%
管理模式	委托上海光大证券资产管理有限公司为本计划的资产管理机构

资料来源:根据 ZL 公司员工持股计划相关公告整理。

表 1-6 ZL 公司第二期员工持股计划内容

核心要素	主要内容
存续期	锁定期最长 36 个月,存续期 48 个月
参与对象	经董事会认定的对公司发展有贡献的董事、监事、高级管理人员、公司中高层管理人员、公司核心技术及业务骨干人员(不超过 146 人)
资金来源	员工合法薪酬、自筹资金和法律、行政法规允许的其他方式
股票来源	公司回购专用账户回购的公司股份
股票数量	受让价格为 1 元/股,合计不超过 251.55 万股
管理模式	内部管理权力机构为持有人会议 + 专业机构管理、咨询

资料来源:根据 ZL 公司员工持股计划相关公告整理。

表 1-7 ZL 公司第三期员工持股计划内容

核心要素	主要内容
存续期	锁定期最长 36 个月,存续期 48 个月
参与对象	对公司整体业绩和中长期发展具有重要作用和影响的公司(含控股子公司)董事(不含独立董事)、公司高级管理人员、公司中高层管理人员、公司核心技术及业务骨干人员(不超过 42 人)
资金来源	员工合法薪酬、自筹资金和法律、行政法规允许的其他方式
股票来源	公司回购专用账户回购的公司股份(A 股普通股股票)
股票数量	合计不超过 294.72 万股,截至 2019 年 12 月 31 日占公司股本总额的 0.82%
管理模式	内部管理权力机构为持有人会议 + 专业机构管理、咨询

资料来源:根据 ZL 公司员工持股计划相关公告整理。

表1-8　ZL公司第四期员工持股计划内容

核心要素	主要内容
存续期	锁定期最长36个月,存续期48个月
参与对象	对公司整体业绩和中长期发展具有重要作用和影响的公司高级管理人员、公司中高层管理人员(不超过2人)
资金来源	员工合法薪酬、自筹资金和法律、行政法规允许的其他方式
股票来源	公司回购专用账户回购的公司股份(A股普通股股票)
股票数量	合计不超过16.26万股,占公司目前股本总额的0.02%
管理模式	内部管理权力机构为持有人会议＋专业机构管理、咨询

资料来源:根据ZL公司员工持股计划相关公告整理。

对比表1-5至表1-8可以发现,ZL公司第一期员工持股计划与后三期员工持股计划在锁定期和存续期方面存在差异,分别为12个月、60个月和最长36个月、48个月。设置合理的锁定期,一方面能够降低企业员工的离职率,防止由于公司内部信息泄露或者项目被迫中断对企业未来的长远经营发展产生影响;另一方面能够在一定程度上对企业经营者的行为起到监督作用,让其在作出决策时综合考虑公司当前的发展情况和未来的发展前景,不能出于短期利己目的而对公司的发展造成不利影响,从而作出更加准确、更加合理的判断。

2)方案设计特点

(1)资金来源于员工。ZL公司四期员工持股计划的资金来源为员工合法薪酬、自筹资金及法律法规允许的其他方式,ZL公司不得向持有人提供垫资、担保、借贷等财务资助。并且,ZL公司员工持股计划中没有选择让员工分享当期公司利润的业绩奖励方式。

(2)混合型激励方案。ZL公司实施第一期员工持股计划的次年,还制订了包括董事长在内针对高管的股票期权计划和限制性股票激励计划,它们是具有企业特色的混合型、多元化的股票激励方案。

3. 员工持股计划实施情况

ZL公司第一期员工持股计划于2015年6月发布,于2019年12月实施完毕。ZL公司在2020年4月9日、2021年4月26日、2022年4月26日分三次发布《关于第一期员工持股计划存续期再次延期的公告》,实际存续期届满提示公告于2022年6月18日发布,明确第一期员工持股计划的存续期延长至2022年12月18日。ZL公司第一期员工持股计划主要事件,如表1-9所示。

表 1-9　ZL 公司第一期员工持股计划主要事件

时间	主要文件
2015 年 6 月 4 日	第一期员工持股计划(草案)公告
2015 年 6 月 17 日	GH 律师事务所关于公司实施第一期员工持股计划的法律意见书
2015 年 6 月 26 日	关于第一期员工持股计划完成股票购买的公告
2017 年 7 月 20 日	关于公司第一期员工持股计划 6 个月内不减持公司股份的公告
2019 年 12 月 18 日	关于公司第一期员工持股计划存续期即将届满的提示性公告
2020 年 4 月 9 日	关于第一期员工持股计划存续期延长的公告
2021 年 1 月 8 日	关于公司第一期员工持股计划存续期即将届满的提示性公告
2021 年 4 月 26 日	关于第一期员工持股计划存续期再次延期的公告
2021 年 12 月 18 日	关于公司第一期员工持股计划存续期即将届满的提示性公告
2022 年 4 月 26 日	关于第一期员工持股计划存续期再次延期的公告
2022 年 6 月 18 日	关于公司第一期员工持股计划存续期即将届满的提示性公告

通过分析延期公告和存续期即将届满提示公告可知，ZL 公司实施了 2015 年年度、2017 年半年度、2017 年年度、2018 年年度、2019 年年度、2020 年年度权益分派。截至 2022 年 4 月 26 日公告披露日，ZL 公司第一期员工持股计划持有公司股份数 2 999 997 股，占目前公司总股本的 0.28%。截至 2022 年 6 月 18 日，ZL 公司第一期员工持股计划未出现员工累计持有公司股票数量超过公司股本总额 10% 及任一持有人持有的员工持股计划份额对应的公司股票数量超过股本总额 1% 的情形。

4. 员工持股计划实施效果

1) 市场反应

在资本市场中，公司股票价格波动能够在一定程度上反映公司市值变化的程度。如果企业发布员工持股计划公告后，资本市场的反应是正面的、积极的，那么说明该计划对本市场来说是一个利好消息，可以有效地提升公司在资本市场上的价值。

ZL 公司第一期员工持股计划公告日(2015 年 6 月 4 日)前后股价涨跌变动幅度的情况如下：在 ZL 公司发布第一期员工持股计划公告前后，股价呈现波动下降的趋势，在公告发布一周左右有短暂的回升，但整体仍呈现出下降的趋势，说明 ZL 公司第一期员工持股计划并未显著提升公司在资本市场上的价值。从整体情况来看，ZL 公司第一期员工持股计划的披露对于资本市场而言是否构成利好消息还无法直接判断。ZL 公司 2015 年 6 月 4 日前后股价涨跌变动幅度，如图 1-1 所示。

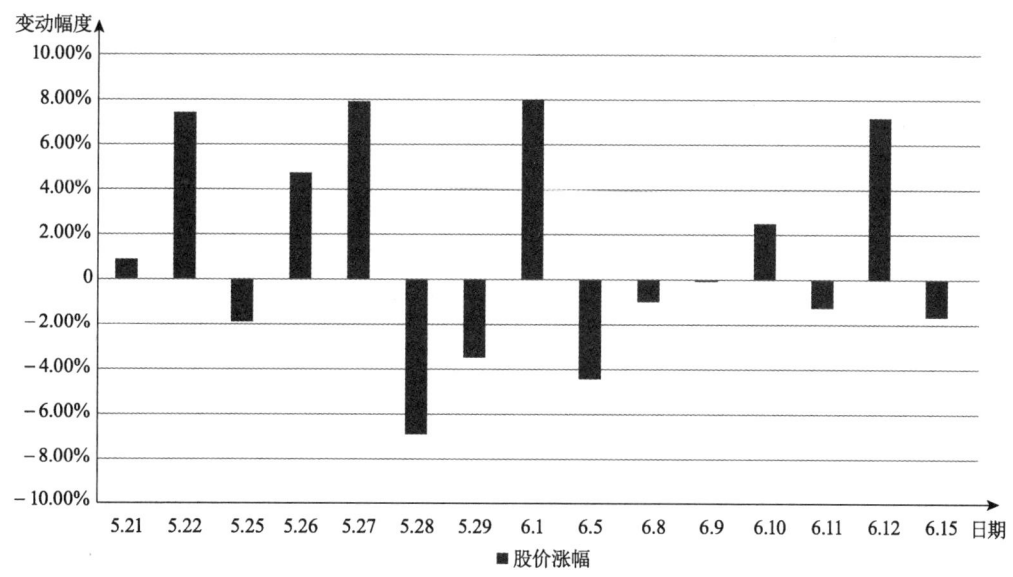

图 1-1　ZL 公司 2015 年 6 月 4 日前后股价涨跌变动幅度

ZL 公司第一期员工持股计划完成股票购买的公告日（2015 年 6 月 26 日）前后股价涨跌变动幅度的情况如下：在 ZL 公司发布第一期员工持股计划完成股票购买公告前后，股价呈现波动下降的趋势，在公告发布一周左右有较大的回升，但整体仍呈现较大幅度下降的趋势，说明 ZL 公司第一期员工持股计划并未显著提升公司在资本市场上的价值。从整体情况来看，ZL 公司第一期员工持股计划完成股票购买的披露对于资本市场而言是否构成利好消息还无法直接判断。ZL 公司 2015 年 6 月 26 日前后股价涨跌变动幅度，如图 1-2 所示。

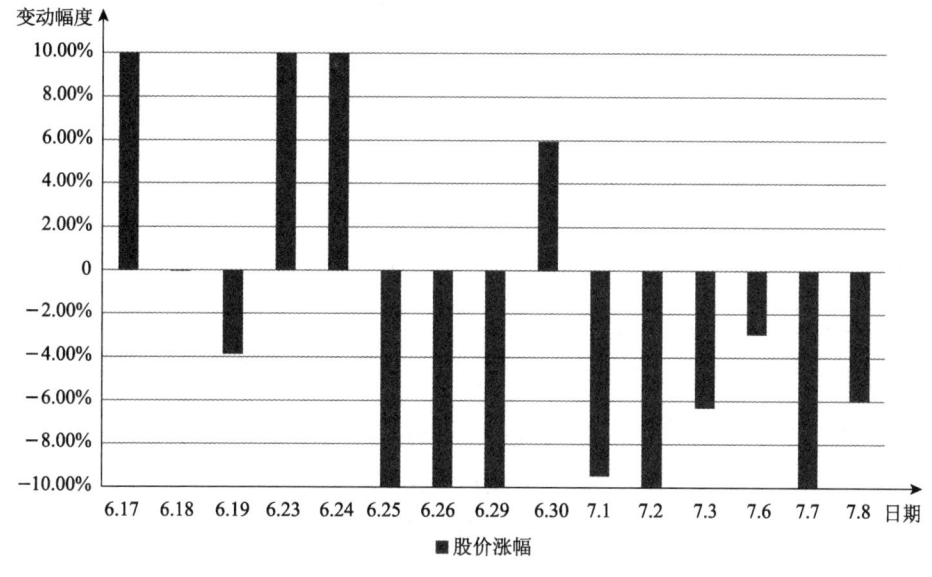

图 1-2　ZL 公司 2015 年 6 月 26 日前后股价涨跌变动幅度

2) 员工结构变化

员工持股计划是一种有效吸引人才的方式。ZL公司第一期员工持股计划不仅针对公司的董事、监事、高级管理人员,还将公司的大部分员工作为主要的激励对象。这种人员配置方式能够在很大程度上提高员工的工作积极性,有利于吸引优秀人才。

2014年ZL公司有294名员工,2021年增至2 589名,相比2014年增长了8倍多。就ZL公司而言,生产、销售和技术人员占公司总员工的比例很大,这与公司的性质有关。ZL公司2014—2021年员工构成变化情况,如表1-10所示。

表1-10 ZL公司2014—2021年员工构成变化情况　　　　　　　　　　单位:人

员工构成	2014年	2015年	2016年	2017年	2018年	2019年	2020年	2021年
生产人员	188	311	1 194	901	1 036	1 460	1 892	1 420
管理人员	62	88	154	199	276	318	333	380
技术人员	31	48	183	290	339	472	489	623
销售人员	13	18	22	91	69	97	101	166
合计	294	465	1 553	1 481	1 720	2 347	2 815	2 589

数据来源:ZL公司2014—2021年年度报告。

ZL公司2014—2021年员工学历构成情况,如表1-11所示。从表1-11中可以看出,ZL公司本科和大专以上学历的员工占总员工人数比重低于50%,说明ZL公司急需加大对高层次人才的吸引。ZL公司规模正在逐步扩大,其员工的专业结构需要不断完善,员工整体素质也需要不断提高,以满足公司发展的需要。

表1-11 ZL公司2014—2021年员工学历构成情况　　　　　　　　　　单位:人

学历	2014年	2015年	2016年	2017年	2018年	2019年	2020年	2021年
研究生及以上	10	18	38	70	67	59	68	83
本科	45	65	181	294	305	384	415	550
大专	42	69	317	356	443	602	689	691
大专以下	197	313	1 017	761	905	1 302	1 643	1 265
合计	294	465	1 553	1 481	1 720	2 347	2 815	2 589

ZL公司作为新能源设备企业,更注重对生产、技术相关员工的激励,大规模的员工持股可以激发员工的积极性,激励员工参与公司的治理,有利于核心人才的稳定。但如果不区分员工持股计划的覆盖范围,可能无法达到预期效果。当公司管理层持股比例较高时,普通员工的持股可能会成为陪衬,导致普通员工持有的股份数量难以有效地提高他们的工作积极性,无法起到激励作用。

3）经营状况

企业作为市场上自主从事经济活动的营利性经济组织，盈利是其主要目的，所以其盈利能力也是投资者主要关注的问题之一。提高经营业绩、实现企业的长期持续发展也是企业实施员工持股计划的根本目的之一。因此，本案例还从盈利能力和成长能力的角度对 ZL 公司的第一期员工持股计划进行分析，主要选取营业收入、净利润、净利润增长率、净资产收益率等指标，并与 ZL 公司的主要竞争对手 YJ 公司进行比较。ZL 公司 2014—2021 年经营状况和 YJ 公司 2014—2021 年经营状况，如表 1-12 和表 1-13 所示。

表 1-12　ZL 公司 2014—2021 年经营状况

项目	2014	2015 年	2016 年	2017 年	2018 年	2019 年	2020 年	2021 年
营业收入（亿元）	4.76	7.34	13.88	32.43	26.92	34.78	50.85	58.20
营业收入增长率	37.79%	54.24%	89.05%	133.68%	-16.99%	29.20%	46.21%	14.45%
净利润（亿元）	1.18	1.08	1.65	2.62	1.31	2.61	1.47	-4.13
净利润增长率	20.23%	-8.34%	53.30%	58.51%	-50.10%	100.08%	-43.82%	-380.99%
净资产收益率	27.95%	13.78%	18.51%	23.74%	4.91%	9.05%	2.82%	-8.92%

表 1-13　YJ 公司 2014—2021 年经营状况

项目	2014 年	2015 年	2016 年	2017 年	2018 年	2019 年	2020 年	2021 年
营业收入（亿元）	32.49	49.19	51.67	41.38	35.50	35.59	40.98	40.83
营业收入增长率	20.78%	51.38%	5.05%	-19.93%	-14.20%	0.25%	15.14%	-0.36%
净利润（亿元）	1.20	2.34	3.59	0.49	0.69	-3.03	-6.52	-6.03
净利润增长率	74.02%	94.75%	53.83%	-86.45%	40.95%	-541.69%	-115.31%	-7.63%
净资产收益率	9.29%	9.14%	12.45%	1.42%	1.89%	-8.69%	-21.77%	-23.19%

对比 ZL 公司和 YJ 公司 2014—2021 年营业收入和净利润数据可以看出，从 2014 年开始，ZL 公司营业收入不断增长，并且在 2015—2017 年发布第一期员工持股计划公告之后，营业收入有较大幅度的增长，但是增长速度并未长期保持，至 2018 年年底，ZL 公司的营业收入的同比增长率出现回落。随后，直到 2019 年 ZL 公司发布了第二期员工持股计

划公告，营业收入又迎来了增长，从增长的幅度来看，第一期员工持股计划效果较好。

2015年ZL公司实施第一期员工持股计划后的数据显示，净资产收益率的波动幅度明显放缓，但是在2018年前还是呈现下降态势，主要原因在于2015—2018年公司的许多项目正处于初步投资阶段或建设期。虽然2015年之后ZL公司的净资产收益率的下降有较为明显的减缓趋势，但YJ公司同样呈现增长乏力态势，说明行业整体净资产收益率下降幅度相对平缓，说明第一期员工持股计划的实施对ZL公司的盈利能力的激励效果较为显著。ZL公司在2019年实施第二期员工持股计划后，净资产收益率反而呈下降趋势，YJ公司在同一时间也较大幅度地下降。因此，ZL公司第二期员工持股计划相比第一期效果略差，但盈利情况比YJ公司好。

从表1-12中可以看出，ZL公司2014年推出员工持股计划方案后，ZL公司的营业收入增长率始终保持正向的增加趋势，2017年更是高达133.68%。当时ZL公司背膜业务稳定增长，电池、电站业务逐渐增多，尤其在电池业务方面，在产能逐步释放、经营规模不断扩大、营业收入较快增长，同时也说明ZL公司实施员工持股计划后，员工的积极性有所提高。但到了2018年，ZL公司营业收入增长率开始大幅下降，与行业趋势趋于同步，2018年的主营业务收入增长率下跌到-16.99%。ZL公司的营业收入逐年增多，2021年营业总收入已达58.20亿元，是2014年营业总收入的12.23倍，公司的长远发展势头良好。2019年，ZL公司实施第二期员工持股计划后，营业收入增长率重新回升，并与行业均值走势相反，体现出第二期的实施效果较佳。

（二）员工持股计划存在问题

1. 宏观层面

（1）不切实际地盲目跟风。自2014年6月证监会公布《指导意见》以来，我国实施员工持股计划的企业数量自2015年达到高峰之后，一路下行，2017年有一定回升，但2018年的爆仓现象再次击退了企业的热情。然而，即使是在大规模爆仓的影响下，截至2020年，我国仍然有182家A股上市公司相继公布了员工持股计划的草案。2014—2020年A股上市公司公布员工持股计划数量，如图1-3所示。

可以看出，2015年是我国推行员工持股计划的巅峰时期，众多上市公司积极响应政策号召，相继对外公布了计划草案，并且大部分上市公司在宣布实施员工持股计划后，其股价和业绩都产生了正向的积极反应。结合2015年市场的整体走向，ZL公司实施员工持股计划类似于一种跟风行为，认为企业倘若积极响应国家政策的号召，顺应市场的潮流，就能够刺激股市，对外传递企业长期良好经营的决心，产生正向的市场反应。但由于跟风行为的意图脱离了员工持股计划激励的本质，计划的推行实质上仅仅是一种简单的

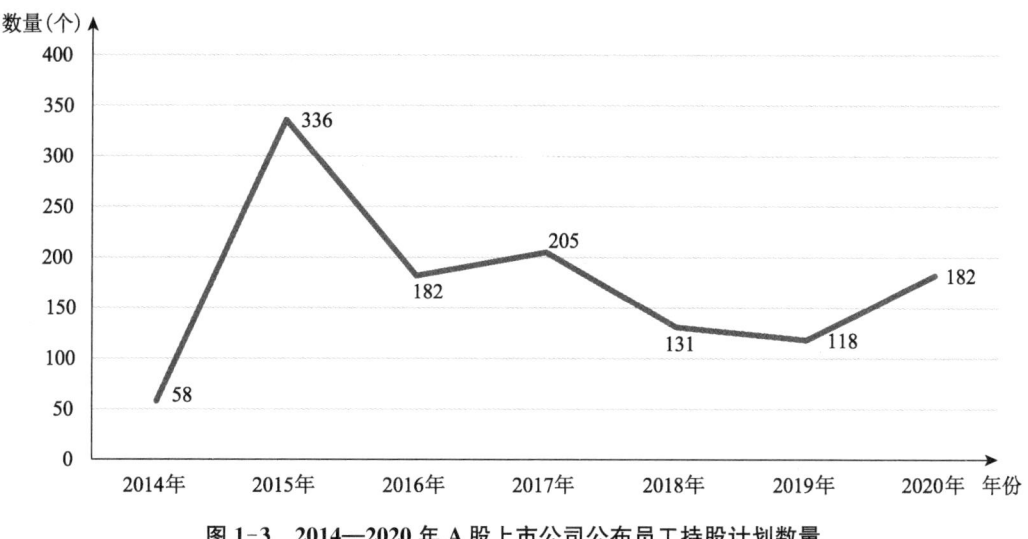

图 1-3　2014—2020 年 A 股上市公司公布员工持股计划数量

形式主义,并未考虑企业的实际情况,会导致员工持股计划的激励失效。

(2) 尚未成熟的新型激励模式。对我国上市公司来说,员工持股计划实质上属于一种新型的股权激励模式。ZL 公司的第一期员工持股计划于 2015 年实施,当时员工持股计划的政策制度等很多内容都比较模糊,宏观层面尚未成熟;员工持股计划与传统激励模式具有一定的区别,无法完全参照股份支付进行处理,员工持股计划还曾被官方两次叫停,激励存在大量风险。这些原因都阻碍着企业顺利推行员工持股计划,也制约着企业大力实施员工持股计划,而少量、平均的股权计划势必无法发挥出其应有的激励效应。

2. 企业层面

ZL 公司 2008 年成立之初,所在的新能源行业尚处于成长初期。ZL 公司在制定战略时,意识到科技创新和职工素质提升的重要性,针对环境和市场变化进行了相应的变革,但结合前文对员工结构和经营状况的分析来看,其战略目标的执行效果不佳。

(1) 激励范围太广。传统股权激励的对象大多为高管、董事或核心人才,激励重点十分突出。而员工持股计划的特殊性在于激励范围的拓宽,强调全员参与,将企业基层员工涵盖其中。然而,如果一项方案的激励范围过于全面,且缺乏侧重点,那么就非常容易造成"搭便车"现象,使得最终效果不佳,沦为形式主义。ZL 公司的第一期员工持股计划参与人数为 100 人,激励范围占全体员工人数超过 20%,可见,激励对象大部分为普通职员,如此大范围的激励缺乏重点,更类似一种以股权形式发放的员工福利,激励的程度势必会直接影响最终的激励效果,导致员工持股计划对普通员工的激励无法达到预期的效果。

（2）股票数量设置不恰当。与非公开发行方式相比，二级市场回购能够达到企业传递利好信息和防止恶意收购的目的，优势明显，已成为多数企业的首选。ZL公司第一期员工持股计划选择二级市场回购这一主流方式来满足计划的股票需求较为合适。但是，按照ZL公司公示的员工持股计划公告，100人中有92人为普通员工，合计认购份额占总份额的42.15%，而且需要员工出资购买。可见，ZL公司此次实施的员工持股计划，员工不仅需要付出资金成本，而且能够获得的股票数量偏少，具有明显的福利化倾向，与真正意义上的激励方案存在一定的差异，因此，激励方案失效是不可避免的结果。

（3）缺乏业绩考核机制。一般情况下，员工在持有企业的股票后，常常会选择将股票变现以获利。解锁期后，如果公司股价有较大幅度的提升，大部分员工会在这个时候出售股票，以换取高额收益。因此，如果上市公司没有在员工持股计划中设置业绩考核目标，那员工不仅在解锁期结束前没有业绩限制，还可以在解锁期结束后自由出售股票。ZL公司的四期员工持股计划中都没有设置业绩考核目标及限制条款，到期即可解锁，这一设定会导致员工工作不作为及"搭便车"现象，从而减弱了员工持股计划的激励效果。

（4）管理模式不佳。《指导意见》规定，上市公司可以选择设置内部管理委员会自行管理，也可以委托第三方代为打理。内部管理委员会是指由持股人会议确定组成成员，委员会负责日常管理并代表持有人行使股东权益的方式，委托-代理则是由企业委托第三方进行资产管理计划。2018年之前，大多数实施员工持股计划的上市公司都选择委托第三方资产管理机构，但由于信托管理机构按照信托财产净值和约定的管理费率逐日计算管理费用，委托的财产数额越大，委托-代理的管理费用也就越多，这会增加企业股权激励的成本。ZL公司的第一期员工持股计划采用委托管理方式，管理费用负担较重。

三、改进与应用

针对第一期员工持股计划激励存在的问题，ZL公司在后续的三期员工持股计划方案设计中加以调整。由于2019—2020年实施的三期员工持股计划存续期尚未届满，相应的激励效果有待进一步检验。本案例针对ZL公司的发展环境和经营战略，提出四条优化建议。

（一）洞悉环境变化，调整战略方案

企业的内外部环境会影响企业的战略，而企业战略又指导着企业的运营与发展，企业推行股权激励政策是为了满足运营管理的需求并基于某种激励动因，而不同的激励动因会产生不同的激励效果。因此，建议企业在内外部环境较为恶劣时，注意寻找合适的激励

时机,计划不宜过于激进,要注重资本的高效利用,适当加大对重要人才的激励,减少普通员工的福利,以最小的代价换取最好的结果。在恢复时期,较好的激励能够进一步稳定人心,此时的计划在重点激励的同时应注重设置动态激励方案,向员工传递企业长远良好发展的信心,但由于恢复期业绩增长速度缓慢,要注意控制激励费用的额度,避免因巨额费用导致的业绩再次下滑。在未来高速发展时期,建议企业适当分享利润,注重全员激励,但要避免再次出现激励失效的现象。

(二)重视企业发展,提升员工安全感

战略是未来的目标,运营是现实的发展,员工持股计划作为促进企业发展的重要手段,能够支撑和落实企业的战略目标。员工持股计划的实施与否取决于企业的运营策略,而实施成功与否则取决于企业的经营状况。任何激励制度都应该建立在企业健康、持续发展的基础上,倘若企业的发展前景出现问题,员工无法看到企业的未来,那么即使设计出完美的员工持股计划方案也无法发挥出其应有的激励效应。

因此,企业应把发展视为重心,经营好企业才是留住人才、激励员工最主要的策略。2015年起,ZL公司一味地强调实现营收的高速增长,却忽略了市场发生的变化,管理层多次的决策错误更是让企业逐步丧失了竞争优势。事实上,当企业成长为业内领军企业时,应根据企业运营的需求,辅助实行员工持股计划,进一步赋予员工归属感,安全感、自豪感与归属感的结合又将成为推动企业前行的润滑剂。即使在面临危机时,企业也能够表现出良好的韧性,员工持股计划才能发挥其留住人才、激发员工干劲的作用,助力企业的长远发展。

(三)明确实施动因,避免盲目跟风

实施动因不同,激励的效果也会有所不同。企业往往出于多方面原因的考虑选择实施员工持股计划,但在不同的实施动因下设置的计划方案,产生的激励效果会有所不同。企业应该站在整体战略和运营发展的需求考虑,明确实施股权激励计划的真正原因是什么、要实现什么样的目标。只有明确计划实施的动因,根据企业实际情况,结合员工"赚钱""归属感""责任感"三大认购动机,选择合适的激励模式,有针对性地进行精准激励,才能充分发挥出计划应有的激励作用。

以留住人才为主要动因,则要判断哪类员工流失率较高,并根据不同岗位员工的收入情况设置差异化的方案。倘若企业以业绩提升为主要动因,则需要具体分析对业绩影响较大的部门或业务领域,实现以最小的投入激发最大的价值创收能力。通过分析可以发现,ZL公司员工的学历结构偏低,企业业绩下滑迅速,建议ZL公司综合考虑自身情况来决定是否实施员工持股计划及其具体实施的模式,谨慎决策之后,以效率、效益为方案理

念,以公平、合理为方案灵魂,切勿盲目跟风,丧失企业正确的经营判断。

（四）合理优化员工持股计划方案

1. 多元化解决资金来源

ZL公司应采用多元化方式解决资金来源问题,适当增加员工自身压力,尽量避免使用无偿赠予和由企业全部负担的形式。考虑到个人自筹和借贷压力大且困难多,建议ZL公司以个人自筹的方式为主,以银行或金融机构借款的方式为辅,在企业经营情况良好的情况下,还可以考虑由企业负担一部分。

2. 合理安排股票数量和持股比例

企业应合理安排股票的数量和持股比例,精准确定重点激励人员的范围。如果计划设置的股票数量太少,则应该相应地减少激励人数,以提高每一位员工的持股比例;当设置的股票数量较多时,则可以适当扩大激励范围,增加激励的人数。当然,也可以实行员工区别持股,将员工区分为核心员工和普通员工两大类,根据不同类型的员工给予不同数量的股票,这样既能够避免平均化、福利化的问题,又可以激发员工成为核心员工的斗志。ZL公司在第三期、第四期员工持股计划中的激励对象已经非常精确,能够更好地激励员工积极地投身到日常的工作中,通过作出贡献或取得成绩来获取激励的名额。

3. 科学进行绩效考核

（1）提高个人绩效考核等级。建议ZL公司适当提高个人绩效考核的标准,针对杰出类、优秀类员工给予恰当的奖励,如获得杰出评级的员工才可以解锁全部100%的股票或者可以获得更多的业绩奖励金,这样既能够激发员工的斗志,又能够避免方案福利化。普通员工、核心人才和管理层的个人绩效考核指标设置应有差异,如普通员工和核心人才可以选取3~5个与整体战略相一致的关键绩效指标和要素进行打分制考核。

（2）增加企业与部门的绩效考核标准。建议ZL公司结合目前的发展阶段和未来的战略目标,尽量将企业层面的绩效考核指标设置得合理和动态,避免管理层的短视行为。

4. 恰当选择管理模式

管理模式可以根据持股规模的大小,选择自行管理或委托第三方资产管理机构管理,也可以将两者结合。自行管理模式能够为企业节省激励成本,但存在专业性不足的缺陷;而第三方资产管理机构管理模式专业性较强,会增加额外的管理费用。因此,建议ZL公司根据自身方案的复杂程度,选择适合的管理模式。美国、日本、新加坡等发达国家的上市公司大多倾向于选择委托第三方管理机构进行资产管理,并嵌入适当的杠杆。在资产管理计划中适当加入优先级杠杆,能够增加员工的认股积极性,但要注意保护多数股东的利益,避免损害大股东的利益。

四、本章小结

本案例重点分析了 ZL 公司四期员工持股计划中的第一期员工持股计划,通过分析该员工持股计划的实施动因、方案设计及激励效果,总结 ZL 公司实施员工持股计划具有以下特征:

(1) 实施员工持股计划在优化员工队伍、加强内部监督、提高员工工作积极性、使企业能快速筹集充足资金、促进企业可持续发展等方面有一定的推动作用。

(2) 根据 ZL 公司员工持股计划的实施动因评判其激励效果,发现优化和分散股权结构的效果明显,但完善员工结构的作用不显著;从计划前后的财务数据分析来看,员工持股计划的实施并未改善企业的财务业绩,反而增加了企业的风险。因此,ZL 公司员工持股计划存在激励失效的问题。

(3) 通过宏观、行业及企业三个层面分析企业激励失效的原因,发现导致激励失效的原因是多方面的,既受宏观层面脱离实际的跟风行为和模式尚未成熟的影响,又受企业战略不稳定和员工持股计划方案本身存在缺陷的影响。

(4) 不同企业面对不同的环境制定不同的战略目标,而不同的战略目标又将设计出有差异的员工持股计划方案。ZL 公司员工持股计划的优化方案,要考虑企业的内外部环境,同时,明确激励动因,谨慎选择持股的模式。

限于篇幅,本案例关于激励效果的评价,其深度和广度仍值得进一步探讨,尤其在事件研究法窗口期的确定、EVA 指标的调整及资本成本率的确定等方面,还需要进一步追踪公司的员工持股计划,进行持续研究。

■ 思考题

1. 什么是员工持股计划?员工持股计划的目的何在?
2. 在实施员工持股计划中会存在哪些问题?该如何应对?
3. 员工持股计划是约束机制还是激励机制?
4. 员工持股计划是投资还是投机?
5. 员工持股计划是重点倾斜还是平均主义?

【理论依据】

1. 分享经济理论

20世纪70年代,美国出现通货膨胀,经济停滞不前,经济学家马丁·魏茨曼在双因素理论的启发下,为改善现状,提出分享经济理论。马丁·魏茨曼认为美国出现近十年之久的经济滞涨,最重要的原因就是分配制度的不合理,资本主义下的员工固定工资制脱离了企业的经营实质,在经济不稳定的时期,雇主仍需要支付员工固定的工资,经营压力较大。针对这些问题,企业应建立一种合理的分配方式,把员工的工资与企业经营成果挂钩,在提高员工工资收入的同时,让员工与企业共进退,以此来恢复经济。马丁·魏茨曼主张的分享经济理论也可称为分享工资理论,即分享资本家手中的"蛋糕",员工的工资不仅包括固定的货币和生活费用,还应该在获得固定工资的基础上分享公司的经营成果,经营利润按约定的比例,一部分归资本家一部分归员工。在这样的制度下,员工除了可以获得维持生活的工资报酬,还可以分享自己"劳动成果"所产生的额外收益,这使得员工更加关注"劳动成果"的质量和效益。

员工持股计划是分享经济理论的载体,随着现代经济的不断发展,分享经济的形式逐渐得到扩充,如利润分享计划等。

2. 委托-代理理论

1932年,美国经济学家伯利和米恩斯提出委托-代理理论。当企业的经营业务繁杂时,个人的时间、精力有限,无法兼顾所有的事情,将不利于企业的长远发展。因此,企业的所有权与经营权应该相互分离,由更具专业技能的职业经理人代为打理公司的日常生产经营活动,并形成契约关系,所有者为委托人,经营者为代理人。虽然雇佣关系的出现促使企业被专业人士接管,有利于企业创造价值,但委托-代理关系并非百利而无一害,由于委托人和代理人各自追求的目标不同,社会地位不同,接收到的信息具有不对称性,决定了他们的行为决策也有所不同,从而产生委托-代理成本。委托人作为公司的所有者,着重关心公司的利益,他们在进行决策的时候,会着眼于公司的长远战略发展目标,力求实现股东财富最大化和企业价值最大化。作为实际经营公司的代理人,他们往往追求短期效益,易出现投资不足和投资过度等问题,损害股东利益。伯利和米恩斯的委托-代理理论倡导实施股权激励,最主要的目的就是解决委托人和代理人之间由于信息不对称和逆向选择造成的委托-代理成本,应让代理人持有公司的股票,成为公司的所有者,与委托人站在同一战线上考虑问题,利益共享,风险共担。

员工持股计划作为股权激励制度中的特殊形式,与传统股权激励相比,惠及范围更广,不仅能够解决股东与经营者之间的代理冲突,还能解决普通员工与经营者之间的利益矛盾。普通员工作为弱势群体,长期以来,一直受到股东和经营者的利益侵蚀。传统股权激励强调高管认股,使得经营者和股东的目标逐渐趋于一致,而普通员工与经营者之间同样具有代理问题,经营者注重实现企业价值最大化的目标,而普通职员始终享受微少薪资,易出现消极怠工、浑浑噩噩的工作态度,无激励即无动力。因此,委托-代理理论在员工持股计划中同样具有意义,能够解决员工与经营者之间的矛盾。

■ 参考文献

[1] 苏昕,王立民,刘昊龙.员工持股计划对实体企业成长的影响[J].改革,2022(09):123-142.

[2] 马巾英,左佳红.上市公司员工持股计划实施动机与效果研究:基于控股股东股权质押视角的实证检验[J].湖南农业大学学报(社会科学版),2022,23(01):89-96.

[3] 雍红艳,张乐园,张浩.员工持股计划与CEO更迭:留住精英还是加剧内部人盘踞?[J].南方金融,2021(12):34-46.

[4] 马建威,张甜甜,闫腾飞.水晶光电员工持股计划成效分析及改进建议[J].财务与会计,2021(20):44-46.

[5] 郑志刚,张浩,黄继承,等.员工持股计划的复杂动机研究:基于控股股东股权质押的视角[J].财贸经济,2021,42(07):67-81.

[6] 单蒙蒙,但菊香,宋运泽.员工持股计划与企业风险承担:基于公司内外部治理机制的视角[J].华东经济管理,2021,35(07):119-128.

[7] 秦远建,杨捷.上市公司员工持股与企业创新[J].财会月刊,2020(16):96-104.

[8] 郝昕.深市公司股权激励和员工持股情况分析[J].证券市场导报,2019(10):67-73.

[9] 张永冀,吕彤彤,苏治.员工持股计划与薪酬黏性差距[J].会计研究,2019(08):55-63.

[10] 韩光强,许媛,史东梁.员工持股计划对企业绩效的影响:基于创业板上市公司[J].商业经济研究,2019(12):168-170.

[11] 谭亚娟.上市公司员工持股计划的资管模式应用研究[J].财会通讯,2019(17):53-57.

[12] 张新民,钱爱民,陈德球.上市公司财务状况质量:理论框架与评价体系[J].管理世界,2019,35(07):152-166,204.

[13] 黄萍萍,焦跃华,张东旭.员工持股计划与企业创新[J].华东经济管理,2019,33(5):141-149.

[14] 周冬华,黄佳,赵玉洁.员工持股计划与企业创新[J].会计研究,2019(03):63-70.

[15] 杨兔,李玉菊,朱雅婷,等.员工持股效果评价方法研究现状及趋势分析[J].财经界,2019(01):174.

[16] 宋芳秀,柳林.上市公司员工持股计划:实施动机、方案设计及其影响因素[J].改革,2018(11):88-98.

[17] 戴璐,林黛西.员工持股计划中的高管认购行为、业绩操纵与审计监督[J].审计研究,2018(06):90-96.

[18] 王烨,孙慧倩,吴婷,等.人力资本禀赋、市场化程度与员工持股计划选择[J].华东经济管理,2018,32(12):133-142.

[19] 沈红波,华凌昊,许基集.国有企业实施员工持股计划的经营绩效:激励相容还是激励不足[J].管理世界,2018,34(11):121-133.

[20] 马广奇,张芹.从四个维度构建企业财务质量分析的系统性框架[J].财会月刊,2017(16):27-32.

[21] 王砾,代昀昊,孔东民.激励相容:上市公司员工持股计划的公告效应[J].经济学动态,2017(02):37-50.

[22] 马才华,何云佳.员工持股计划研究:基于华为与中兴通讯股权激励模式的比较[J].财会通讯,2016(26):88-90,129.

[23] 陈艳艳.员工股权激励的实施动机与经济后果研究[J].管理评论,2015,27(09):163-176.

第二章 制造业参与基础设施类项目PPP模式[①]的探索研究——以XG集团为例

改革开放以来,我们国家取得了重大成就,人民物质、文化水平发生了翻天覆地的变化。与此同时,社会基础设施需求的快速增长与政府有限供给能力之间的矛盾较为突出,适时引入社会资本,为基础设施领域PPP模式的发展开辟了空间。无论是从城市化和老龄化社会发展趋势的角度来看,还是从经济转型升级(包括环境治理和保护)的角度来看,我国基础设施供给都存在较大缺口,而我国政府特别是地方政府的基础设施投融资能力明显不足。

PPP模式潜在的效率效应使其在基础设施领域投融资体制中崭露头角。国际经验显示,PPP模式的发展前景及其可能带来的资金使用价值使其成为我国新一轮基础设施投融资体制改革的抓手,制度环境和金融市场发展正朝着有利于PPP模式发展的演进,投资规模较大、需求周期长且稳定、价格调整机制相对灵活、市场化程度较高的基础设施及公共服务类项目,适宜采用PPP模式。

当前,PPP模式已经逐步成为助推公共基础设施建设和公用事业发展的利器,有效解决了融资平台债务高企、公共服务供给效率低下、公共领域私人资本准入困难等一系列难题。PPP模式的不断探索和实践对于国家经济社会发展,以及贯彻国家战略落地具有实战价值。

一、背景描述

(一) XG集团的产品及行业地位

XG集团的历史最早可以追溯到1943年八路军鲁南第八兵工厂,1989年作为全国集

[①] 政府和社会资本合作(public-private partnership, PPP)模式,是政府和私人主体为了提供某种公共物品和服务,通过签订相应的特许经营协议,双方共同出资,进而达到双方互利共赢和风险共担的一种模式。

团化改革的样板,组建 XG 集团。XG 集团产业涵盖三大制造板块:老牌工程机械、新兴重卡产业及绿色环保工程。其极具代表性的产品包括系列工程起重机械、挖掘机械、道路机械、铲土运输机械、桩工机械、混凝土机械、消防安全装备、专用车辆等。XG 集团始终保持中国工程机械行业排头兵地位,是中国工程机械行业规模最大、产品品种与系列最齐全、最具竞争力和影响力的大型企业集团之一。

(二) XG 集团的信息化建设

XG 集团自 2009 年起,建设完成了企业全价值链的信息系统,覆盖了企业研、产、供、销、服全业务链,为集团在"互联网+"时代的转型升级奠定了良好的基础。

1. 基于大数据的企业全价值链的决策

XG 集团依靠企业资源管理系统(SAP ERP)、客户关系管理系统(CRM)、供应链管理系统(SRM)、经销商管理系统(DMS)、生产制造管理系统(MES)、研发管理系统(PDM)等信息系统的集成,将集团型企业的核心业务数据在全价值链各环节中有序流转,依托大数据应用技术,以数据推送、报表呈现等方式为企业在全价值链的决策提供有力的数据支撑。

2. 基于大数据的产业链上下游的协同

XG 集团依靠经销商关系管理系统、供应商关系管理系统、公司核心信息系统的充分集成运用,各系统之间数据自动流转,实现了产供销综合应用集成。

3. 完善 XG 云架构,改变传统存储方式

XG 集团充分利用社会资源,根据中国现有的电信运营商体系,通过形成"总对总"的关系,分别部署基于中国移动的大数据中心,搭建全球网络架构;同时充分考虑海外法律法规和文化的特点,与阿里巴巴进行合作,将海外数据中心部署在阿里云,既保障了数据的安全有效,又大大降低了建设成本,实现国内和国外数据的实时"互联互通"。

4. 力推电商拓市,实现商业模式新变格

XG 集团不断探索大数据创新营销服务模式,建立了基于客户、产品和服务的大数据应用电子商务平台,该平台以整机销售、备件销售、二手交易、租赁业务、维修服务为核心,采用 B2B、B2C、C2C、O2O 相结合的业务模式,通过集成 SAP ERP、CRM、SRM、MES、DMS、物联网等信息系统,将涵盖客户、经销商、整机厂和供应商的整条产业链有机串联在一起,实现了企业电子商务从供到销的全过程管控与服务。

二、现状与问题

经过多年发展,我国装备制造业已经形成门类齐全、技术水平和成套水平不断提高的

产业体系,成为国民经济的重要支柱产业。特别是《国务院关于加快振兴装备制造业的若干意见》(国发〔2006〕8号)实施以来,我国装备制造业发展明显加快,企业开发出了一大批具有知识产权的高端装备。

虽然我国装备制造业取得了令人瞩目的成就,但与世界先进水平相比仍存在较大差距,"大而不强"也是不争的事实。我国装备制造业主要存在的问题包括:创新能力薄弱,企业自主创新动力不足;基础制造水平和配套能力发展滞后,装备主机面临"空壳化";发展方式粗放,中低端产能过剩、高端产能严重不足的矛盾突出。

从国内环境来看,我国装备制造业在面临内需低迷、出口增长乏力等诸多困难时,在高速增长模式掩盖下的各种问题和矛盾相继暴露,以往依靠人口红利、以牺牲环境为代价、以投资带动的粗放式经济增长模式难以为继。在需求升级与市场竞争更加激烈的背景下,国家对装备制造业转型升级提出了更新、更高、更迫切的要求。因而,在市场倒逼机制作用下,越来越多的装备制造企业加强创新和转型升级。要实现转型升级,一方面,企业要提升信息化自动化水平,发展智能制造,打造工业4.0的产业基础;另一方面,企业要借助外部力量。从国内环境来看,企业利用政府债务置换契机参与PPP项目实现增长是一条重要途径。从国外环境来看,"一带一路"沿线国家和地区存在巨大市场空间,企业要借助国家"装备外交"东风,积极构建"朋友圈",实现装备"走出去"。2014年以来,宏观经济、政策层面不断释放有利于装备制造业企稳回升的积极信号,随着一系列投资计划的加速落地、"一带一路"倡议的深化等,基础设施建设项目陆续开工,加速推进城镇化进程,我国装备制造业发展面临动力多元,机遇与挑战并存。

PPP模式在我国的发展进程中,还存在项目目标不明确、项目现金流不稳定、专门性法律法规不健全等问题,尤其是民营资本在融资上表现出融资渠道窄、成本高及规模小的短板,使得其在参与公共事业建设中处于劣势,民营资本的融资瓶颈,势必制约社会资本投资于公共事业。此外,PPP项目风险分配难以均衡,PPP模式在实际实施中,公共部门和社会资本往往就项目中风险的分担,难以达成共识,务必会延长双方合作谈判的周期,并增加交易成本。

三、改进与应用

装备制造业的发展进程,要摆脱其对政府投资的单一依赖,大力提高实体产业的投资比重,大力吸引社会资本参与实体经济发展。PPP模式鼓励政府和民间私营企业合作,共同参与公共基础设施的建设,既可以减少政府负债、缓解财政支出压力,又可以激活社会资本的投资潜力。下面重点论述重型装备制造业PPP模式的探索,包括混凝土机械业务延伸与棚户区改造 PPP 模式、环卫机械业务延伸与生态环境 PPP 模式、筑养路装备业务延伸与公路建设 PPP 模式及装备制造企业参与 PPP 项目投融资方案。

(一)混凝土机械业务延伸与棚户区改造 PPP 模式探索

1. 混凝土机械业务延伸

传统重型装备制造企业拥有施工设备研发、制造、施工方案设计等优势。近年来,重型装备制造企业组建了自己的财务公司、经营租赁公司等,业务向金融、服务和后市场领域延伸,形成了从研发、生产、销售到金融支持全产业链的闭环。当前,国家大力支持 PPP 模式,推进公租房建设和棚户区改造。《关于运用政府和社会资本合作模式推进公共租赁住房投资建设和运营管理的通知》(财综〔2015〕15 号)中指出,对于拟新建和收购的项目,从规划、设计、投资建设、运营、管理全过程均可按 PPP 模式运作;为引导和支持社会资本投资建设、运营管理城镇保障性安居工程,提高财政资金使用效益,财政部印发的《城镇保障性安居工程贷款贴息办法》(财综〔2014〕76 号)中指出,市县财政部门对符合条件的城市棚户区改造项目、公共租赁住房项目贷款予以一定比例和一定期限的利息补贴,采取 PPP 模式投资建设、运营管理涉及的公共租赁住房项目,符合贴息政策的,适用本办法。一系列财政、税收优惠政策的出台,为重型装备制造企业业务延伸、参与 PPP 项目提供了良好的政策环境。重型装备制造企业应积极响应政府号召,深入研究 PPP 模式相关政策,发挥产业链闭环优势,通过向建筑承包业务延伸,积极参与政府支持的公租房建设和棚户区改造。

完善的信息系统平台,辅以"互联网+"相关技术,重型装备制造企业能够更快速地实现业务延伸和拓展。XG 集团依托企业资源计划的传统数据平台,实现了物资流、信息流、资金流、增值流和业务流的融合,以融合为核心驱动,根据不同业务板块的诉求,对外延伸构建了全球协同研发平台、产品全生命周期管理系统、客户关系管理系统、经销商关系管理系统、供应关系管理系统、支撑企业的智能制造系统、基于大数据分析决策的商业智能系统、全面预算信息化平台、全球人力资源协同管理协同办公平台等,打破信息壁垒,加强系统整合与业务协同,打造涵盖研产供销服全价值链、财务一体化管控模式,实现核心业务与关键环节的高效集成。

重型装备制造企业通过建立支撑企业柔性化生产的信息系统,凭借信息系统打造生产作业计划闭环管理、物流与拉式配送管理、全周期质量标准化管理、智能设备全业务监控、关键零部件数据自动采集、产品档案自动集成、生产系统报表自动集成,及时预警现场应急问题,结合 ERP 信息化系统,深化细化物料管理、高级排产等环节,充分体现信息技术的全业务应用。

重型装备制造企业通过应用分布式数控(DNC)和计算机辅助制造(CAM),实现关键数控设备与大型加工中心的网络互联,实时掌控生产状态,自动监管和记录设备的运营状况,支撑企业未来基于大规模个性化制造的柔性生产线,并对车间现场进行网络化监控和可视化管理。

重型装备制造企业通过智能制造的核心信息系统,实现无纸化作业指导,及时反馈生产进度,将工业机器人等一系列新型自动化技术大量应用于生产现场、AGV 小车、积放链、智能料架、安灯系统;在生产能力平衡系统、配送系统、看板管理等方面,实现生产过程的自动化管控,提高制造业的柔性生产管理水平。

2. 混凝土机械业务与棚户区改造 PPP 模式探索

以 XG 集团为例,分析重型装备制造企业如何参与公租房建设和棚户区改造项目。

1) 项目建设阶段

项目建设阶段实施模式,如图 2-1 所示。

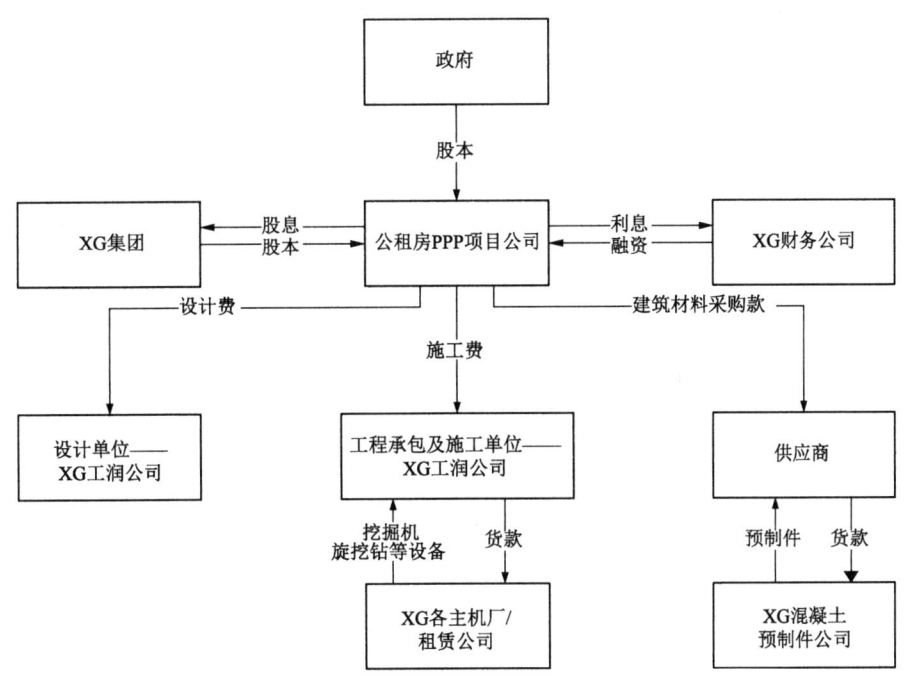

图 2-1　项目建设阶段实施模式

(1) XG 集团和政府出资成立公租房 PPP 项目公司,其中政府股本超过 50%,XG 集团出资金额不超过项目总投资额的 30%。

(2) 公租房项目投资的资金需求可通过 XG 财务公司融资,从而解决政府财政资金不足的问题。XG 财务公司通过此业务可赚取利息收入。

(3) XG 工润公司具备房地产设计、承包、施工等资质，可以承担公租房项目的设计、工程承包及施工等工作。

(4) XG 工润公司或要求施工商使用或采购 XG 集团各主机厂产品，如桩工机械、挖掘机、起重机、混凝土泵车等。

(5) XG 混凝土预制件公司可以为公租房 PPP 项目提供定制的产品。

在公租房 PPP 项目建设中，XG 集团通过入股和提供融资有效解决了政府财政资金短缺的问题。同时，对于 XG 集团而言，全方位参与公租房 PPP 项目，一方面可以带动 XG 工润公司、XG 财务公司等新领域、新产业的发展，另一方面可以提高 XG 集团重型装备产品的销售和市场占有率，还可以结合住宅产业化发展混凝土预制件。

2) 项目建成阶段

项目建成阶段实施模式，如图 2-2 所示。

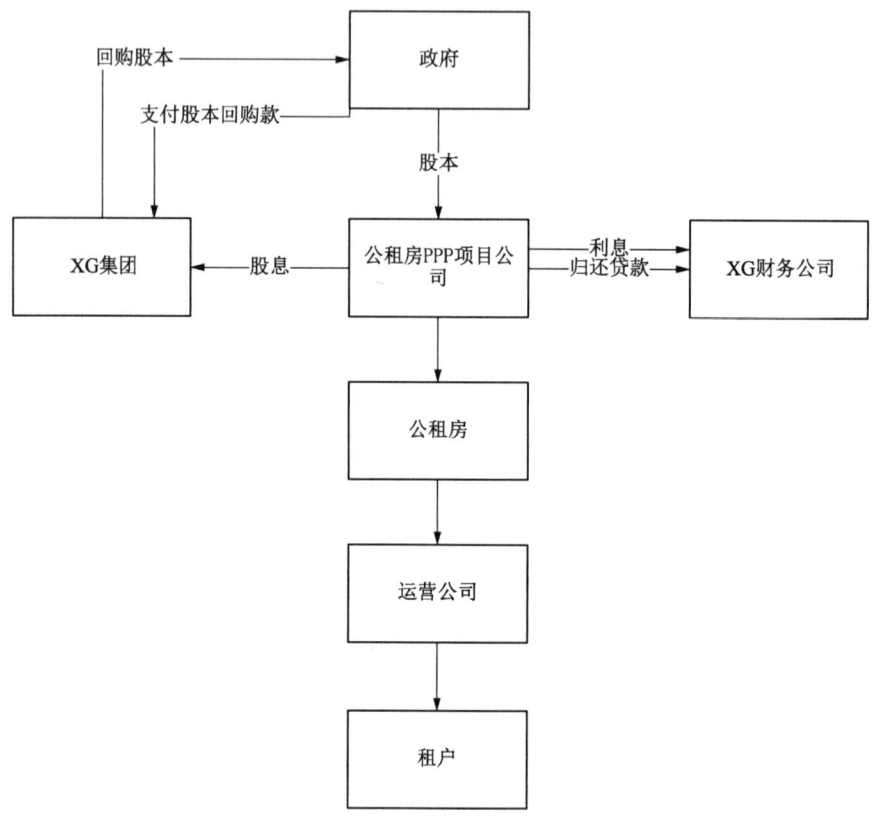

图 2-2 项目建成阶段实施模式

(1) 公租房 PPP 项目完工后，政府通过回购方式收回 XG 集团持有的公租房 PPP 项目股份，100%控股公租房 PPP 项目公司，XG 集团收回股本及投资收益。

（2）政府通常将公租房移交专业的运营公司管理。

（3）运营公司按照国家相关规定，将公租房租给符合条件的租户。

（4）政府将收到的租金和财政款分期或一次性偿还 XG 财务公司的贷款和利息。

通常情况下，公租房 PPP 项目完工后，XG 集团会出让公租房 PPP 项目公司股权，逐步清收债权，不参与公租房后续运营管理，把资金投入下一个 PPP 项目中。公租房的使用、维护及管理由政府指派的运营公司负责。

综上所述，重型装备制造企业通过向建筑承包业务延伸，参与公租房投资建设和棚户区改造，解决了政府融资问题，同时形成了新的业务增长点和盈利点。在当前国内固定资产投资增速大幅下滑、重型装备产品需求低迷的背景下，这无疑是一项利国、利企、利民的事业。

（二）环卫机械业务延伸与生态环境 PPP 模式探索

1. 重型装备制造企业业务模式及业务拓展

目前，几家主要工程机械生产商在环卫机械、设备制造方面具备优势，以"一站三车"（垃圾压缩站、垃圾转运车、压缩式垃圾车、路面保洁车）为主导，拓展涵盖环卫产业系列化产品，为用户提供各种垃圾收集、转运、处理的设备及成套解决方案，并逐步进入固废垃圾和餐厨垃圾资源化利用领域，能全面满足市政环卫领域的设备采购需求。

重型装备制造企业一般都拥有技术研发队伍，具备雄厚的技术创新和产品开发能力，具有以自主知识产权的力学分析系统和模块化专家库为标志的产品研发平台，能够为设备制造和客户方案设计及后续使用过程中的运维服务提供强大支持。

XG 集团借助全球协同研发平台，构建与用户互动式设计的平台，在全球协同研发平台上实现研发周期设计这个枢纽模块，建立了符合国内制造业业务流的一体化平台，确保基础数据从创建、维护到支撑跨部门业务、跨公司业务的数据流的统一；实现对技术文档、设计产品结构表（bill of material，BOM）和工艺数据等的全面管理；物料数据通过一体化平台贯穿于研、产、供、销、服以及财务各个领域；建立 SAP ERP 跨系统接口，实现基础数据及业务往来的信息交互，实现对制造执行的数据支撑、无纸数字化制造的支撑；工程变更模块的推行，规范和简化了设计变更和工艺变更，使变更影响分析更全面、更快捷，大幅减少了人工跑单的时间，减少了人工更改的错漏；强调业务协同，推行产品设计与工艺设计的并行，减少技术准备周期，提升了市场竞争力。

未来业务拓展方向如下：

（1）在标准产品制造的基础上，根据客户的实际情况与不同需求，提供个性化的定制服务，并提供最佳的解决方案。

(2) 改变营销模式,突出政府项目攻关,加强政府合作。拓展业务范围,从单纯销售设备拓展到在销售设备的同时提供经营服务。

(3) 引进人才,组建专业队伍,熟悉政府项目管理,了解企业经营,借助集团公司融资平台进行筹融资,具备大型项目全过程管理及规划管理合资公司运营的能力,帮助客户规划运营,甚至可与客户共同出资共同经营。

2. 重型装备业务 PPP 模式探索

PPP 项目一般都是由政府部门发起的,在项目的招投标过程中,政府层面的政治因素影响是决定性的。重型装备制造企业大部分都是国有企业,与政府关系密切且具有较强的实力,政府也在积极探索与大集团合作,这给重型装备制造企业进入 PPP 项目创造了良好条件。

在环卫类 PPP 项目中,设备投资占总项目投资比例高,一般能达到 40%～50%,加上在运营期间的后市场维护,环卫产品制造企业参与政府 PPP 项目更有优势,更能带动设备的销售。

从大类上划分,PPP 模式划分为:外包、特许经营、私有化三大类。从小类上划分,PPP 模式划分为:经营外包、建设外包、整体外包、建设—运营—回购(BOT)、转让—经营—转让(TOT)、完全私有化、部分私有化等九小类。按照 PPP 项目经营权归属划分为:经营权属社会资本、政府与社会资本共同经营、经营权属于政府三种方式。

结合重型装备制造企业实际情况和环卫类 PPP 项目属于市政服务等情况,重型装备制造企业参与 PPP 模式可以采取建设外包模式或者 BOT 模式,整体经营权属于政府,重型装备制造企业承担项目建设和设备投入,或者参与初期经营,合作期满后政府整体回购经营权。

目前,国内环境产业龙头企业桑德和北京环卫通过站点形式,为一个城市提供整体配套的独家设备和技术供应。就设备制造商来说,福建中联集团和福龙马集团规模较大,而福龙马集团只销售清扫保洁工具,还未参与到环卫类 PPP 项目的运营中去。

环卫类 PPP 项目中,重型装备制造企业与政府合作模式如下。

1) 建设外包模式

建设外包方式,如图 2-3 所示。

(1) 政府发布项目,明确项目需求和范围。

(2) 重型装备制造企业与政府部门合作,进行方案设计,制定项目规划方案、设备资料投入方案等。

(3) 政府与企业签署合作协议,规定首付资金及后续款项偿还等事项。政府投入项目总投资的 30%,企业投入设备并按规划施工建设,达到项目可运营使用。

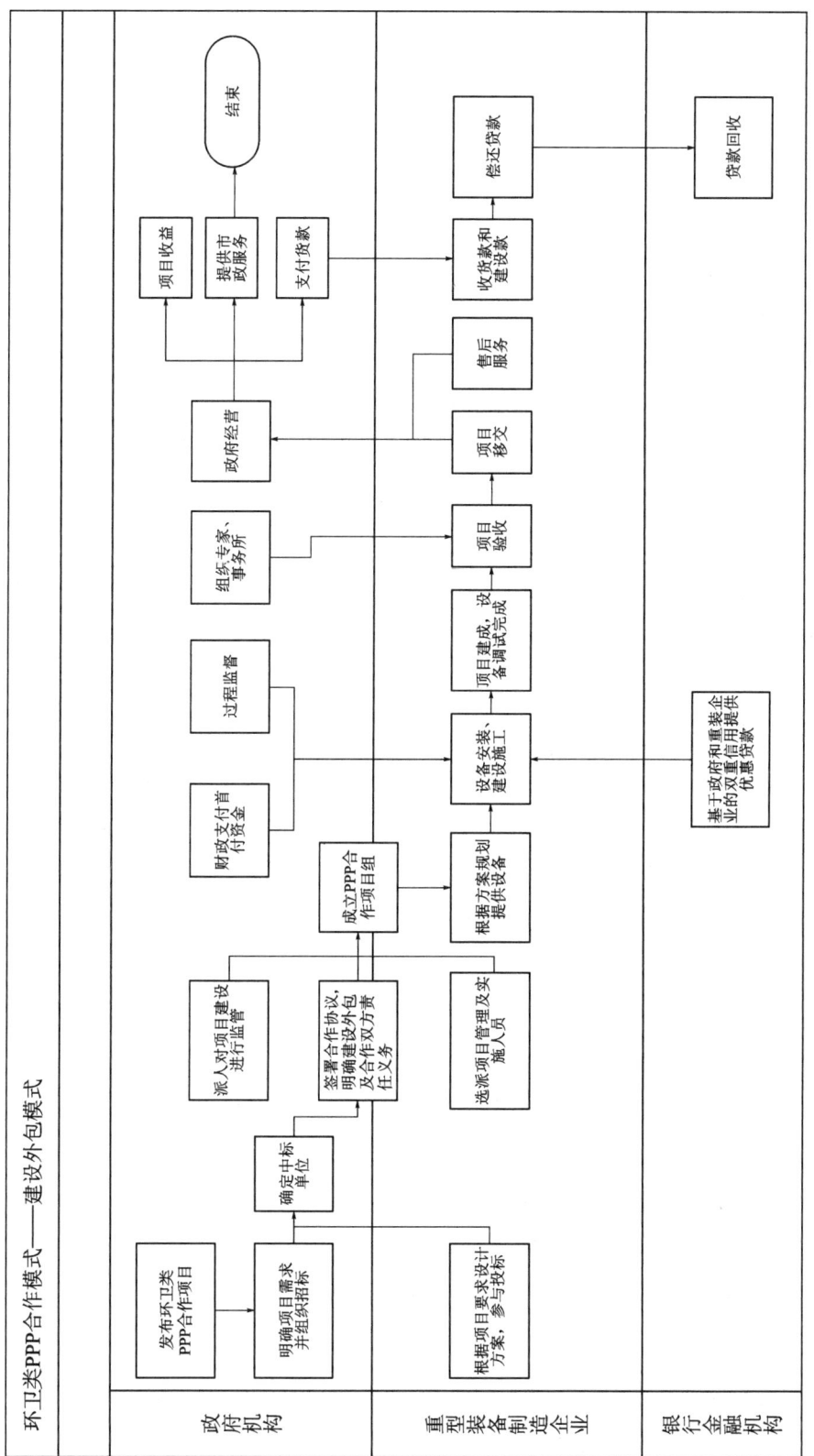

图 2-3 建设外包模式

(4) 政府验收并接受项目,委托市政服务部门运营。

(5) 政府分期支付重型装备制造企业设备货款和建设工程款。

2) 建设—运营—回购模式(BOT 模式)

BOT 模式,如图 2-4 所示。

(1) 政府发布项目,明确项目需求和范围。

(2) 重型装备制造企业与政府部门合作,进行方案设计,制定项目规划方案、设备资料投入方案等。

(3) 政府与企业签署合作协议,政府以现金和特许经营权出资,重型装备制造企业提供设备和施工建设出资,双方分别派人共同组建合营公司。

(4) 项目建成投入运营,在特许经营期间,合营公司按协议获得收益,经营期满后,整体项目由政府回购,重型装备制造企业退出合营公司运营。

3. 合作效益

重型装备制造企业与政府部门在环卫机械方面合作,强强联合并实现优势互补,互利互惠,在解决公共设施建设和公共服务的同时,还能最大限度降低政府的财政资金投入,同时也能促进重型装备制造企业销售设备及服务,促进企业转型升级和持续发展。其合作效益主要有以下几点:

(1) 引入企业资本参与公共服务项目的建设和运营,节约政府公共设施建设资金投入,缓解财政压力。

(2) 重型装备制造企业参与项目可以扩大产品销售,同时增加后市场比如服务备件的销售,有利于提升企业经营业绩。

(3) 重型装备制造企业参与市政项目建设甚至共同参与经营,使企业更接近市场,了解市场需求,有利于产品设计和服务,同时也有利于企业由制造向服务的转型升级。

(三) 筑养路装备业务延伸与公路建设 PPP 模式探索

纵观中国改革开放以来的发展,道路建设是国民经济和社会发展的重中之重,其建设周期长、资金需求量大、技术含量高、建设环境复杂的特色,属于基础性建设项目的"重头戏",高速公路建设既具备社会公益性项目的定位,又具备竞争性投资项目的双重性质。

筑养路领域 PPP 模式发展空间广阔。在道路建设方面,尽管中国很多地区的高速公路已经形成网格化,还有很多县乡的公路建设存在巨大需求空间;在道路养护方面,中国数量庞大的高速公路和国家级公路都逐步进入或即将进入养护期,伴随着机械化的全面推广,机械养护已成为道路养护项目的新主体和责任担当。

第二章 制造业参与基础设施类项目PPP模式的探索研究

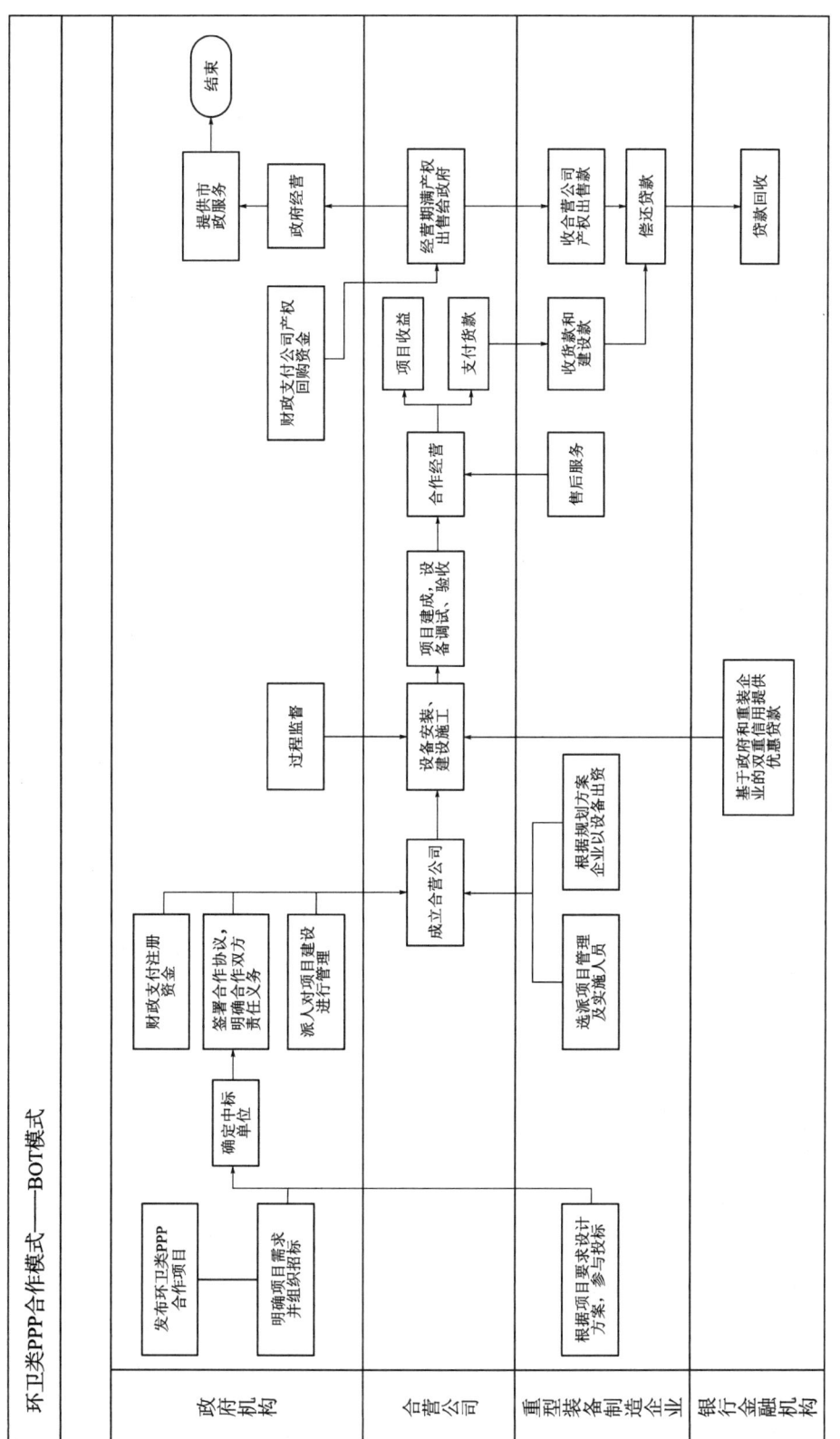

图 2-4 BOT 模式

1. 筑养护装备业务延伸

筑养路装备既涵盖了全系列压路机、摊铺机、沥青拌和站、厂拌站、平地机等筑路机械产品,又涵盖全系列铣刨机、小型压路机与摊铺机、稀浆封层机、沥青洒布车、同步碎石车、路面冷再生机、道路清扫车等路面养护机械产品。

2016年年初,我国装备制造市场陷入持续低迷状态,为应对新常态,产业转型升级成为摆在筑养路装备企业面前亟待解决的大事件,装备制造企业从原先单纯的"筑养路设备提供者",转型为当下和未来"道路施工与养护方案的解决者、成套筑养护施工设备的提供者、全过程施工管理的实施者"。

XG物联网管理平台主要为政府、集团、事业部、经销商提供基于业务流程和商务智能分析的功能支撑。其中,该平台每月定期向国家统计局上报相关的工程机械行业的数据,为国家的宏观经济决策提供最原始的数据支撑;为集团用户提供行情分析、大项目发现机会、指标分析、库存统计等功能,辅助决策支持,便于其整体管理、宏观把控;为事业部用户提供研发技术改造参考、安装调试、库存和物流管理、售后服务、风险预警、远程控制、异常报警等功能,便于其进行基于业务流程的优化和改进、及时发现潜在的信用风险、进行远程故障诊断;为分布各地的经销商提供营销参考、库存和物流管理、售后服务等功能,便于其提供快速、精准的营销和售后服务,并且合理地控制库存成本。

此外,XG集团不断探索大数据创新营销服务模式,建立了基于客户、产品和服务的大数据应用电子商务平台,该平台以整机销售、备件销售、二手交易、租赁业务、维修服务为核心,采用B2B、B2C、C2C、O2O相结合的业务模式,通过集成SAP ERP、MES、SRM、CRM、DMS、物联网等信息系统,将涵盖客户、经销商、整机厂和供应商的整条产业链有机串联在一起,实现了企业电子商务从供到销的全过程管控与服务,极大地消除了传统供销环节的弊端,降低了营销成本,提升了企业的管理与运营水平,并让工程机械客户切实获得产品的购买乐趣与服务体验。

2. 筑养路装备业务延伸与PPP模式构架

1) 公司化结构

地方政府与筑养路装备公司双方经过谈判,组建政府作为控股方的筑养路实施公司(实体公司),地方政府授予筑养路实施公司有关项目的特许经营权,整体项目从初始投资、施工建设到最终的运营,都由筑养路实施公司负责,筑养路实施公司同时拥有募集资金的资质。

公司化结构实施方式,如图2-5所示。

此类结构的优点:①将社会资本引入公路交通的全业务领域,减轻了建设项目对财政资金的需求负担;②地方政府作为筑养路实施公司绝对的控股股东,确保政府部门对道

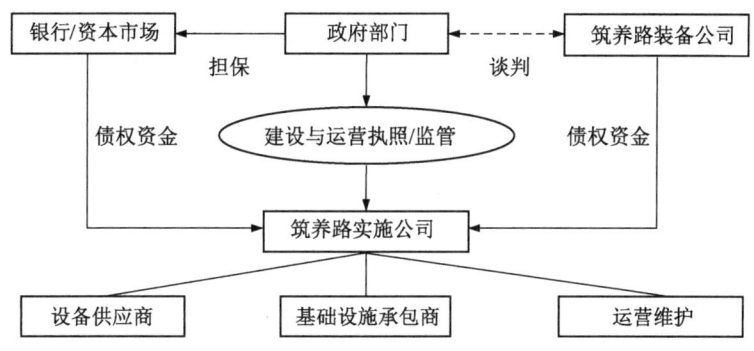

图 2-5 公司化结构实施方式

路类具有公共事业性质产业的实质控制权。

此类结构的缺点：①筑养路装备公司转移项目的风险小，主要风险由政府承担，对筑养路装备公司激励机制不足；②项目资产保留在政府的资产负债表上，对政府财政有一定的影响；③可能会局限专业技术和技能向项目的转移。

2) 设计—建设—融资—运营（DBFO）

地方政府将公路的初始设计、工程建设、项目融资和后期运营均交给筑养路装备公司特许进行，对公路或系统的设计、建设、融资和运营给予综合、长期的特许经营权。对比公司化结构，DBFO 在发挥社会投资者的能动作用方面更为积极进取。在国际上，英国的轻轨项目被视为这一结构的典型案例。

DBFO 实施方式，如图 2-6 所示。

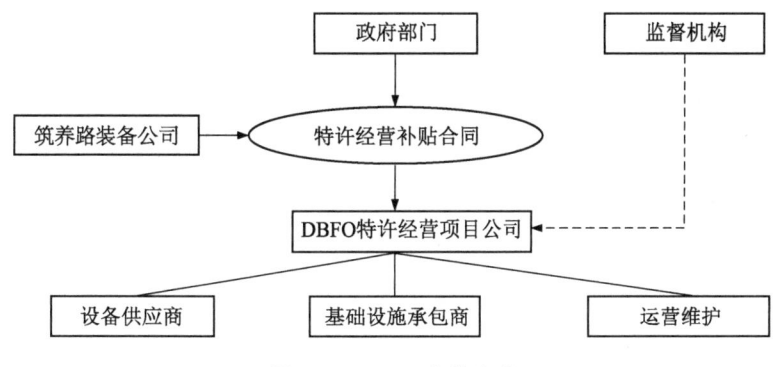

图 2-6 DBFO 实施方式

此类结构的优点：①从责任与接触点两个方面来看，政府部门只需面对单一对象——特许经营项目公司，从管理角度而言，有利于项目监管与控制；②透明且结构简单、条线清晰；③有利于组织和实施工程采购的一系列工作；④在国际上有成熟的市场范例可供参照和分析，有利于指导项目的全过程实施。

此类结构的缺点：①灵活性较差，不同特许经营期的问题无从解决；②金融机构将特许经营项目公司的融资界定为"项目融资"，缺乏担保，仅以项目未来收益（未来现金流）作抵押，风险偏高，致使融资成本高。

从实质上看，PPP模式作为政府部门和社会投资者之间一系列的合约安排，历史沿革较短，尚未探索出一种通用的标准结构，需要在实践中进一步探索，从中选择适合的PPP模式构架和解决方案。

3. 合作效益

筑养路装备公司与地方政府签署PPP合作协议，提供全套、全系列工程施工设备，配套出台相应施工方案，组织进行实施和运维。

收益分配方式：①筑养路装备公司取得高速公路的收费权，依照特许经营协议，在特许经营期内负责项目运营和管理，按照核定的标准收取通行费；待特许经营期届满，可将收费权移交给政府。②筑养路装备公司取得高速公路服务区经营权，在特许经营期内，负责项目运营与管理；待特许经营期届满，可将高速公路服务区经营权移交给政府。③筑养路装备公司取得一部分高速公路沿途、沿线的广告宣传位，可取得自用权或转让给第三方。

（四）装备制造企业参与PPP项目投融资方案

1. 装备制造企业参与PPP项目的资金难题

装备制造企业参与PPP项目，主要领域是基础设施、生态环保和轨道交通与公路建设，这些项目普遍投资规模大、项目周期长、资金回收较慢、资金收益相对较低。出于盈利能力和风险承担能力的考虑，再加上社会资本自身资金规模的限制，社会资本参与的积极性受到很大的影响，并且由于其对资金安全性、盈利性等诸多方面的要求，社会资本一般较难以单一股权投资的形式参与PPP项目。而PPP项目在立项过程中，又需要在短期内筹集建设资金，这就离不开金融机构尤其是商业银行的参与，其中，银行贷款是PPP项目的一个重要资金来源。

2. 金融机构在PPP项目中的作用

PPP项目的参与方主要包括政府和社会资本，金融机构在项目中的功能是辅助设计融资方案、提供融资支持。根据近几年落地的PPP项目来看，众多金融机构参与其中，包括商业银行、信托公司、基金公司和资产管理公司等。对于基础设施、高速公路、轨道交通、垃圾与污水处理等资金需求较大的PPP项目，资金筹划根据风险承担的不同，通常分为优先资金和劣后资金。资金需求过大的项目，还会继续细分，增加次优先级资金和中级资金。政府作为PPP项目的主发起方，责无旁贷承担劣后资金；社会资本出于稳健性和盈利性的考虑,通常认购中级资金;金融机构会根据不同的风险偏好,参与认购优先资金与次优先级资金;而商业银行一般认购优先资金。

3. 金融机构参与装备制造业PPP项目的主要模式

装备制造企业参与棚户区改造、生态环境改造和公路建设等基础设施建设PPP项目,无论是采取BOT模式还是建设外包模式,在初始建设阶段,除了政府投入股本,装备制造企业、金融机构都必须落实社会资本资金筹集,以保证项目正式运营。资金主要来源于商业银行、保险、信托公司、基金公司和资产管理公司,主要有以下几种模式:

(1) 贷款模式。这一模式的资金提供方主要是银行业金融机构。在装备制造企业参与PPP项目的过程中,银行业金融机构通过以未来收益权、在建工程、特许经营权等作为押品,以项目贷款、银团贷款和委托贷款等方式,为装备制造企业参与PPP项目提供资金融通服务。

(2) 投贷一体化模式。这一模式是指银行业金融机构在贷款模式的基础上,增加以资金作为股权的方式参与装备制造业PPP项目。按照现有监管规定,银行业金融机构不得直接以自有资金投资入股PPP项目,而是通过其子公司如资产管理公司间接进行投资管理。

(3) 理财资管模式。这一模式就是通常所说的利用通道,银行业金融机构为了规避信贷规模占用限制,用自有资金或者理财资金通过理财资产管理计划、券商资产管理计划、信托投资专项计划等形式向装备制造业PPP项目参与方提供资金融通业务。该种模式下,商业银行、信托公司、证券公司、基金公司都有可能参与其中。

(4) 资产证券化模式。对于生态环境PPP项目和公路建设PPP项目等项目,涉及经营的或者准经营的,可以采取以这些项目的未来收益权或特许经营权作为特殊抵押品提供保证,发行债券进行融资的方式。

(5) 私募基金模式。私募基金模式是指以产业基金的方式投资装备制造业PPP项目或运作装备制造业PPP项目的运营公司。同样,按照现有监管规定,银行业金融机构不得直接投资私募基金,一类通常是利用金融控股集团的优势,通过境内或境外子公司进行资金募集与运营;另一类是银行业金融机构作为私募基金的管理人(GP)发起设立基金直接投资于PPP项目,或提供介于股权和债权之间的夹层投资来为PPP项目提供资金。

(五) 装备制造企业参与PPP项目风险分担与退出机制设计

1. 装备制造企业参与PPP项目风险识别与防范

由于PPP项目存在不确定性,如何合理地分配风险、最大限度地规避风险,成为保证项目得以正常运行的必要条件,需要制定一套科学、合理的风险分担机制。

(1) 合作方要做到目的明确。从 PPP 合作项目的总体角度分析,风险分担的最终目的是避免项目经营失败,企业实力有限,过度承担与收益无从匹配的风险,可能会超出其实际承受力,引起效率的下降,项目运营质量的降低,最终会增加项目失败的风险。

(2) 实现清晰识别风险。企业可以成立具备专业水准的,由政府、企业和法律咨询人员组成的专家组对项目可能产生风险进行详尽评估,明确项目未来预计的风险。评估通常涉及以下几个方面:政策法律、宏观经济环境、社会文化、专业技术、市场不可预测性、业务操作、运营管理、战略落地、流动资金管理等诸多风险。在具体风险识别时,评估应根据项目的实际情况,分析不同风险产生的原因。

(3) 将项目存在的不同风险进行排序。基于详尽测算的前提,企业应对导致项目成败的因素作分析,并组织专家组制定出应对举措,为业务操作时尽可能地规避风险提供支持。

(4) 实现合作方的风险分担机制。原则上,由对风险有控制力的一方来承担相应风险及收益与风险配比。政府对政治、法律、经济、社会、文化方面的风险,控制力较强,该项风险可由政府负担;社会资本对市场、流动性、运营方面的风险,有一定的规避经验,该项风险可由社会资本负担。另外,社会资本还能借助保险机构、承包商、供应商等外部力量,合理、适度地转移风险。然而,不可抗力风险如市场风险,双方均不能掌控,可以通过设计与筹划、搭建价格调整、市场风险预警及缓冲机制等,由合作方共同承担该风险。

(5) 落实风险监控环节。在项目的整体建设与运营进程中,必须设置专业、独立的部门,全方位、全过程、全价值链地监控项目的系统风险,运用科学的方法和信息化的手段来监控和防范项目的事前、事中和事后风险。

2. 装备制造业 PPP 项目运营管理与退出机制

在项目的《特许经营协议》中约定 PPP 项目运营管理与退出机制。

(1) 假设社会资本因为客观原因出现三年连续亏损的情况,对持续经营造成困难的,合作方就补偿方式不能达成共识的,由合作双方委托社会中介机构,按照市场公允价值进行评估,由政府收回社会资本投入的资产,亏损由社会资本承担。

(2) 假设存在不可抗力或者政府本着公众利益需要提前终止协议的情况,应由双方聘请中介机构进行评估,除此之外要给予社会资本一定比例的补偿;假设由于政府违约造成项目无法持续经营的情况,由政府以合理价格收购企业投入部分资产,并给予企业一定的补偿。

(3) 假设企业违约,政府可以以折价的方式,回收企业投入部分的资产。

当下,在 PPP 项目建设领域,形成一套成体系的退出机制,应该属于特许经营协议中不可分割的一部分。建立公平、公正、公允的退出机制，可以有效地约束政府和企业的合作机制并规避风险，以维护公众利益为宗旨，实现项目良性、稳健和可持续发展。今后，要不断探索并进一步细化，研究政府收回资产、企业自行负担亏损、政府如何提供一定范围的补偿等具体情况，细化退出机制的相关条款，对PPP项目的实施具有鲜明的指导意义，能够保证PPP项目的平稳、有序地实施和落地。

四、本章小结

当前，我国PPP项目实施具有显著的系统性、复杂性、灵活性，为稳妥高效地实施PPP项目，实施企业必须进行系统性思考、设计与实施。基于XG集团以往系统性成功管理经验和我国PPP模式实施案例，总结成功模式和架构进行实施和推广。通过合力推进，实现PPP项目各方利益相关者朝着一个方向运营，实现企业和政府的双向共赢。

（一）明晰目标，实现装备制造企业的业务拓展与转型升级

当前，装备制造企业应把握国家积极推动PPP项目及"一带一路"倡议发展机遇，通过与上下游企业强强联合，在企业内部成立PPP专项部门进行资源整合，充分发挥企业专业及竞争优势，以提供设备租赁、服务、成套化解决方案或参股等多种方式参与PPP项目建设，开拓新的收入和利润增长点，盘活存量资产，消化过剩产能，促进公司技术、管理水平、综合服务能力和盈利能力的整体提升。

（二）确定主题，全面推进PPP模式实现提升服务与互利共赢

成功推进PPP模式，必须坚持一个主题：PPP模式在解决政府资金短缺和保证社会资本基本回报的同时，不能牺牲公共服务水平和公共利益，只有围绕这个主题，PPP模式才能得到健康、可持续的发展。具体而言，在PPP模式中，社会资本负责设计、建设、运维等绝大部分的项目工作，政府部门负责基础设施及公共服务价格和质量监管，双方各司其职，使用者和政府付费（必要的时候）作为两种不同的投资回报方式，在实现社会资本获得合理报酬的同时，保证公共利益最大化。

（三）搭建统一机构，负责整体平衡资源

装备制造企业应成立专门的项目部门或推进小组，负责企业内部资源调配和PPP项目的整体安排与推进。PPP项目涉及交通运输、水利、环境保护、农业、保障性安居工程等多个公共服务领域，所需的工程机械产品及服务涉及多家单位，如主机厂、进出口公司、经营租赁公司、财务公司等，同时PPP项目风险评估和收益模式的设计需要较强的专业性，需要设计一套专门的机制进行PPP项目实施。

PPP项目一般建设周期长、建设环境复杂、技术含量高、资金需求量大，其成功实施往

往需要建筑施工企业、设备和服务供应商、金融机构等多家社会机构联合推进与密切配合。因此,装备制造企业应发挥客户资源及融资能力优势,针对PPP项目与建筑施工企业、金融机构等形成战略投资联合体,合理设计利益分配方式,形成稳固的资源互补、强强联合的一套系统,实现在PPP项目竞争过程中脱颖而出,进而保证投资收益性。

(四)建立系统,通过信息化手段提供大数据支撑并打通信息孤岛

大数据等信息化技术的实施与应用是提升企业参与PPP项目竞争力的关键。XG集团建设完成了企业全价值链的信息系统,覆盖了企业研、产、供、销、服全业务链,为企业实施基于企业大数据的智能信息平台奠定了良好的基础,搭建流程齐备的信息化管理系统,通过大数据手段收集和积累可以用来分析的数字化信息资源。

在当前,中国经济进入新常态的形势下,为有力提升实施PPP项目的竞争优势和服务质量,企业必须运用大数据进行深入研究、分析和应用,为决策者提供科学的数据工具和手段,并动态提升产品和服务的核心竞争力,不断整合资源,为产业链的上、下游和各端口的合作方提供创新型增值服务。

(五)贯通流程,建立PPP项目实施的统一标准与规范流程

PPP项目的实施必须在国家部委统一规范的标准流程下运行,规避法律风险,并积极争取政策支持。政府部门规范下的PPP项目实施流程,如图2-7所示。

(六)全面预算,将预算管理贯穿全价值链,保障企业收益

投资回报率是社会资本参与PPP项目实施的重点。对于社会资本来说,经常遇到的情况是,收益高、回收期短的项目政府不放手,收益低、回收期长的项目社会资本不愿参与。装备制造企业在参与投资前,必须进行详细的预算编制,对投资回收期、投资回报率进行测算,并对同一项目中的各家利益分配方式进行明确划分,避免过程中出现争议影响PPP项目的整体实施。

(七)运用工具,拓展渠道实现PPP项目的产融结合与灵活应用

为加快推广PPP模式,更好地鼓励和引导社会投资,国家发展和改革委员会审核并建立了PPP项目库,面向全社会公开发布,PPP项目库涵盖市政交通、水利枢纽、公共服务、环境治理等多个领域。针对政府公告内容,结合设施类型,装备制造企业应根据项目类型、PPP模式等,灵活选择相应的战略合作伙伴,并提供相应的设备、服务或股权投资。

(八)完善制度,强化项目的整体与过程中的内部控制,合理规避风险

PPP项目在国内仍处于探索期,且缺少相关的法律制度进行规范和政策保障,缺少可推广、复制的模式,PPP项目总体落地率仍然较低。装备制造企业在进行PPP项目投资

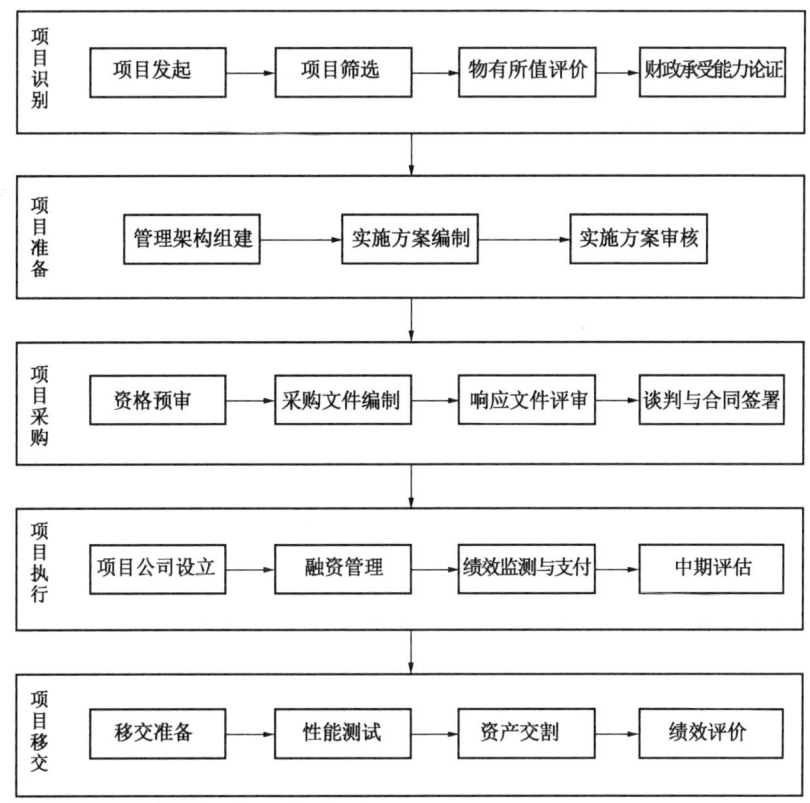

图 2-7 政府部门规范下的 PPP 项目实施流程

时,应建立完善的内控管理制度,对项目存在的风险进行充分调研和分析,减少并控制可能存在的风险。

后发优势使人们可以期待 PPP 模式在我国的良好发展。PPP 模式在国际市场的发展和各国的 PPP 模式实践,为我国提供了丰富的、可资借鉴的国际经验;大量关于 PPP 模式的理论和实证研究,不断丰富和深化人们对 PPP 模式的认知。后发优势使得我国在 PPP 模式推进基础设施领域的进程中,彻底改变"摸着石头过河"的局面。

■ 思考题

1. PPP 模式如何缓解企业融资约束?
2. 装备制造企业采取 PPP 模式的关键点是什么?
3. PPP 模式如何提升企业价值创造能力?
4. 装备制造业的 PPP 模式对其他行业的发展有什么借鉴意义?

【理论依据】

博弈论理论

博弈论(Game Theory)也称对策论、赛局论等,既是现代数学的新分支,也是运筹学的重要理论。博弈论是指在一定规则约束条件下,各方根据自身掌握的信息选取最优策略以达到最大收益和最低风险的过程。这一理论的应用过程是通过建立逻辑严密的数学模型使得客观事物中的各参与方能够在矛盾分歧影响下制定最佳的解决策略。在制定策略的过程中,参与博弈的人员需要满足特殊的限制要求并遵守相应的规则,依据自己一方获得的信息制定最佳对策,以期承担较少的风险并实现最大利益目标。博弈论主要研究在具有竞争性的场景中参与博弈的最优化策略,并且将博弈的过程、策略、结果公式化,运用数学模型来模拟参与方的预测行为和实际行为,进而通过数据将他们的行为进行优化,以期达到最佳均衡。

冯·诺伊曼在1928年阐述了这一理论的基本内容,并于1944年将他和奥斯卡·摩根斯特恩的双人博弈研究拓展到 N 个人博弈研究,并基于以上研究编写了《博弈论与经济行为》,书中关于博弈论的研究观点和内容被看作是博弈论的基本知识框架和基础原理。博弈论主要包括参与者、行为、策略、偏好、信息、收益、结果、均衡八大要素。其中,博弈模型的存在离不开参与者、策略和收益,这三者构成了博弈论的基础框架,行为和信息则是其构成的矩阵。

■ 参考文献

[1] 谢恒,汤永鸿,单海鹏.中国保障性安居工程 PPP 融资模式研究[J].经济问题,2015(08):61-65.

[2] 李洁.高速公路 PPP 项目的政府监管体系研究[D].济南:山东建筑大学,2015.

[3] 吴小军.PPP 项目的绩效评价体系研究[D].西安:西安建筑科技大学,2016.

[4] 彭飞.PPP 项目风险管理研究[D].合肥:安徽建筑大学,2016.

[5] 闫江奇.中国式 PPP 的存在性、基本特征及其发展趋势[J].建筑经济,2015(11):14-18.

[6] 郭培义,龙凤娇.PPP 模式推进过程中的问题及建议[J].建筑经济,2015(08):11-14.

[7] 谢雨鸣,邵云飞,钱航.PPP 模式下战略性新兴产业评价维度的构建[J].科研管理,2015(S1):292-299.

[8] 周正祥,张秀芳,张平.新常态下 PPP 模式应用存在的问题及对策[J].中国软科学,2015(09):82-95.

[9] 刘晓凯,张明.全球视角下的 PPP:内涵、模式、实践与问题[J].国际经济评论,2015(04):5,53-67.

[10] 李丽,丰景春,钟云,等.全生命周期视角下的 PPP 项目风险识别[J].工程管理学报,2016(01):54-59.

[11] 陈志敏,张明,司丹.中国的PPP实践:发展、模式、困境与出路[J].国际经济评论,2015(04):68-84,5.

[12] 张雷.PPP模式的风险分析研究[D].北京:财政部财政科学研究所,2015.

[13] 袁义淞,李腾.政府风险规避视角下的PPP模式委托代理模型研究[J].昆明理工大学学报(自然科学版),2015(01):118-124.

[14] 高颖,张水波,冯卓.PPP项目运营期间需求量下降情形下的补偿机制研究[J].管理工程学报,2015(02):93-102.

[15] 施颖,刘佳.基于PPP模式的城市基础设施特许经营期决策研究[J].当代经济管理,2015(06):18-23.

[16] 亓霞,柯永建,王守清.基于案例的中国PPP项目的主要风险因素分析[J].中国软科学,2009(05):107-113.

[17] 叶晓甦,徐春梅.我国公共项目公私合作(PPP)模式研究述评[J].软科学,2013(06):6-9.

第三章　GT会计师事务所人力资源薪酬体系优化设计

从1980年我国注册会计师制度恢复重建至今,会计师事务所在我国经济发展中的地位越来越重要,同时数量规模、从业人数也取得长足进步。然而,会计师事务所在迅速发展的同时也面临着诸多问题和挑战。其中,因薪酬体系不合理导致的人力资源管理问题,已经成为制约会计师事务所发展的一个重要因素。进入新时代,会计师事务所之间的竞争已然成为对知识、创造力和资源配置等资源的争夺,专业人才队伍直接影响会计师事务所在行业内的知名度和品牌形象,有效的人力资源管理是会计师事务所拥有持续竞争优势的关键所在。

截至2022年9月底,我国会计师事务所已近九千家,执业注册会计师已有十万之众,业务收入也在持续增长。根据中国注册会计师协会最新公布的全国前百家会计师事务所信息,百家之中的本土会计师事务所业务收入过亿的超四十家,为中国经济的增长与中国企业的快速成长提供了重要支撑。与此同时,国际会计师事务所如普华永道、毕马威、安永和德勤(以下简称四大会计师事务所)在我国会计市场中长期占据优势,增长速度远超本土事务所,而且正在更大范围内抢占优秀专业人才。与国际会计师事务所相比,我国大多数本土会计师事务所在激烈的人才竞争中缺乏健全的人才吸引和激励制度,尤其是薪酬机制缺乏激励性和科学性,员工流动性非常大,不利于会计师事务所的长远发展。

GT会计师事务所是一家成立四十多年的本土会计师事务所,在全国各地设立多家分所。本案例以GT会计师事务所的一个分所为例,针对该分所长期把合伙人的利益置于首位,忽视团队业务人员薪酬的合理性,导致业务人员流动频繁,招聘的新员工和实习生往往执业质量不高,直接影响客户满意度的问题,在分析该会计师事务所经营管理现状的基础上,深入剖析该会计师事务所现有的激励与薪酬制度,并以知识型员工激励理论和薪酬管理理论为理论基础,探讨如何创新人力资源管理和薪酬设计,优化该会计师事务所的人力资源配置,充分调动从业人员的潜能,助力该会计师事务所增强市场竞争力。

一、背景描述

(一) GT会计师事务所简介

GT会计师事务所前身为GZ会计师事务所,成立于1982年,1993年经中华人民共和国财政部和中国证券监督管理委员会(以下简称证监会)批准,取得从事证券、期货相关业务许可证。经过1998年年底的脱钩改制和2000年、2008年的二次合并重组,2013年年底转制为江苏GT会计师事务所(特殊普通合伙),2019年更名为GT会计师事务所(特殊普通合伙)。

GT会计师事务所的某分所拥有从业人员60余人,其中注册会计师30余人、注册税务师10余人,从业人员半数以上有中、高级专业职称。经过多年的发展,该分所已成为所在地区规模最大的专业会计审计服务机构,为社会提供全方位的高品质服务。

(二) 会计师事务所人力资源特征

1. 注册会计师人才是会计师事务所持续发展的关键所在

注册会计师人才是会计师事务所的关键资源,他们作为知识性员工将其专业知识和才能运用于会计师事务所日常工作中,使得会计师事务所得以发展并积累财富与声誉。因此,会计师事务所是"人合""智和"的企业,最关键的管理问题就是如何管好"人"。《财政部关于加快发展我国注册会计师行业的若干意见》(国办发〔2009〕56号)中明确提出要通过制定和实施人才战略规划,有计划、有步骤地培养一大批适应行业发展要求的国际化、复合型人才,建设一支以诚信执业、素质过硬的注册会计师队伍。综上所述,专业人才队伍是决定会计师事务所生存和发展最为重要的资源。

2. 会计师事务所员工具有较高的稀缺性与流动性

会计师事务所中如项目经理、主任注册会计师、高级审计师等高素质的注册会计师是会计师事务所的核心成员,他们以丰富的行业经验、出色的专业知识和管理能力担任会计师事务所业务与管理的多重职位,他们无法在短期内被其他普通员工替代,其知识性、经验性、管理性已然取代了物质资本成为会计师事务所最稀缺的资源。而稀缺性决定了这些员工在劳动力市场上的供不应求,为他们赢得了更加广泛的职业选择权,以及市场所提供的充分发展与成长的空间。高素质的注册会计师必然会有更多的选择,对工作的流动意愿也会更强。会计师事务所作为"人合"企业,"管人"是其管理问题的关键所在,在会计师事务所工作的职员都是精英,除了企业文化,他们更关心的还是薪酬。因此,高薪酬是会计师事务所争取人才的必备方式。

3. 注册会计师看中个人长远发展的心理期望

会计师事务所中高素质职员属于核心人力资源，他们会呈现出更高的价值优越感、心理期望以及多样化的需求，主要表现在薪金、组织地位、社会地位等方面，如从个人心理特征上表现为希望得到更多的尊重、有更强烈的自主性等。不管是从会计师事务所发展的角度来看，还是从注册会计师自身发展的角度来看，会计作业方式在不断完善，审计技术在不断发展，互联网、人工智能及大数据等技术的加入，使得计算机辅助审计技术也得到越来越广泛的应用，注册会计师业务领域扩大到更为广泛的代理纳税、会计服务、管理咨询领域，这就要求从事这一行业的人才具有持续学习的动力和精力，富于才智且精通最新的专业。因此，会计师事务所的高素质员工更注重持续学习和培训的机会，看重个人长远的职业发展。

（三）会计师事务所的基本薪酬制度

我国会计师事务所在1999年之后才开始大规模地出现和发展，由于时间较短，在管理水平上与国际大型会计师事务所差距很大，暴露出很多问题，如会计师事务所之间以价格竞争为主、会计师事务所缺乏独立性、审计不严格、质量不高、职业质量较差、风险意识和责任意识较差、市场定位模糊、人员流动较快等问题，这些都与会计师事务所的人力资源管理及薪酬激励体系有着莫大的关系。

目前，国内大、中型会计师事务所主要有两种基本薪酬制度，一种是以职位级别薪酬为中心，另一种是以绩效奖金为中心。

1. 以职位级别薪酬为中心的薪酬制度

以职位级别薪酬为中心的薪酬制度是指将会计师事务所内各员工的职位级别进行明确的划分，将职位级别作为薪酬分配的主要参考依据，只有少量的提成工资或年终奖等绩效奖金，并按照员工的资历、技术职称、职责等评定是否调动其职位、调整其薪酬。这种薪酬管理制度认为业务的效益和数量不应该作为决定薪酬最主要的因素。若是以获得的收益来决定工资，即提成的形式，那么会计师事务所收益一般或者较差的项目便无人愿意跟进，会造成会计师事务所内员工之间的矛盾，不利于企业的长久发展；若是以项目数量为标准，则又容易促使员工为了追求效率而降低审计质量。这种以职位级别薪酬为中心的薪酬分配方式相对比较固定，会导致员工升职过慢，员工晋升的比例过小，再加上该薪酬制度下的职位评定和考核制度存在不合理，最终会导致员工工作明显缺乏积极性，促使员工离职，不利于会计师事务所的人才战略。综上所述，这种薪酬制度确实存在着诸多缺点，有与会计师事务所经营战略错位，薪酬体系对内公平性不足，大锅饭、平均主义现象比较严重,薪酬观念较为落后,薪酬结构不合理,员工晋升通道单一等问题。

2. 以绩效奖金为中心的薪酬制度

以绩效奖金为中心的薪酬制度主要依据员工的绩效及员工为事务所带来的收益分配,即实行固定工资加项目提成的薪酬分配制度,主要表现为员工按照职位体系确定固定工资(或基本保底工资),除此之外,以员工承接和拓展业务的收入为基础进行业务提成。基本保底工资分为很多级别,在一般情况下,员工收入主要取决于该员工所开展的业务及其所达到的业务量的大小,基本保底工资在整个薪酬结构中所占比例并不大,且根据地域的消费水平各有不同。这种以绩效奖金为主的工资一般有两种形式,一种是根据员工执行业务时的提成确定其绩效工资;另一种是依据员工参与的项目的效率与收益、员工在项目中的职位重要程度及负责的模块的复杂程度等来决定。四大会计师事务所通常采用这种类型的薪酬制度。这一薪酬制度已被国内大部分会计师事务所采用,主要是因为我国会计师事务所的竞争异常激烈,导致审计服务报价普遍较低,在这种激烈的审计市场竞争环境之下,大多数会计师事务所只能通过增加业务量、项目数来增加事务所收入。而从资源分配的角度分析,以绩效奖金为主的分配机制确实能优化会计师事务所的人力资源管理,使会计师事务所的人力资源成本由固定成本转化为可变成本,最大限度地实现项目收益与人力资源成本的配比,从而使事务所实现利润最大化。

通过对这两种制度的解析,可以发现,无论是以职位级别薪酬为中心的薪酬制度还是以绩效奖金为中心的薪酬分配方式,都要经过一定程序的考核。大、中型会计师事务所一般会为了增加员工对企业的满意度、增进所内员工之间的感情而采取福利性措施用以激励员工。例如,根据整个部门或是一个项目组的工作表现,进行一些奖励;当所内员工参加资格考试时,给予员工复习时间及复习资料、报考费用的补助等;为增进员工间感情,时常组织外出聚餐或旅游。但相比于四大会计师事务所,国内大、中型会计师事务所除工资外给予员工的福利制度太少,无法让员工对会计师事务所产生归属感并感受到会计师事务所对员工个人缺乏关心及认同感。从以上分析来看,国内大、中型会计师事务所无论是以职位级别薪酬为中心还是以绩效奖金为中心的薪酬激励制度,其薪酬分派方式都较为单一且过于片面,使得激励效果有所欠缺,有着各自的缺陷。其中,最大原因是国内大、中型会计师事务所未能充分考虑知识型员工对于薪酬激励的要求、员工之间的个体差异性及国内会计师事务所人力资源的特征,未能从行业的实际情况以及会计师事务所长期的人力资源战略出发。会计师事务所只有克服不同薪酬体制的缺点,并结合各自优势,才能建立一个科学有效的薪酬激励机制。

二、现状与问题

（一）GT会计师事务所的人力资源现状

GT会计师事务所某分所设有"四部一室"（业务一部、业务二部、业务三部、技术标准部、办公室），共有员工60余人。GT会计师事务所某分所人员分布情况统计，如表3-1所示。

表3-1 GT会计师事务所某分所人员分布情况统计

分类		人员数量（人）	所占比例
合计		62	100%
职务分布	所长	1	2%
	副所长	3	5%
	项目经理	18	29%
	审计助理	25	40%
	见习员	8	13%
	后勤人员	7	11%
年龄分布	35周岁以下	25	40%
	35~44周岁	20	32%
	45周岁以上	17	27%
学历分布	研究生	8	13%
	大学本科	47	76%
	大专及以下	7	11%

从表3-1中可以看出，目前GT会计师事务所某分所的员工大多数具有本科以上文凭，学历水平相对较高，具有研究生以上文凭的员工占员工总数的13%。年龄结构适中，35周岁以下员工占员工总数的40%以上。员工中具有注册会计师、注册税务师等资格的专业技术人员占员工总数60%以上。GT会计师事务所某分所人员分布呈现出知识水平较高、年轻员工占比较大、专业技术人员较多的特点，因此对薪酬方案的竞争力、内外部的公平性及个性化的要求较高。

（二）GT会计师事务所现行的薪酬制度

GT会计师事务所现行的薪酬制度比较简单，除了基本工资，根据每位员工的以往业绩预发奖金，年终根据考核情况，多退少补。GT会计师事务所把员工分为高级经理、项目经理、助理审计师、审计员四种职务，每种职务（所长、实习生和后勤人员除外）又划分为三个等级，由此形成不同的岗位工资等级。岗位工资执行标准在每年年初或见习期满时确定,根据员工上一年度综合考评结果调整其当年的工资级次,考评优秀的员工上调一级工资,考评良好的和合格的员工维持现有工资标准,考评不合格的员工降低一级工资。每年年末根据领导班子讨论确定奖励额度,确定不同岗位的奖金系数,结合员工考评结果,按年度发放。

GT会计师事务所还会为员工发放各种福利,主要包括每年一次的员工体检、节日发放实物、现金及每年一次的全体旅游。另外,考虑到注册会计师行业的从业特征,GT会计师事务所经常组织开展员工培训,包括注册会计师协会组织的每年一次的执业资格培训、会计证年检培训和部门内部的不定期培训,每年培训的项目是固定的。

GT会计师事务所目前的薪酬制度管理实施总所分所一体化管理,总所针对月度基本工资、岗位工资、绩效工资制定统一的薪酬标准作为计算基础,同时对全国所有分所按照当地消费水平及城市等级进行分层,分为一线所、二线所、三线所,一线所按照标准的95%~100%执行,二线所按照标准的85%~95%执行,三线所按照标准的75%~85%执行。GT会计师事务所某分所的薪酬水平在行业内处于中上等水平,与四大会计师事务所的薪酬水平存在一定差距。

(三) GT会计师事务所的发展问题

1. 竞争压力大

在政府主管部门制定的行业发展战略指引和行业自身不断努力下,全行业无论是收入规模还是从业人数都取得了长足进步。行业内具有一定规模的本土会计师事务所通过多年、多轮的兼并重组或扩张,有不少会计师事务所脱颖而出成为行业内大型会计师事务所。近些年大型会计师事务所受到的监管压力越来越大,但是当会计师事务所规模做大以后,其在市场开拓、人才培养及品牌铸造等方面优势明显。从机构收入总额来看,前百家会计师事务所占行业全部统计收入总额高达60%以上。而数量众多的、百名以外的其他会计师事务所无论是收入总额还是单家机构的收入均处于较低水平。GT会计师事务所经过多年的经营与发展,目前在所在地区竞争地位处于前列。然而,与国内八大会计师事务所(瑞华、立信、天健、信永中和、大华、大信、致同、天职)(以下简称八大会计师事务所)和四大会计师事务所相比,GT会计师事务所受到市场开拓能力限制,要想在高端市场,特别是IPO、内控领域占领领先地位实属不易。

2. 客户要求日益严格

随着企业内控流程日益规范化,企业对会计师事务所的要求也日趋严格。许多企业,特别是单独设立内审部的企业,均要求会计师事务所在进驻审计现场前提供相关审计人员的详细信息,并根据审计人员从业经历对其进行筛选,且在人员确定后,要求在审计期内不得随意更换审计人员。相比四大会计师事务所和八大会计师事务所,GT 会计师事务所存在的主要问题就是从业人员的终身学习和能力提升的意识淡薄,进而产生由于对从业人员不满意的原因而导致客户流失的现象。从这一层面来看,能否拥有一批稳定的、执业质量过硬、从业经验丰富的审计人员,是 GT 会计师事务所能否继续稳固现有市场、占领高端市场、做大做强的关键所在。

3. 人员流动趋向于行业内流动

人员流动频繁是所有会计师事务所面临的最为普遍、也是急需解决的问题。然而,我们通过近几年对人员流动的研究发现,人员的流动方向有了较为显著的变化。以前国内大型会计师事务所的人员流动去向基本为四大会计师事务所或者企业。但近年来,四大会计师事务所的招聘需求有所降低,而企业原有的薪酬优势不复从前,会计师事务所人员流动更倾向于行业内流动。特别是经过大型会计师事务所培训、有着良好从业经历的审计人员更倾向于选择能够提供更高职位、更多自主空间的中、小型会计师事务所。近年来,GT 会计师事务所在不断招聘高级审计员的同时,也存在人才流入中、小型会计师事务所的倾向。

(四) GT 会计师事务所现有薪酬制度的弊端

以绩效奖金为主的薪酬分配形式更加简单易行,员工之间的薪酬差异较大,所产生的激励效果也会有所加强。但是,GT 会计师事务所的薪酬设计太过简单,这样的分配方式存在一定的弊端。首先,以绩效奖金为中心的薪酬制度无法很好地配合会计师事务所长期的战略发展,与人力资源战略脱钩。其次,单纯依靠薪酬差异产生的激励效果对于知识密集型的会计师事务所作用有限,在会计师事务所没有合理规划薪酬的情况下,以拓宽业务量为目的盲目提高项目加成比例,这种短视逐利行为会使审计质量有所下降,同时会使员工对于会计师事务所没有归属感与认同感。所以,GT 会计师事务所应该根据自身企业文化及所内知识型员工激励的特点进行薪酬规划,才能使以绩效奖金为中心的薪酬分配制度发挥最好的作用。最后,以绩效奖金为中心的薪酬分配形式可能无法体现需求多元化的差别激励,该种薪酬分配方式只按照项目进行提成,形式过于单一,无法满足注册会计师多样化的需求,可能会造成激励效果的下降。

(五) GT 会计师事务所人力资源管理方面的困境

1. 对优秀人才缺乏吸引力

与 20 年前会计师事务所第一轮改制相比,目前会计师事务所对优秀人才明显缺乏吸引力。一方面,较低比例的应届毕业生将进入会计师事务所作为自己的职业首选。根据近年来有关机构的调查结果可知,应届毕业生优先考虑的就业去向依次是政府机关、中央企业和外资企业,其后才是会计师事务所等服务机构。另一方面,会计师事务所呈现人才反向流动的情况。2000年左右,不少在政府机关或者大、中型企业工作的优秀财会人员离开体制,选择去会计师事务所工作,而今情况恰恰相反,大多数在会计师事务所工作一定时间的员工选择重返体制。与体制内相比,会计师事务所的薪资水平、工作压力,明显处于劣势,自然无法吸引优秀人才。

2. 流动周期趋短

会计师事务所作为服务型组织,人才流动本属正常,由于发展环境或个人原因,在职业晋升中的每一个环节,都会有一定比例的员工选择离开。但近些年的趋势是审计助理人员流动周期越来越短,3~5年的流动周期缩短至现在的2~3年,甚至有极小比例的应届毕业生就业时间不足1年就选择另谋高就。流动周期短导致会计师事务所难以有效地进行人才梯队建设,项目团队组建的合理性同样难以保证。

3. 人才培养机制落实不到位

在会计师事务所制度建设中,人才培养机制是重要的组成部分,但落地情况堪忧。一方面,会计师事务所尤其是中、小型会计师事务所人才培养动力不足,由于分配机制及人才流动等方面的原因,管理层往往难以拿出决心来实施人才全周期培养。另一方面,随着新生代成为入职员工主力军,鉴于新生代员工的代际特征,不少新进员工没有很好的职业规划,学习动力不足;而有些老员工往往因知识更新难度大,接受培训的意愿不强。

三、改进与应用

通过对GT会计师事务所现有薪酬制度弊端进行分析,本案例提出GT会计师事务所薪酬管理体系总体设计思路,包括针对合伙人的年薪及分红计划、针对核心成员的固定工资及绩效奖励计划、针对一般业务员的岗位工资及其他补贴福利。

(一) GT会计师事务所薪酬管理体系总体设计思路

根据对现状的分析评估,当前GT会计师事务所薪酬管理体系设计主要解决薪酬的市场化、薪酬的内部公平性、薪酬对会计师事务所整体贡献度的体现三个方面的问题。

1. 薪酬的市场化

通过调查GT会计师事务所所在行业的市场化薪酬,结合所在行业的地位、竞争状况,在充分考虑会计师事务所全部职工平均工资的基础上,根据行业的市场竞争程度建立相关模型,合理确定GT会计师事务所的市场化薪酬水平。

2. 薪酬的内部公平性

按照 GT 会计师事务所的业务范围对员工进行合理分类,再根据各个岗位的业务难度、经济效益、社会效应等差异因素建立不同工作岗位、不同职级难度差异系数,确定不同岗位不同职级员工的工作难度系数。

3. 薪酬对事务所整体贡献度的体现

GT 会计师事务所设计薪酬合伙人制度,建立特别贡献奖,按照绝对贡献和相对贡献结合的原则,即绝对贡献奖励按照员工对事务所的绝对贡献额度进行奖励计算,相对贡献奖励按照员工自身的业绩增长性进行适度奖励。

(二) GT 会计师事务所的薪酬设计

由于人力资本的特点不同,不同岗位不同职级的员工应承担的风险及获得的业绩报酬也有差异,所以在薪酬激励的方式上也应采取区别对待的策略。

1. GT 会计师事务所的合伙人

首先,对于会计师事务所的合伙人,即会计师事务所中进行战略决策的高级管理人员,他们作出的决策关系到会计师事务所未来的发展以及可持续性。同时,这些合伙人与会计师事务所并不是简单的雇佣关系,他们提供的货币资产、物质资本及知识资本都会转化为会计师事务所承担相应风险的一种抵押,因而这些高级管理人员将在会计师事务所中承担着较高的经营风险与业绩压力。其次,会计师事务所合伙人作为典型的知识型人才,一般都希望发挥自身才干、重视自身价值及获得社会地位与他人的认同,因此,他们通常希望能够获得一定的股票和期权激励,以更好地实现自己的人生价值,获得较高的收入。最后,高层管理人员往往期望获得利润分享,然后才是现金实物收入、企业年金等。因此,对于会计师事务所合伙人,应该采用岗位、绩效工资与所持股权激励相结合的薪酬激励机制,且以长期股权激励收入为主。

这种薪酬分配方式涉及以岗位工资、绩效工资、会计师事务所合伙人所持股份比例为基础的利润分配和货币薪酬两方面。大部分会计师事务所岗位工资和绩效工资的分配依据主要包括合伙人的知识和技能(专业知识贡献、技术和资质、遵守及运用规定的审计流程和方法)、市场开发能力(了解和建立市场、发展和保留客户、品牌营销、部门业绩)、管理和领导能力(决策力、执行力、团队建设、沟通能力)几个方面;以合伙人所持股份比例为基础的利润分配机制主要是以会计师事务所项目收益等财务指标为核算基础。对于新加入的会计师事务所合伙人,通常规定他们的利润分享比例在一段时间内低于现有合伙人,真正形成对合伙人有效的激励。

GT 会计师事务所优化后的合伙人薪酬体系计算方法,如表 3-2 所示。

表 3-2 优化后的合伙人薪酬体系计算方法

薪酬体系		计算依据	备注
固定部分	岗位年薪	岗位年薪 = $\dfrac{\text{职工年度}}{\text{平均工资}} \times \text{倍数} \times 50\% + \text{市场化薪酬水平} \times 50\%$	市场化薪酬水平取区间中位数
变动部门	股利分红	根据 GT 会计师事务所经营状况,定期按一定的比例分取盈利及参与剩余股权的分配	
	绩效奖励	绩效奖励 = $\dfrac{\text{年度业务}}{\text{收入}} \times \text{计提比例} \times \text{绩效贡献系数}(\alpha_1)$	α_1 根据绩效考核确定
	员工福利	包括"五险一金"、年度团建、定期检查等	
	津贴补贴	包括年功津贴、地区性津贴、交通补贴、话费补贴等	

优化后的合伙人薪酬体系中增加了绩效奖励项目,反映出合伙人薪酬对会计师事务所整体贡献度。考虑到不同合伙人负责的业务范围不同,年终提取其负责部门年度业务收入的 5% 作为部门绩效,由部门主管及中层管理人员统一支配。这 5% 的部门绩效不仅能够反映该部门审计业务人员的工作能力及工作业绩,更能反映该部门主管的管理能力及协调能力。因此,参与该部分绩效分配的不应仅局限于审计业务人员,还应包括部门主管。此外,合伙人的岗位年薪考虑了职工年度平均工资和市场化薪酬水平,体现了薪酬设计的市场化水平和内部公平性。

2. GT 会计师事务所的核心成员

对于非合伙人的核心注册会计师,即中层管理人员,一般是指非合伙人的签字注册会计师、主任注册会计师或项目负责经理,应该实施知识资本股权化、薪酬激励形式多元化的薪酬模式。

知识资本股权化,主要是指对这些非合伙人的会计师事务所核心成员采用利益共享机制的薪酬分配方式,即除了基本薪酬、加班薪酬、绩效薪酬、五险一金组成的薪酬系统,设置长期报酬计划,将会计师事务所合伙人的一部分股权作为核心员工持股的分配基础,使享受这部分股权的核心员工得以将他们的收入与会计师事务所承担的责任与风险挂钩,实现知识资本股权化。多元化的薪酬模式是指会计师事务所在分配薪酬时,不仅要兼顾项目收益指标、内部控制指标、员工满意度和客户满意度指标,同时也要注重提高员工的专业技能、优化职员福利待遇、设计适合的培训制度与职务升迁标准、给予中层管理人员更大的决策权等非货币形式的多种薪酬激励形式以提升他们的责任感。将这两种薪酬激励方式相结合才能满足这些核心注册会计师的成就需要、权力需要、合群需要及成就需要。

GT 会计师事务所优化后的核心成员薪酬体系计算方法,如表 3-3 所示。

表 3-3　优化后的核心成员薪酬体系计算方法

薪酬体系		计算依据	备注
固定部分	岗位工资	岗位工资 = $\dfrac{\text{市场化}}{\text{薪酬水平}} \times \dfrac{\text{地区差异系数}}{\text{需要具有一定的市场竞争力}}$	根据岗位级别确定
	所龄工资	根据其在 GT 会计师事务所工作时间而定,是对审计业务经理事务所工作经验及对 GT 会计师事务所忠诚度的肯定	
	全勤奖	根据其考勤状况而定,鼓励员工无特殊情况下按时上下班,建立规范化的日常生活秩序,进一步提升企业品牌	
变动部门	绩效工资	绩效工资根据各个审计项目的性质、难易程度等相关因素区别设定绩效提成比例	
	股利分红	根据 GT 会计师事务所经营状况,定期按一定的比例分取盈利及参与剩余股权的分配	
	员工福利	"五险一金"、各类节日福利、旅游、体检等	
	津贴补贴	出差、通信、交通等各类补助	

优化后的核心成员薪酬体系增设了股利分红项目。股利分红是指表现出色、工作出众的审计业务经理被发展成为合伙人(或者被视为合伙人)后,能够定期按一定比例分取的盈利及参与剩余股权的分配。GT 会计师事务所应根据这些审计业务经理的工作变现、工作业绩、创收能力等因素分配相应比例的股权及分红,将优秀的审计业务经理合伙化,不仅能够提高其货币收入,更能满足其精神需求,使其个人价值得以体现,从而增强其归属感,提高其工作积极性,为 GT 会计师事务所创造更大价值。另外,对于绩效工资的确定,需要特别明确审计业务经理和审计业务助理之间的比例,以削弱审计业务经理的主观性及审计业务助理的投机性,从而体现薪酬体系的公平性原则。由于会计师事务所行业的特殊性,审计业务人员长期处于出差状态,津贴补贴能够更有效地提升员工的积极性,增强员工的工作热情,应适当提高标准。

3. GT 会计师事务所的一般业务人员和助理

会计师事务所的一般业务人员和助理占总职员人数的比例很大,这类员工最大的特点是可替代性强、流动性大、投入的人力成本低,所以他们一般无法与会计师事务所形成长期契约关系,会计师事务所通常以短期薪酬、长期培训来激励或是留住他们。而对于会计师事务所来说,一般业务人员对审计项目的质量、风险影响微弱,也不会让他们承担较大的风险,在薪酬分配方式的选择上一般采用工资加出差补贴的形式,在激励方式上一般选择各种形式的业务培训及知识培训等,较少地关注股票和期权等激励方式,这种薪酬制度不会使这类职员对会计师事务所有较强的依赖感与忠诚度。从这类职员的社会属性与职位特征来看,会计师事务所的一般业务人员以刚刚毕业或工作不久的年轻人居多,他们拥有一定的学历(本科以上)及几年的工作经验,而未取得相关执业资格,他们是会计师事务所中工兵型的员工,是会计师事务所业务发展的基础,具有较高的职业发展空间,他们对自己的未来事业发展方向具有较大的不确定性。所以,GT 会计师事务所应对这部分人员加大奖金的比重,并且关注和重视其职业发展潜力,培养员工的忠诚度。

GT 会计师事务所优化后的一般业务人员和助理薪酬体系计算方法,如表 3-4 所示。

表 3-4 优化后的一般业务人员和助理薪酬体系计算方法

薪酬体系		计算依据	备注
固定部分	岗位工资	岗位工资 = 市场化薪酬水平 × 地区差异系数	根据业务能力确定
	全勤奖	根据其考勤状况而定,鼓励员工无特殊情况下按时上下班,建立规范化的日常生活秩序,以进一步提升企业品牌	
变动部门	绩效工资	绩效工资根据各个审计项目的性质、难易程度等相关因素区别设定绩效提成比例	
	执业资格考试奖励	对审计业务助理参加相关执业资格考试通过单科者进行的奖励	
	员工福利	"五险一金"、各类节日福利、旅游、体检等	
	津贴补贴	出差、通信、交通等各类补助	

优化后的一般业务人员和助理的薪酬体系增设了执业资格考试奖励项目,是对审计业务助理参加相关执业资格考试并通过单科的奖励。会计师事务所是一个专业性非常强的行业,而相关执业资格,特别是注册会计师,是会计师事务所员工价值的基本体现,取得相关执业资格已成为审计业务助理晋升审计业务经理的必要条件,这就要求一般业务人员和助理积极考取相关执业资格。对一般业务人员和助理单独设置执业资格考试奖励,不仅有利于激励一般业务人员和助理积极考取相关执业资格,提高个人价值,更有利于 GT 会计师事务所培养高素质审计人员,进而为 GT 会计师事务所创造更大利润,提升整体价值。另外,需要确定审计业务经理及审计业务助理在该审计项目提成中的分配比例,以降低绩效分配中审计业务经理的主观性,但也需加强审计业务助理工作主动性与积极性的制约机制。

(三)会计师事务所人力资源激励的其他措施

除了重视薪酬激励,其他完善会计师事务所人力资源的激励方式也十分重要,如会计师事务所的文化与员工的发展前景问题。

通过加强会计师事务所文化建设,树立以人为本的管理理念,充分发挥会计师事务所文化的导向功能、凝聚功能、激励功能及约束功能,使员工个人价值的实现与会计师事务所发展目标相一致,最大限度地释放蕴藏在员工心中对事业追求和个人价值实现的能量,增强会计师事务所对人才的吸引力,增强人才对会计师事务所的归属感。具体如下:

第一,会计师事务所应确立核心价值观,使全体员工逐步形成一个共同理念,并为共同的目标奋斗,使每个员工都能够充分发挥自己的作用,个人价值得到充分体现。通过确立和灌输核心价值观形成较强的凝聚力,努力创造能够培养人、留住人的氛围。同时,还可以通过建立学习型会计师事务所,加大培训投入,形成浓厚的学习氛围,使得员工的专业技能和业务素质不断得到提高,实现核心价值观的与时俱进,不断修正和完善合伙文化,进行文化创新和观念的跟进。

第二,会计师事务所合伙人及高级管理层的作用是不可忽视的。他们必须以身作则、率先示范,努力使自己的行为成为会计师事务所价值观的载体,并引导全体员工践行会计师事务所文化,坚决反对轻视法律、违反制度的行为,坚决杜绝朝令夕改、个人意志凌驾于制度之上的行为。在制度执行中坚持人人平等,秉承优秀传统文化中"海纳百川、有容乃大"的气魄,做到尊重员工、包容员工、接纳员工,真正建立"志合、心合、事合、人合"的合伙文化。

第三,会计师事务所应建立一套完备的内部提升考核制度,使得员工的升迁有规可依、有章可循。知识型人才往往具有较高的成就渴望,他们渴望在自己的岗位上做出一番成绩,并得到同事、上司的认可,凭借自身的努力得到晋升。会计师事务所为员工创造有利于其事业发展的环境,保证考核的公平、公正,有利于员工个人潜力的充分发挥,人尽其才、才尽其用,从而为会计师事务所创造出更大的价值。

第四,由于会计师事务所的业务有忙季、淡季之分,业务繁忙时,加班加点并不少见,工作强度大的同时,员工还需要承受不小的心理压力。因此,会计师事务所的管理人员应在情感上关怀、爱护和帮助员工,努力创造一个友好、和谐、愉快的氛围;会计师事务所还可以组织多样化的团体活动,为员工设计弹性休假时间,方便员工在年度内有机地安排工作和休息时间,有利于调动员工的工作热情,从而增强事务所的凝聚力。

四、本章小结

本案例分析了GT会计师事务所人力资源管理现状、存在的主要问题及人力资源薪酬激励的改进与应用,希望为会计师事务所未来发展的深入研究奠定理论基础。会计师事务所作为以提供审计会计为主的服务机构在我国已经有四十年左右的历史,仍存在很多理论制度及实务操作方面的不足。我们对我国会计师事务所的未来发展充满信心,希望在各方的共同努力下,逐步构建行业生态圈,完善各项管理制度,不断推动我国会计师事务所行业向更成熟的方向发展。

薪酬激励是一个不断发展、不断创新的课题与研究,尤其是在像会计师事务所这类"人和"型的企业中尤为重要,需要运用各种激励因素优化人力资本管理,调动所内员工的工作积极性,创造最大效益,实现长期可持续发展。将个人绩效和组织绩效有效地结合起来的人力资本激励机制,能够防范会计师事务所人力资本流失,约束人力资本的不诚实行为,充分调动人力资本工作积极性。本案例将经典的知识型员工激励理论与会计师事务所的行业与组织特性相结合,着眼于有效的薪酬激励因素的确立来构建与完善国内会计师事务所人力资源薪酬激励机制。当然,这一领域的研究范围目前仍停留在定性分析,大多研究都着眼于案例,未能全面地对选定的不同规模、不同地域、不同类型的会计师事务所进行大样本实证研究,并对薪酬激励模型加以检验和修正。影响我国会计师事务所薪酬激励机制的因素是多方面的,这一领域的研究还需要更为深入具体地展开探讨,其研究成果需要结合会计师事务所的实际情况才能得以有效实施。

■ 思考题

1. 会计师事务所的薪酬体系与其他服务企业存在什么差异?
2. 如何选取会计师事务所各类工作人员的市场化薪酬水平?
3. 如何确定会计师事务所各类工作人员的绩效贡献系数?
4. 如何协调会计师事务所财务性激励和非财务性激励?
5. 如何进一步优化GT会计师事务所薪酬绩效管理体系?

【理论依据】

1. 知识型员工激励理论

心理学中的"激励"是指由目标或对象引导、刺激和维持的个体活动的内部心理或内部动机过程。激励的本质是设计一种机制,以最大化个人和组织目标之间的一致性,动员个人的精神动力,并使员工创造性地开发和利用人力资源,在劳动工作过程中发挥应有的作用。目前,国内外激励理论研究主要分为两个方面:经济学激励理论和管理学激励理论。

经济学激励理论主要包括产权理论、委托-代理理论和经济利益驱动的生产要素理论。基于人力资本的特征,经济激励理论指出激励是人力资本和市场的共同需要,要吸引和留住优秀人才,必须建立合理的激励机制。其主要观点是人力资本的稀缺性决定了人力资本的选择权,它可以通过流程获得最大的好处。由于信息的不对称性,代理人可能存在道德风险和逆向选择,其目的不是最大化委托人的利益。

管理学激励理论是在经验总结和科学总结的基础上形成的,以问题为导向,以管理环境为基础,以人的需要为基础,着重分析一般人性,基于人们的需求和行为,指出人们的需求是多样化和变化的。当员工认为努力工作会带来良好的绩效评估和积极性时,他们会更加努力地引导"目标""行为",实现组织绩效。弗朗西斯·赫瑞比的《管理知识员工》一书中从人力资本管理的角度提出知识型员工激励理论奖励是挽留员工必需的手段,但奖励手段并不只是金钱;从知识型员工依靠智力劳动创造价值的角度出发,他主张通过每位经理对知识型员工的关注,鼓励员工学习,营造分享和学习知识的氛围,促进团队精神,加强对知识型员工的管理。

2. 薪酬理论

薪酬集中体现了劳动者之间、劳动者与管理者之间微妙的关系,因此传统的薪酬理论大部分都集中于研究管理者与工人之间的本质关系,即早期的薪酬理论都是在研究薪酬的内涵、意义、结构、使用目的等基本概念。

1) 工资差别理论

工资差别理论的重要创始人是亚当·斯密,他认为应根据劳动者的职业差异,给予不同职业的劳动者不同的工资,而造成企业内部、外部工资差别的因素有工资政策差异和职业性质差异,不适当的工资政策会导致不合理工资差别的产生。工资差别理论的主要内容包括人力资本工资差别理论和职业工资差别理论。人力资本工资差别理论较好地解释了人力资本差别造成的工资差异,随着社会的不断发展与进步,劳动力市场对高学历、高素质人才的需求造成了脑力劳动者和体力劳动者及不同层次脑力劳动者间较大的工资差距。由于职业分工不同,不同职业的风险程度、难易程度、责任大小和劳动者的主观心理感受等因素也造成了不同职业间工资的差别。因此,职业性质是现代岗位工资制度的基础,职业工资差别理论的本质是劳动的差别,社会中不同类型的劳动者存在不同程度的工资差别。工资差别理论是现代薪酬理论研究的里程碑与基础,对企业薪酬方案优化设计起到极其重要的借鉴作用。

2) 人力资本理论

20世纪60年代,美国经济学家西奥多·舒尔茨(Theodore Schultz)和加里·贝克尔(Gary Becker)提出了人力资本理论。他们认为,人力资源代表着工人的生产能力,一般体现劳动者的知识水平、专业技能、工作经验等标准,又必须由市场投资才能形成。人力资源投入越多,劳动生产效率就越高,产品的边际价值就越大,企业获得的利润也就越多,工人得到的报酬也相应增加。该理论科学地阐释了不同工人之间存在工资差异,也是工人薪资收入变化趋势的一种体现。该理论可回溯亚当·斯密的《国富论》,在书中亚当·斯密将教育赋予人的能力作为决定固定资本的关键因素,之后大卫·李嘉图明确劳动价值是由人作用于物上才能发挥效用,失去能动状态的物无法发挥价值,在当时没有出现机器智能的时代,人毫无疑问是所有生产力的主力军。随着社会的剧变,人力资本理论得到了极大发展,在价值创造中,更多的学者注意到将人力资本与多学科进行交叉分析能够解释交易费用、生产与消费关系等更多经济范畴的问题。国内围绕人力资本投资与未来收益的讨论中指出,进行劳动力的投资不再是简单地增加费用、扩大生产,而是在未来可视期间内通过培育和壮大人力的技能与心态使收益得到最大增长。

3) 效率工资理论

效率工资理论起源于新凯恩斯主义经济学家在20世纪70年代后期对失业和工资黏性的研究,用于解释为什么有些企业愿意支付高于市场平均工资给员工这一现象。效率工资是指雇主支付的工资高于其自身行业或地区的平均水平,以促进员工努力提高生产力,其主要目的是吸引和留住优秀员工,这是一种典型的薪酬激励制度。效率工资理论指出,工作效率决定了员工的生产力,工资的提高将带来工作效率的提高。

在信息不对称的条件下,员工的工作不能得到充分有效的监督,存在懒惰旷工的道德风险。因此,为了防止这种情况发生,雇主愿意支付高于劳动力市场平均水平的工资。一方面,用这种"作弊威胁"机制去激励员工努力工作,提高生产率,即"激励效应";另一方面,通过增加员工机会成本,减少员工的工作流失及转换(跳槽、辞职)造成的损失,节省了再招聘和培训成本。稳定和谐的用工关系,也有利于企业早期的投资效应和更高效率的实现。同时,提供高薪的公司往往会吸引更多更好的员工加入公司,实施高于市场平均水平的工资,使企业最终能够雇佣具有强大生产能力的高素质员工,但企业的总成本不会上升,高工资带来的额外成本足以提高生产率和薪酬以及增加利润。

■ 参考文献

[1] 谢丽尔·克拉维茨.会计师事务所如何在市场竞争中立于不败之地?[N].中国会计报,2019-08-16(009).

[2] 唐衍军,蒋煦涵."和合"思想、合作博弈与会计师事务所合伙治理[J].财会通讯,2019(22):25-28.

[3] 何建兵.试析人资管理中如何有效采用激励策略[J].纳税,2019(22):263,266.

[4] 李崇瑛.试论会计师事务所人力资源成本核算[J].中外企业家,2019(22):17-18.

[5] 肖莉.绩效考核对企业薪酬管理的影响[J].知识经济,2019(22):110,112.

[6] 凌庆.对会计师事务所行业发展的一些思考[J].现代经济信息,2019(14):155,157.

[7] 天健会计师事务所山东分所.打造一支高质量的注册会计师行业专业团队[N].中国会计报,2019-07-19(003).

[8] 马慧东.中小型会计师事务所风险导向审计的探讨[J].财会学习,2018(27):133,135.

[9] 范芳英.ZS会计师事务所内部治理改进研究[D].南昌:南昌大学,2018.

[10] 陈晗.SN公司薪酬体系设计研究[D].厦门:厦门大学,2018.

[11] 陈佳璐.会计师事务所的薪酬激励机制研究[J].经贸实践,2018(08):298,300.

[12] 张妍芳.中小会计师事务所审计人员流失问题的"人货场"分析[J].长春大学学报,2020,30(09):6-12.

[13] 周莉.薪酬角度下H市小型会计师事务所审计人员敬业度研究[D].邯郸:河北工程大学,2021.

第四章　CH 股份并购 TM 集团重组方案设计

一、背景描述

（一）CH 复合材料股份有限公司简介

1. 基本情况

CH 复合材料股份有限公司（以下简称 CH 股份）于 2000 年 5 月 17 日登记注册，注册资本 192 000 000 元，公司股票于 2011 年 3 月 29 日在深圳证券交易所挂牌交易。

CH 股份属玻璃纤维及其制品制造行业（以下简称玻纤行业）。玻璃纤维是一种新型无机非金属材料，一种重要的复合增强材料，广泛应用于建筑、交通、电子、电气、管罐、造船、医疗及工业设备、海洋开发、航空航天、风力发电等高新科技产业。目前，在全球范围内，玻纤行业仍然是保持增长活力的朝阳行业，发展空间来源于对钢材、铝材、木材等传统材料的替代和下游需求领域的不断拓宽。

CH 股份的经营范围包括玻璃钢制品、蓄电池配件、玻璃纤维制品的制造、加工，塑料制品、电器机械及器材、交电的销售；经营自产产品及技术的出口业务；经营生产、科研所需的原辅材料、仪器仪表、机械设备、零配件及技术的进口业务（国家限定公司经营或国家禁止进出口的商品及技术除外）；经营进料加工和"三来一补"业务。

2. CH 股份股权控制关系及子公司情况

CH 股份股权控制关系及子公司情况，如表 4-1 所示。

表 4-1　CH 股份股权控制关系及子公司情况

子公司名称	子公司类型	企业类型	业务性质	注册资本	持股比例	表决权比例
A 公司	控股子公司	有限责任公司	生产	1 000 万美元	75%	75%
B 公司	控股子公司	有限责任公司	生产	1 000 万人民币	100%	100%

(二) TM 集团基本情况简介

1. 基本情况

TM 集团始建于 1960 年,是一个具有科研开发、生产经营、市场销售、人才培训、信息化服务等综合功能的企业,为我国主要玻璃钢原材料基地之一。经过几十年技术和人才的积淀,TM 集团以其产品产量大、质量优、品种多、覆盖面广等特点,在行业内享有较高的知名度和影响力。

TM 集团主要生产玻璃纤维纱及制品、胶衣树脂和高性能色浆、乙烯基酯树脂、促进剂、固化剂、黏结剂及乳液、丙烯酸树脂及丙烯酸羟酯、玻璃钢储罐、冷却塔、SMC/BMC 模压材料等。其中,玻璃纤维薄毡产品连续多年居国内市场份额前列,其主要产品 TM 牌无碱玻璃纤维短切原丝毡、TM 牌玻璃纤维土工格栅于 2005 年、2006 年先后被国家质检总局授予"中国名牌产品"的称号,不饱和聚酯彩色胶衣树脂、经编高强合成纤维土工格栅于 2004 年、2008 年先后被中国科学技术部授予"国家重点新产品"的称号,玻璃纤维夹芯缝编复合毡等七种产品获得江苏省科学技术厅"高新技术产品"的认定。2011 年 9 月,TM 集团取得由江苏省科学技术厅等部门颁布的"高新技术企业"证书。

作为中国玻璃钢的"摇篮",TM 集团先后参与过十余项业内标准的制定,其中,作为第一起草人参与标准五项的制定,多次承办国家火炬计划项目并成功通过验收。对于我国玻纤行业及玻璃钢行业的发展,TM 集团担负着行业奠基者、首创者、领军者的重任,在行业中发挥着举足轻重的作用。

2. TM 集团股权控制关系

TM 集团股权控制关系,如图 4-1 所示。

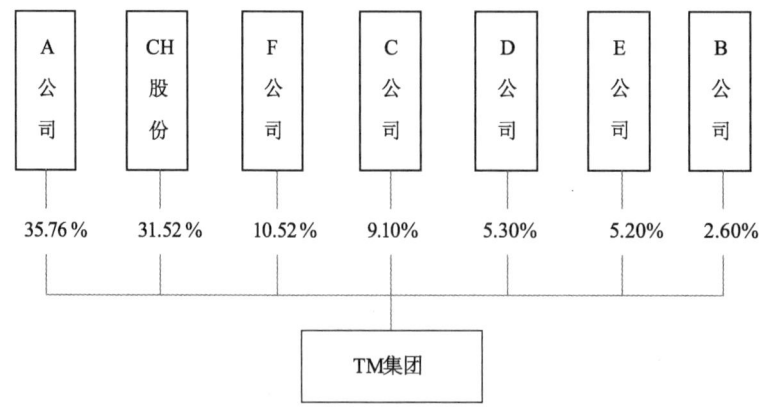

图 4-1 TM 集团股权控制关系

3. TM 集团组织结构

TM 集团的组织结构，如图 4-2 所示。

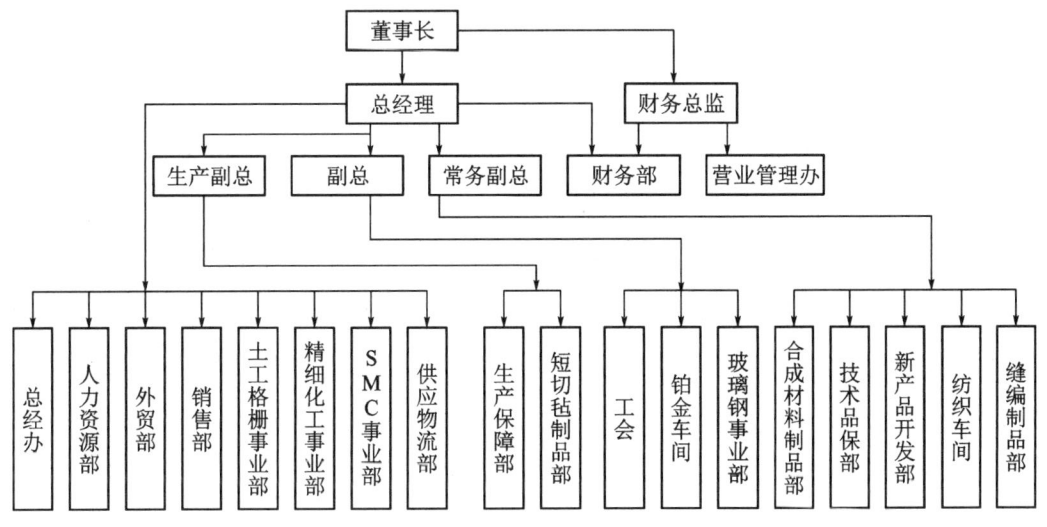

图 4-2 TM 集团组织结构

（三）并购可行性分析

1. 产业环境支持

2007 年之前，全球玻璃纤维生产主要集中在欧美地区。随着全球产业转移，我国玻纤行业产能不断提高，2007 年首次超越美国，成为全球玻璃纤维第一生产大国。目前，全球玻璃纤维年产能约为 420～450 万吨，我国玻璃纤维年产能约为 260～270 万吨，占全球玻璃纤维产能的 50%以上，玻璃纤维出口量占全球玻璃纤维总产量的 25%以上。

玻璃纤维生产窑池建设投资大，行业属于资金密集型、技术密集型、劳动密集型，具有较高的行业壁垒。为遏制玻纤行业低水平重复建设和盲目扩张趋势，促进产业结构升级，《玻璃纤维行业准入条件（2012 年修订）》对玻璃纤维生产企业布局、工艺与装备、能源消耗、环境保护等方面提出明确要求，提高了玻纤行业的准入门槛。未来随着国内玻璃纤维生产企业的收购与兼并，行业集中度将进一步提高。

政策利好为国内玻纤行业发展提供巨大空间，玻璃纤维产品作为性能优越、替代性强的新型材料，适用于国民经济中的诸多领域。虽然我国是玻璃纤维生产第一大国，但很大部分用于出口，国内玻璃纤维下游应用领域仍有待进一步开发。统计数据显示，美国、日本等发达国家人均玻璃纤维年消费量达 4.5 千克，而我国人均玻璃纤维年消费量仅为 0.6 千克，未来国内市场提升潜力巨大。

2010 年 10 月，国务院审议并原则通过了《国务院关于加快培育和发展战略性新兴产业的决定》(国发〔2010〕32号),确定了七大战略性新兴产业的发展方向,玻璃纤维作为应用广泛的新材料产品,成为国家产业政策重点扶持的行业。

随着国家相关产业发展规划的出台和实施,包括飞机、火车、汽车、船舶在内的交通运输业将成为我国玻璃纤维需求增速较快的领域。其中,轨道交通、高铁枕木需求最为旺盛;建筑等领域的玻璃纤维需求将保持平稳增长的态势;而玻璃纤维产品在节能环保领域的应用,主要包括水处理工程设备、脱硫脱硝处理设备等,也将成为未来行业发展新的亮点。

玻纤行业保持集中度较高的竞争格局,新进入企业很难通过技术转让获取玻璃纤维生产的核心技术。面对已有几十年发展历史的海外玻璃纤维企业,中国玻璃纤维企业不断加大技术研发投入、增强自主创新能力。近年来,国内主要玻璃纤维企业的生产工艺、技术水平已逐渐追上国外企业,凭借较高的产品性价比,国内企业抢占了大量的海外市场。"十一五"期间,中国的玻璃纤维产能从160万吨增长到265万吨,年均复合增长率达到13.44%,而同期全球玻璃纤维产能年均复合增长率仅为4.89%,国内玻璃纤维产能已超过全球玻璃纤维总产能的50%。

2012年9月,《玻璃纤维行业准入条件(2012年修订)》颁布实施,新修订的准入条件在企业生产布局、工艺与装备、能源消耗、环境保护和产品质量等方面提高了行业的准入门槛。这将有效遏制玻纤行业重复建设和盲目扩张,促进产业结构升级和节能减排,规范行业发展,维护市场竞争秩序。

根据国家《玻璃纤维行业"十二五"发展规划》的发展目标,全行业将进行结构大调整,从以发展池窑为中心转移到完善池窑技术、重点发展玻璃纤维制品加工业为主的方向上来;深化制品加工,大力开发产品应用领域,延伸产业链;强化自主创新能力,继续提高技术、工艺、装备水平,瞄准国际玻璃纤维高端产品;实施走出去战略;全面提高企业管理水平和综合竞争力,力求全行业实现科学可持续发展。同时《玻璃纤维行业"十二五"发展规划》中明确提出"推进产业结构调整,提倡适当专业分工,按产业链构建战略合作,更好发挥已有'基地'作用,支持和提倡企业重组、兼并、联合,提高行业整体竞争力"。

通过重组、兼并,提高上市公司在行业内的综合竞争力,符合未来玻纤行业发展趋势。

2. 政策环境支持

2010年8月28日,《国务院关于促进企业兼并重组的意见》(国发〔2010〕27号)明确指出:"充分发挥资本市场推动企业重组的作用。进一步推进资本市场企业并购重组的市场化改革,健全市场化定价机制,完善相关规章及配套政策,支持企业利用资本市场开展兼并重组,促进行业整合和产业升级。支持符合条件的企业通过发行股票、债券、可转换债等方式为兼并重组融资。鼓励上市公司以股权、现金及其他金融创新方式作为兼并重组的支付手段,拓宽兼并重组融资渠道,提高资本市场兼并重组效率。"

2012年1月4日,工业和信息化部发布的《新材料产业"十二五"发展规划》中明确提出"发挥重点新材料企业的支撑和引领作用,通过强强联合、兼并重组,加快培育一批具有一定规模、比较优势突出、掌握核心技术的新材料企业"。鼓励建立以优势企业为龙头,联合产业链上下游核心企业的产业联盟,形成以新材料为主体、上下游紧密结合的产业体系。

2014年3月24日,国务院发布的《关于进一步优化企业兼并重组市场环境的意见》(国发〔2014〕14号)中明确指出:"兼并重组是企业加强资源整合、实现快速发展、提高竞争力的有效措施,是化解产能严重过剩矛盾、调整优化产业结构、提高发展质量效益的重要途径。"

国家加快转变经济增长方式、发展战略性新兴产业政策和措施,为公司并购重组提供了政策支持。

3. 收购符合公司利益

2012年8月,CH股份已经对TM集团实现参股,通过前一阶段的磨合适应,CH股份协助TM集团对销售、采购、财务等多个环节进行整合,并使其逐步扭亏为盈。2014年4月,CH股份加快了行业整合的步伐,考虑通过发行股份及支付现金购买TM集团其他股东68.48%股权。由于诸多原因,该方案于2014年10月未被中国证券监督管理委员会(以下简称证监会)通过,但TM集团对CH股份未来发展意义重大,主要体现在以下方面。

1) 实现公司长期战略发展目标,打造国内玻璃纤维复合材料领先企业

CH股份和TM集团均为国内玻纤行业中具有相对优势的企业,且处于同一地区。通过本次投资,TM集团将成为CH股份子公司。借鉴CH股份多年的生产管理经验、成熟的管理模式,CH股份将从销售、采购、生产、财务等多个环节对TM集团进行业务整合,优化资源配置。此外,CH股份将与TM集团一同梳理归纳各自的研发体系并实现技术共享,提升整体技术水平和研发能力,进一步确立CH股份在增强玻璃纤维复合材料的技术、市场、成本等相关领域的领先地位,从而提升CH股份的行业知名度及综合竞争力,保证了盈利能力的提升和未来业绩的增长,符合CH股份的长期战略目标。

2) 延伸产业链、完善公司主营业务结构

CH股份主营业务为玻璃纤维制品及玻璃纤维复合材料的研发、生产和销售,是国内规模最大、实力最强、技术最先进的玻璃纤维复合材料领域生产企业之一。CH股份主要

产品包括短切毡、薄毡、隔板、涂层毡等多个系列。近年来,CH 股份在不断提高产品工艺水平的基础上,逐步扩大了原有短切毡、湿法薄毡的产能,同时新增了 PE 隔板、电子薄毡、装饰板材等多个产品。在提高原有工艺水平及产品技术含量的基础上,大力研发新产品,提高产品附加值,完善产业链是 CH 股份始终秉承的重要经营理念。TM 集团为目前我国品种较多、产品覆盖面最广的玻璃钢及复合材料基地之一,主要产品为玻璃纤维及玻璃纤维制品、玻璃纤维增强热固性树脂及辅料、玻璃纤维增强复合材料。

CH 股份和 TM 集团在原料、产品、设备、客户等各方面均存在极高的相关度。TM 集团一直是 CH 股份的重要原料供应商,其生产的玻璃纤维增强热固性树脂及辅料属于行业内较为高端的产品,是 CH 股份现有各类玻璃纤维复合材料产品的重要原材料之一。TM 集团的玻璃纤维增强材料产品则使用了 CH 股份生产的短切毡、薄毡等产品。本次投资将有助于增强 CH 股份对重要原材料的控制,进一步拓展玻璃纤维增强热固性树脂及辅料、玻璃纤维增强复合材料的生产业务,使 CH 股份形成更加完整的产业链,改善 CH 股份主营业务结构,从而增强 CH 股份的市场竞争力,实现 CH 股份的可持续发展。

3) 发挥协同效应

基于 TM 集团在我国玻纤行业的地位,CH 股份以投资 TM 集团为契机,扩大产品规模,通过提升终端制品产品实力的同时,提升企业品牌和经济效益。

本次交易完成后,CH 股份即可将 TM 集团经营管理工作和技术研发工作纳入 CH 股份整体规划中,双方取长补短、统筹资源、共同提高,从而增强 CH 股份市场竞争力。通过销售团队的整合,CH 股份将与 TM 集团在市场开拓、客户资源共享等方面充分发挥协同效应,从而取得并分享更为广阔、优质的市场资源。本次交易可以更好地发挥 CH 股份与 TM 集团在各个方面的潜力,加深和提高双方在各个方面的合作水平,合力实现共同发展。

二、两轮并购重组过程

(一)第一轮并购重组前 CH 股份对 TM 集团的持股情况

第一轮并购重组前,CH 股份对 TM 集团进行了三次增资,具体情况如表 4-2 所示。

表 4-2 CH 股份对 TM 集团的增资情况

时间	性质	内容	估值情况	转让总价(万元)	单位注册资本价格(元)
2012.8	增资	2012 年 8 月 30 日,经 TM 集团股东会决议,同意 CH 股份以现金人民币 5 120.00 万元增加注册资本 1 327.35 万元	TM 集团 100%权益估值 12 286.84 万元	5 120.00	3.86

(续表)

时间	性质	内容	估值情况	转让总价（万元）	单位注册资本价格（元）
2012.11	增资	2012年11月8日，经TM集团股东会决议，同意增加注册资本2 333.50万元，其中原股东A公司以现金人民币2 000.00万元增加注册资本518.54万元，原股东CH股份以现金人民币3 000.00万元增加注册资本777.89万元，新增股东E公司以现金人民币2 000.00万元增加注册资本518.53万元，新增股东B公司以现金人民币1 000.00万元增加注册资本259.27万元，新增股东F公司以现金人民币1 000.00万元增加注册资本259.27万元	TM集团100%权益估值12 155.54万元	9 000.00	3.86
2013.4	增资	2013年4月24日，经TM集团股东会决议，同意增加注册资本3 122.98万元，其中原股东A公司以现金人民币1 000.00万元增加注册资本259.28万元，原股东CH股份以现金人民币4 000.00万元增加注册资本1 037.10万元，原股东D公司以现金人民币500.00万元增加注册资本129.64万元，原股东F公司以现金人民币3 045.00万元增加注册资本789.50万元，新增股东C公司以现金人民币3 500.00万元增加注册资本907.46万元	—	12 045.00	3.86

数据来源：东方财富网（eastmoney.com）CH股份（300196）公告列表。

至2013年4月，增资完成后，TM集团的股权结构如表4-3所示。

表4-3　TM集团的股权结构

股东名称	股东认缴额(万元)	持股比例
A公司	3 565.26	35.76%
CH股份	3 142.34	31.52%
F公司	1 048.77	10.52%
C公司	907.46	9.10%
D公司	527.85	5.30%
E公司	518.53	5.20%
B公司	259.27	2.60%
合　计	9 969.48	100.00%

（二）第一轮并购重组方案

2014年4月15日，为了实现做大做强战略目标，CH股份启动了对TM集团的并购计划,向深圳证券交易所申请重大事项停牌。

2014年6月7日,CH股份发布重组议案,以HX评估出具的《资产评估报告》(苏华评报字〔2014〕第61号)的评估结果为依据,经CH股份与交易对方协商确认,本次交易6名交易对象合计持有TM集团68.48%的股权,交易对价为349 371 195.52元(其中以现金方式支付交易对价43 800 000.00元,以发行20 688 638股股份方式支付对价305 571 195.52元)。

根据《上市公司重大资产重组管理办法》等有关规定,上市公司发行股份的价格不得低于本次发行股份购买资产的董事会决议公告日前20个交易日公司股票交易均价。交易均价的计算公式为:

$$\text{董事会决议公告日前20个交易日公司股票交易均价} = \frac{\text{决议公告日前20个交易日公司股票交易总额}}{\text{决议公告日前20个交易日公司股票交易总量}}$$

据此,在前次发行价格在定价基准日前20个交易日公司股票的交易均价23.83元/股的基础上作相应的调整,经除权除息并经交易双方协商确认的发行股份价格为14.77元/股。

具体转让支付方式情况,如表4-4所示。

表4-4 转让支付方式情况

转让方名称	转让标的公司持股比例	交易对价(元)	支付方式	
			现金方式支付(元)	股份方式支付(股)
A公司	35.76%	182 440 332.24	41 100 000.00	9 569 420
F公司	10.52%	53 670 925.48	—	3 633 780
C公司	9.10%	46 426 370.90	—	3 143 288
D公司	5.30%	27 039 534.70	2 700 000.00	1 647 903
E公司	5.20%	26 529 354.80	—	1 796 165
B公司	2.60%	13 264 677.40	—	898 082
合计	68.48%	349 371 195.52	43 800 000.00	20 688 638

CH股份前次拟向交易对象发行股份的数量总计为20 688 638股,具体情况如表4-5所示。

表4-5 交易对象发行股份及占比情况

交易对象	本次发行股份(股)	占交易后公司总股本比例
A公司	9 569 420	4.50%
F公司	3 633 780	1.71%

(续表)

交易对象	本次发行股份（股）	占交易后公司总股本比例
C公司	3 143 288	1.48%
D公司	1 647 903	0.77%
E公司	1 796 165	0.84%
B公司	898 082	0.42%
合计	20 688 638	9.73%

六个股东承诺，对其各自在发行中认购的CH股份的股票自非公开发行股份结束之日起12个月内不转让。证监会及深圳证券交易所另有规定的，从其规定。

HX评估出具的《资产评估报告》中的评估结论摘要如下：

经评估，TM集团于评估基准日2013年12月31日时的全部资产账面值为74 417.51万元，评估值为86 892.81万元，差值12 475.30万元，差异率16.76%；全部负债账面值为35 851.57万元，评估值35 874.82万元，差值23.25万元，差异率0.06%；净资产账面值为38 565.94万元，评估值为51 017.99万元，差值12 452.05万元、差异率32.29%。具体资产评估结果如表4-6所示。

表4-6 资产评估结果汇总表

评估基准日：2013年12月31日　　　　　　　单位：（人民币）万元

项　目	账面值	评估价值	增减值	增值率
流动资产	19 644.29	19 986.21	341.92	1.74%
非流动资产	54 773.22	66 906.60	12 133.38	22.15%
其中：可供出售金融资产				
持有至到期投资				
长期应收款				
长期股权投资	4 814.19	6 906.14	2 091.95	43.45%
投资性房地产				
固定资产	40 802.58	50 888.79	10 086.21	24.72%
在建工程	772.42	717.04	−55.38	−7.17%
工程物资				
固定资产清理				
生产性生物资产				

(续表)

项　目	账面值	评估价值	增减值	增值率
油气资产				
无形资产	7 525.53	8 215.55	690.02	9.17%
开发支出				
商誉				
长期待摊费用	12.70	14.30	1.60	12.60%
递延所得税资产	845.80	164.78	-681.02	-80.52%
其他非流动资产				
资产总计	74 417.51	86 892.81	12 475.30	16.76%
流动负债	35 851.57	35 874.82	23.25	0.06%
非流动负债				
负债合计	35 851.57	35 874.82	23.25	0.06%
净资产(所有者权益)	38 565.94	51 017.99	12 452.05	32.29%

(三) 第一轮并购重组方案审议程序及审核结果

1. 第一轮并购重组方案审核过程

2014年6月25日,2014年CH股份第一次临时股东大会,审议通过《关于公司发行股份及支付现金购买资产的议案》。

2014年10月10日,证监会上市公司并购重组审核委员会召开工作会议,审核公司发行股份及支付现金购买资产暨重大资产重组事项。根据《上市公司重大资产重组管理办法》等相关规定,经CH股份向深圳证券交易所申请,公司股票(股票简称:CH股份,股票代码:300196)自2014年10月10日(星期五)开市起停牌,待CH股份公告审核结果后复牌。

2. 第一轮并购重组方案审核结果

2014年10月15日,CH股份接到证监会通知,经证监会上市公司并购重组审核委员会于2014年10月15日召开的2014年第53次工作会议审核,CH股份发行股份及支付现金购买资产暨重大资产重组事项未获得通过。证监会上市公司并购重组审核委员会认为:

"一、本次重组标的资产部分事项会计处理不恰当,导致相关财务信息披露不准确,不符合《上市公司重大资产重组管理办法》第四条关于'上市公司实施重大资产重组,有关各方必须及时、公平地披露或者提供信息,保证所披露或者提供信息的真实、准确、完整'的规定。

二、标的资产未来持续盈利能力存在重大不确定性，不符合《上市公司重大资产重组管理办法》第四十二条第一款关于'上市公司发行股份购买资产，应当符合下列规定：(一)有利于提高上市公司资产质量、改善公司财务状况和增强持续盈利能力'的规定。

证监会上市公司并购重组审核委员会工作会议以投票方式对方案进行了表决，同意票数未达到3票，方案未获通过。"

(四) 第一轮并购重组方案未获通过的原因分析

CH股份发行股份及支付现金购买TM集团其他股东68.48%股权的方案未获证监会通过，主要是以下两个原因：

一是TM集团的资产部分事项会计处理不恰当。

二是TM集团的未来持续盈利能力存在重大不确定性。

针对第一条已由TY会计师事务所提交专项说明，消除不利影响。

第二条"未来持续盈利能力存在重大不确定性"只是表象，深究原因是估值"合理性"。前次方案评估最终采用了资产基础法确认交易价格，但证监会对此有保留意见，认为TM集团估值过高，本次交易评估需要充分考虑证监会的意见，合理估值。

(五) 第二轮并购重组方案

1. 第二轮并购重组方案支付方式及估值方法的变更

1) 支付方式

第一轮并购重组方案是发行股份购买资产，涉及新股发行，根据《上市公司重大资产重组管理办法》，第一轮收购方案未获证监会通过。如果CH股份用自有资金收购TM集团其他股东68.48%的股权，根据《上市公司重大资产重组管理办法》相关规定，本次交易只需CH股份股东大会审议批准通过，无须通过证监会和相关部委的审批，同时由于以现金方式支付对CH股份的现金流会有一定的影响，可考虑分次收购股权。

2) 估值方法

第一轮交易评估采用了资产基础法评估方法，在估值上存在一定的瑕疵。经与券商的多次沟通，券商认为可以重新聘请财务估值机构，根据标的资产特性、价值类型，拟定新的估值方案，可以市场法一种方法对标的资产进行估值，理由如下：

(1) 两家评估、估值机构采用不同的评估、估值方法，完全是基于自身对标的资产的性质判断，结合执业经验，作出的符合法规及行业惯例的选择。

(2) 采用市场法一种方法进行估值，也不无不妥，符合《上市公司重大资产重组管理办法》的相关规定。

根据《上市公司重大资产重组管理办法》第二十条规定，上市公司重大资产重组中评估机构、估值机构原则上应当采取两种以上的方法进行评估或者估值，并未强调必须使用两种以上的估值方法，在估值方法上给予了估值机构一定的灵活性。不同标的资产特性、价值类型往往适用不同的估值方法，估值机构根据标的资产的具体情况，结合执业经验和行业惯例，选择最合适的估值方法有利于提高估值准确性和效率，降低估值成本。

市场法常用的两种具体方法是上市公司比较法和交易案例比较法。但限于估值对象为非流通股权，券商认为资本市场上收集与被估值企业盈利水平类似公司股权收购及兼并案例难度较高，无法采用交易案例比较法估值。因此，本次方案估值倾向于采用上市公司比较法。

（3）第一轮重组持否定意见，认为 TM 集团估值过高，本次交易评估需要充分考虑证监会的意见，合理估值。

综上所述，用市场法估值符合《上市公司重大资产重组管理办法》的相关规定。

2. 两轮并购重组方案对比

两轮并购重组方案对比，如表 4-7 所示。

表 4-7 两轮并购重组方案对比表

项目	第一轮并购重组方案	第二轮并购重组方案
交易方案	发行股份购买资产	现金收购
具体描述	6 名交易对象合计持有 TM 集团 68.48% 股权交易对价为 349 371 195.52 元（其中以现金方式支付交易对价 43 800 000.00 元，以发行 20 688 638 股股份方式支付对价 305 571 195.52 元）	CH 股份采用现金支付的方式收购 6 名交易对象持有的部分 TM 集团的股权
支付方式	4 380.00 万元现金 + 2 068.86 万股上市公司股权	现金
适用法规	《上市公司重大资产重组管理办法》	《上市公司重大资产重组管理办法》
核准部门	股东会通过、证监会上市公司并购重组审核委员会工作会议审核通过，并经证监会核准	股东会通过、无须通过证监会和相关部委的审批
评估方法	资产基础法	市场法（上市公司比较法）
评估基准日	2013 年 12 月 31 日	2014 年 12 月 31 日
交易估值（100%权益）	5.10 亿元	待定
收购完成后的持股比例	100%	100%

(续表)

项目	第一轮并购重组方案	第二轮并购重组方案
股票锁定期	自本次非公开发行股份结束之日起 12 个月内不转让	不涉及新股发行,无锁定期
是否分次实施	一次性收购完成	视公司需要,可分步骤实施

3. 第二轮并购重组方案执行步骤

第二轮并购重组方案执行步骤,如表 4-8 所示。

表 4-8　第二轮并购重组方案执行步骤

事项	计划时间
为消除上次重大资产重组失败的影响,重新聘请独立财务顾问,进入前期尽调阶段	2014 年 11 月
与 TM 股东签好保密协议,沟通现金收购意向,包括不限于收购比例、支付对价等事项	2014 年 11 月
向交易所申请重大事项停牌	2014 年 12 月
与交易对手签订股权转让协议	2015 年 1 月
中介机构尽调后,编制重大资产购买报告书、估值报告等法定资料,予以公告	2015 年 2 月
向交易所申请公司股票复牌	2015 年 2 月
履行股东大会审议程序	2015 年 3 月
支付对价,TM 集团完成股权交割,工商资料变更	2015 年 3 月
中介机构编制重大资产购买实施情况报告书等法定资料,予以公告	2015 年 4 月
合理估计,完成该重大资产重组计划需要 5~6 个月的时间	

(六)第二轮并购重组交易结果

CH 股份于 2016 年 8 月 25 日召开的第三届董事会第五次会议审议通过了《关于公司收购 TM 集团剩余股权并涉及关联交易的议案》,同意 CH 股份收购 TM 集团六位股东持有的 40.42%的剩余股权,收购完成后 TM 集团成为 CH 股份的全资子公司。具体执行步骤,如表 4-9 所示。

表 4-9　CH 股份收购 TM 集团交易过程明细表

序号	公告日期	标的公司名称	卖方名称	交易金额(万元)	股权转让比例	交易简介
1	2015-03-28	TM 集团	A 公司	11 746.82	28.05%	本次交易方案为 CH 股份以现金 11 746.82 万元人民币购买 A 公司持有的 TM 集团 28.05%的股权。本次交易完成后,公司将持有 TM 集团 59.57%的股权,TM 集团将成为 CH 股份的控股子公司

（续表）

序号	公告日期	标的公司名称	卖方名称	交易金额（万元）	股权转让比例	交易简介
2	2016-09-14	TM集团	A公司	4 251.78	7.71%	CH股份于2016年8月25日召开的第三届董事会第五次会议审议通过了《关于公司收购TM集团剩余股权并涉及关联交易的议案》，同意CH股份以现金22 298.00万元人民币购买A公司、B公司、C公司、D公司、E公司及F公司（上述六位股东以下合称转让方）合计持有的TM集团40.42%的剩余股权。收购完成后，CH股份持有TM集团100%股权，TM集团成为CH股份的全资子公司。2016年8月25日，CH股份与转让方签署了《股权转让协议》
			B公司	1 434.40	2.60%	
			C公司	5 020.49	9.10%	
			D公司	2 920.29	5.29%	
			E公司	2 868.75	5.20%	
			F公司	5 802.29	10.52%	
3	2017-04-26	TM集团	TM集团	2 830.52	—	为了更好地改善CH股份全资子公司TM集团现金流，加速企业发展，CH股份拟使用自有资金对全资子公司TM集团增资2 830.52万元人民币，增资后，TM集团注册资本为12 800.00万元。根据《深圳证券交易所创业板股票上市规则》《深圳证券交易所创业板上市公司规范运作指引》及《公司章程》等相关规定，本次增资不涉及关联交易，不构成重大资产重组。本次增资在董事会决策权限内，无须提交股东大会审议批准

数据来源：中商情报网（askci.com）CH股份（300196）公司并购事件——中商产业研究院数据库。

三、改进与应用

CH股份第一轮并购重组方案是由CH股份发行股份购买资产，涉及新股发行的则根据《上市公司重大资产重组管理办法》规定由证监会核准。证监会未通过第一轮并购重组方案，CH股份调整了收购支付方式，现金收购TM集团其他股东股权，根据《上市公司重大资产重组管理办法》相关规定，本次交易只需CH股份股东大会审议批准通过，无须通过证监会和相关部委的审批。

（一）不同并购重组方式的优缺点

本案例中，并购重组方案一开始未获批准的主要问题是并购支付方式的选择。公司并购中不同并购方式的优缺点，如表4-10所示。

表 4-10　公司并购中不同并购方式的优缺点

支付方式	可以防范的风险	优点	缺点
现金支付	防范监管风险；防范股权稀释风险	(1) 现金并购只涉及目标企业的估价,对并购方而言方便快捷,是最简单的支付方式； (2) 审核手续简单； (3) 维持公司资本结构,保护原有股东权益； (4) 可以向市场传达公司经营良好、现金流充裕的信息,有利于提升股价	(1) 现金支付对资金的需求较大,现金支付容易给企业带来重大的即时现金负担,会带来巨大的付现压力,致使企业在并购交易后陷入资金链断裂的局面； (2) 对被并方而言,现金支付能够快速确定收益,会有较重的税务负担
股权支付	防范财务风险；防范整合风险	(1) 交易的规模可以够大,不受筹资能力的约束,没有现金给付压力； (2) 交易完成后,目标公司的股东在并购完成后的企业中仍然保留其一定的所有者权益,并与并购方共同承担风险； (3) 目标公司股东所能获取的收益在符合规定的情况下可以享受税收优惠,递延纳税	改变公司资本结构；稀释并购主体原股东控制权： (1) 对并购方而言,新增发股票,会稀释原有股东的股权,严重时甚至会导致原股东丧失对公司的管理控制权； (2) 会向市场传达出股票价值被高估的信号,影响投资者的决策,可能会导致股价下跌
混合支付	防范财务风险、股权稀释风险与整合风险	以上两种方式优点的结合	

现金支付是指并购方以现金作为支付工具,支付给被并购方一定数额的现金来获取被并购方股权,进而达到并购目标公司的一种支付方式。现金支付是企业并购活动中最快速也较易成功的一种支付方式,在我国企业的实际应用中占有很高的比重。

股权支付是指经过并购双方的协商,并购方通过增发一定数量的本公司股票,以新发行的股票替换被并方的股票,从而获得被并方的股权,进而达到并购目的的一种支付方式。

混合支付是指在并购过程中,由于现金、股权、认股权证、可转换债券或者债务承担等多种支付方式的存在,单独一种支付方式都有相应的缺点与使用的限制条件,混合支付可将多种支付工具进行组合,综合各种支付方式的优缺点并避免一些不好的经济后果,进而作出最终选择的一种较为中和的支付方式。"现金+股权"是其中的一种支付方式。

(二)本案例并购重组方案采用现金并购的原因分析

本案例涉及的现金收购方案,可以在以下几个方面规避收购风险：

(1) 可尽快摆脱重大资产重组失败的阴影,减少该事项对 CH 股份股价的冲击,重新启动对 TM 集团的并购计划,实现 CH 股份做大做强战略目标。

(2) 现金收购不涉及发行股份,不影响 CH 股份的股本总额及股权结构,不会摊薄公司股份。

(3) CH 股份现金流充裕,资产负债率低,同时可视 CH 股份需要分步骤实施收购,现金支付不会对 CH 股份正常经营造成重大影响。

(4) 审批手续简单,相比前次发行股份购买资产重组方案,除股东大会审议通过外,还需证监会上市公司并购重组审核委员会工作会议审核通过,并经证监会核准。本次现金收购方案,只需要股东会通过、无须通过证监会和相关部委的审批。

(5) 现金收购可由财务顾问出具估值报告,不需要评估公司出具评估报告,同时不涉及新股发行,财务顾问收费低,综合能节省中介机构费用约 200 万元。

(三) 支付方式进一步优化的建议

企业并购重组过程中风险不可避免,对风险的防控效果关系着并购的成败,如今越来越多的企业开始将并购支付方式作为风险防控的重要手段。从本案例来看,虽然原有并购重组方案整体有利于公司后续发展,但此方案未获证监会审核通过。因此,并购重组方案在支付方式及估值方法方面,尚需进一步修正和变更。CH 股份在修订并购重组方案并通过审核以后,在后续的并购中,可以进一步优化支付方式,比如支付过程中可以合理分期,进一步减小财务风险。

CH 股份修订后的并购重组方案中,支付工具设置为现金直接支付,虽然有利于并购的达成,但是加重了其财务风险,可以进一步调整。例如,可以将现金支付周期与分成几期等额支付,将支付压力平均分摊到之后几年之中。主并企业要与被收购方积极沟通,提出想法后需要顾及双方的利益,在双方都赞成的情况下确定最优的支付方案。

四、本章小结

通过对 CH 股份的整体并购历程、支付方式的分析可以发现,重组、兼并可以提高上市公司在行业内的综合竞争力,符合未来行业发展趋势。此次并购,可以在以下几方面为 CH 股份提供发展空间:一是可以实现 CH 股份长期战略发展目标,打造成为国内玻璃纤维复合材料领先企业;二是可以延伸产业链,完善 CH 股份主营业务结构;三是可以发挥协同效应,以投资 TM 集团为契机,扩大产品规模,通过提升终端制品产品实力的同时,提升 CH 股份企业品牌和经济效益。

并购交易可以更好地发挥 CH 股份与 TM 集团在各个方面的潜力,加深和提高各方在各个方面的合作水平,合力实现共同发展。

第一轮并购重组方案是发行股份购买资产,涉及新股发行,根据《上市公司重大资产重组管理办法》的规定须由证监会核准。第二轮并购重组方案调整使用现金收购,根据《上市公司重大资产重组管理办法》相关规定,本次交易只需公司股东大会审议批准通过,无须通过证监会和相关部委的审批,同时因为是以现金方式支付的,对公司的现金流会有一定的影响,可考虑分次收购股权。

在交易评估方法上,第一轮评估方案采用了资产基础法评估方法,在估值上存在一定的瑕疵。根据标的资产特性、价值类型,可以市场法对标资产进行估值,这个方法有利于提高估值准确性和效率,降低估值成本。

■ 思考题

1. 公司并购重组的动因是什么?
2. 公司并购重组的方式有哪些?各自的适用范围、优缺点是什么?
3. 本案例中的现金收购,后续可能给公司的现金流带来哪些影响?
4. 公司并购重组不同的支付方式有哪些优缺点?
5. 结合具体案例,讨论不同支付方式的适用条件。

【理论依据】

1. 信息不对称理论

在市场经济活动中,人们对于信息的来源渠道、信息的真实价值以及信息量的了解程度是有差异的,因此需要承担不同的风险与收益。在信息不对称的影响下,收购企业如果不能收集到更多关于标的企业的有效信息,会导致其无法正确评估标的企业的价值从而导致标的选择风险和估值溢价风险。另外,收购企业如果采用股票作为主要支付工具,这可能会向市场传递出其股票的价值被高估的信号,标的企业可能会根据这种信号调整决策以应对(Eckbo等,1990)。同时,诸多针对并购支付方式选择影响的研究中,信息不对称确实会显著影响上市公司管理层作出决策,从而影响并购支付方式的确定(李善民和陈涛,2009)。在此种理论下,收购企业缺乏对标的企业的了解,采用未来收益法对企业估值时容易出现估值的偏差,使收购企业面临较高的估值溢价风险及后期商誉大幅减值的风险。此外,对于科技型企业的并购,后期人力资源的整合尤为重要,而作为收购企业很难预测并购后企业核心人才的去留,这样会使收购企业面临人力资源整合风险。基于以上考虑,为了承担更小的风险,收购企业一般会对所采用的支付方案进行设计,尽量避免使用单一支付工具,而选择采用混合支付的方式。

2. 控制权理论

控制权意味着股东拥有的股权能对上市公司的生产经营活动起到决定性影响,而股权的持有比例则决定影响程度。随着经济的发展,出现公司所有权和控制权分离的现象,公司的实际控制权由管理层掌控。通常情况下,企业管理层认为只有对企业的经营决策有控制权时,其自身利益才能得到保证。在企业的并购活动中,股票支付一般是通过在二级市场增发来完成支付,这样会对大股东的持股比例造成稀释,影响其对上市公司的控制权和话语权。如果控制权带来的相对价值较高,公司的管理层或控股股东就会降低股票支付的意愿(Stulz,1988;Amihud 和 Travlos,1990;Jung 等,1996)。因此,为了防止控制权流失,公司的管理层或大股东会采取限制某类支付工具使用的方法。采用不同的支付方式将直接对并购方大股东的股权及对公司的控制权产生明显影响,这意味着当公司的大股东不愿意自身的控制权或者股权被大范围降低时,股权支付的手段往往就不会被选择。

3. 风险分担理论

风险分担是指各种风险要素需要以某种形式在参与者之间进行分配,由于企业之间的信息不对称,并购活动的发生往往伴随着一定的风险,企业在进行并购交易时会选择不同的支付方式来转移风险。一般来说,相比于并购方,标的公司会更清楚自己公司的价值,并购方会选择股份支付使双方共同承担风险,也在一定程度上降低了自身所承担的风险。在对目标企业进行估价时,并购方对目标企业真实价值的了解程度有限,可能导致并购溢价现象的发生。采用现金支付会使并购方获得目标企业控制权,信息不对称引起的并购溢价的风险将完全由并购方股东承担;而采用股权支付,通过换股使得目标企业股东成为并购方股东,并购双方的利益紧紧连在一起,定价偏差带来的风险将由并购方与目标公司股东共同分担。因此,并购方若想分散风险,就越倾向于采用股权支付。

■ 参考文献

[1] 黄璐.风险防范视角下企业并购支付方案设计研究[D].南宁:广西大学,2020.

[2] 马静然.风险防控视角下赛腾股份并购菱欧科技支付方式研究[D].昆明:云南财经大学,2022.

[3] 杜元朝.基于支付方案设计的并购风险防控研究[D].郑州:河南财经政法大学,2021.

[4] 孟琰婷.雷科防务并购恒达微波案例研究[D].北京:中国财政科学研究院,2022.

[5] 郭天婉.企业并购支付方式选择的影响因素研究[D].郑州:郑州航空工业管理学院,2019.

[6] 汪菁.紫光国微并购 Linxens 失败案例研究[D].马鞍山:安徽工业大学,2021.

[7] Bruslerie H D L Corporate acquisition process: Is there an optimal clash-equity payment mix? [J].

International Review of Law&Economics, 2012, 32(01): 82-90.

[8] Fishman M J. Preemptive bidding and the role of the medium of exchange in acquisitions[J]. The journal of Finance, 1998, 44(01): 45-55.

[9] 蓝发钦,赵建武,王凡平,等.控制权结构、估值水平与并购支付方式选择:来自我国上市公司的经验证据[J].江淮论坛,2018(01):11-18.

[10] 李隽豪.我国国有上市公司并购的协同效应分析:以南北车合并为例[J].中国集体经济,2017(21):52-54.

[11] 曹琪红,陈正樟,潘馨悦.上市公司并购重组失败的市场反应研究[J].中国内部审计,2016(12):96-101.

[12] Eckco B E. Competition and wealth effects of horizontal mergers[J]. 1990.

第五章　EPCO 模式下业财融合体系的构建和应用
——以 HY 集团为例

近年来，随着大数据、云计算、智能化、互联网＋、5G 等新技术的快速发展，世界经济已进入了高速发展的数智化时代。互联网和新技术的蝶变跃升，为经济范式和商业模式的变革和重构提供了底层逻辑。新经济范式和新商业模式，促使新的财务管理方法和内容与之相匹配。财务与业务的有机融合成为应对科技革命和管理方式冲击的有效选择。财政部于 2014 年 10 月 27 日发布的《关于全面推进管理会计体系建设的指导意见》(财会〔2014〕27 号)中指出"管理会计是会计的重要分支，主要服务于单位内部管理需要，是通过利用相关信息，有机融合财务与业务活动，在单位规划、决策、控制和评价等方面发挥重要作用的管理活动"。2016 年 6 月 22 日，财政部发布的《管理会计基本指引》进一步明确"单位应用管理会计，应遵循融合性原则。管理会计应嵌入单位相关领域、层次、环节，以业务流程为基础，利用管理会计工具方法，将财务和业务等有机融合"。上述文件的发布，从政策层面对传统企业财务管理模式向业财融合模式转变提供了制度指引。虽然，业财融合已经在很多行业成功应用，也取得了一些普适性、可复制的经验成果，但是对于 EPCO 模式下的业财融合研究较少，特别是医院整体建设的 EPCO 模式下的业财融合案例研究相对鲜见。究其原因，我国医院建设思路还比较传统，医院的建设被分成土建、设计、装修、软件、物流、运维等分包工程，没有一家企业能够具备医院整体建设全链条和总承包服务能力，故也就谈不上医院整体建设的 EPCO 模式下的业财融合。因此，医院建设本身是一个庞大复杂的系统工程，具有体量大、投资高、功能复杂、智能化和集成度高等特点。目前，能够整体处理这种复杂的系统工程的企业只有少数几家，能够应用的案例研究屈指可数。

2020 年新冠肺炎病毒感染对我国医疗体系进行了全面的冲击，也给医院建设领域带来了极大的挑战，对医疗资源的需求和调配加快了医院建设领域 EPCO 模式的迅速推广。

因此，医院建设领域需要告别以往医院建设分包拖延时间、效率低下的传统建设模式，急需在 EPCO 模式下实现集成超越、创新发展。HY 集团从 2016 年就开始探索、尝试、布局和提升 EPCO 模式下医院整体建设全链条和总承包服务能力，现在已经是中国医院建设整体方案的领先者和主力军。随着 EPCO 模式在医院建设领域的成熟应用，该模式下的管理水平也需要同步提升，特别是业财融合能力的提升。本案例根据 HY 集团的实际运营情况对 HY 集团业财融合存在的问题进行分析，并构建了对应的解决方案，希望借此提高 HY 集团的运营效率和管理水平，同时也为其他模式下的业财融合体系的构建和应用提供借鉴和参考。

一、背景描述

（一）基本概况

HY 集团成立于 1993 年，现已成为一家以医疗专业工程、医疗信息化软件开发与系统集成为主的医疗专业服务整体解决方案提供商，主要提供包括各类医疗净化单元、医用气体工程、医用物流系统、医疗信息化与智能化等咨询设计、建设实施、运行维护等一体化服务；同时从事公共建筑装饰工程的设计与施工，拥有专业的设计团队、成熟的管理团队和完善的售后服务体系。HY 集团以致力于打造科学的医疗流程和智能高效的医疗空间为目标，客户遍布全国各地，承建了各类医疗专业工程、医疗信息化与智能化建设、医用物流系统等项目数百项。HY 集团及其控股子公司有专业人才 1 000 余名，服务医院总数超过 1 500 家，其中三级甲等医院超过 500 家。

（二）组织架构

HY 集团属于特大型建筑施工维护一体化企业集团，采取 EPCO 模式下的垂直管理模式，财务部由集团统一管控，负责集团整体财务战略、融资管理及财务核算等。

HY 集团组织架构，如图 5-1 所示。

（三）商业模式

HY 集团经过多年的摸索，EPCO 模式从最初的 1.0 版本更新为现在的 5.0 版本，已经成为中国医院建设领域的标杆。HY 集团 EPCO 模式的发展历程，如图 5-2 所示。

二、现状与问题

（一）业财融合的现状描述

1. 预算管理现状

HY 集团的预算管理体系还在不断完善的过程中，从近年来的预算编制和预算执行

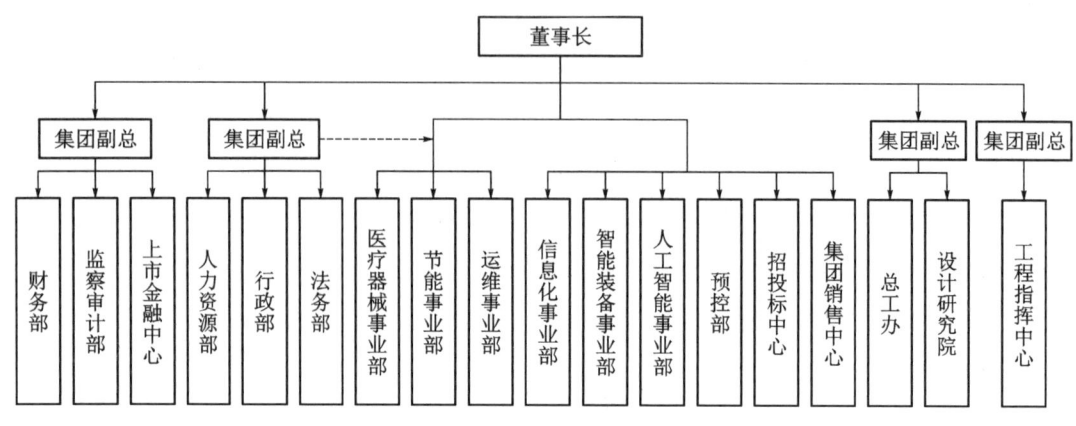

图 5-1　HY 集团组织架构

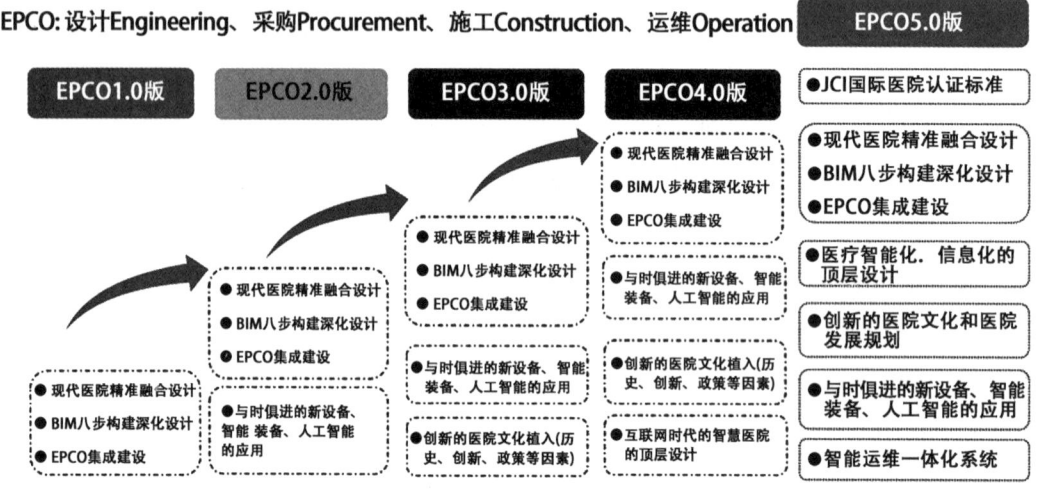

图 5-2　HY 集团 EPCO 模式的发展历程

情况来看,相关的业务和财务人员对于全面预算的认识仅限于资金预算,没有发挥预算对项目的全流程管控应有的功能。在编制年度预算时,HY 集团应对年度经营目标及相应措施作出预期安排,通过一定的计划指标来明确年度计划,计划指标实行分部门归口管理。HY 集团在确定各个业务活动目标之后,将财务、人事、设备、技术等资源以计划和预算的形式分解至各部门,财务部门定期向各部门交流和通报预算执行情况等,以保证各部门能够有实现其业务活动的目标资源。

在项目预算管理过程中,要考虑预算编制是否恰当、合理,工程项目预算编制不当和执行不力,可能造成工程项目成本的增加。以材料预算编制为例,材料预算清单编制目标是确保项目材料成本的控制,确保采购物资的数量、质量符合项目需要;工程指挥中心根据移交过来的投标资料项目组及区域总经理会同预控部对项目进行清标,清标过程中如果出现施工图纸还需要深化的情况,由设计院参与深化图纸;项目组、预控部在清标过程中主要根据项目现场及施工过程等具体情况对前期材料清单中材料的种类、数量、工程量、价格进行重新核定修正和弥补,包括直接由乙方供应的材料及甲方指定品牌或由乙方采购的材料等,交由区域总经理、预控部经理进行审核;审核完成后形成材料预算清单,由预控部成本核算员将项目材料总清单录入信息化系统,提交预控部经理审批;预控部经理对项目材料总清单进行复核审批,审批通过后,材料预算单正式生效。出现材料预算清单的变更,如项目组在项目工程实施的过程中发现项目材料总清单中材料种类、数量缺少等无法满足实际施工需要时,由项目经理在信息化系统内提出项目材料总清单的变更申请,填写材料预算变更单,详细列明变更的具体材料名称、品牌、规格、数量、单价及变更原因等信息;若只是基础材料的变更,且单次变更的总金额未超过 50 000 元,依次由区域总经理、预控部成本核算员进行审批,审批通过后,增加项目材料总清单;若基础材料的单次变更总金额超过 50 000 元,依次由区域总经理、预控部成本核算员、预控部负责人、董事长助理进行审批,审批通过后,增加项目材料总清单;若项目材料总清单的变更涉及重要或关键材料等非基础材料,则应当在预控部成本核算之后,增加设计研究院相关设计、技术人员的审核,由设计、技术人员审核拟变更材料的品牌、规格、性能参数等是否符合设计、技术的要求;当单一项目的材料总清单的变更累计金额达到原始项目材料总清单预控成本的 5%时,后续每一笔变更均需要在最后增加集团总经理审批。

HY 集团近年来一直重视预算编制和预算管控,从 2016 年开始执行全面预算管理,要求集团内部进行财务预算时,以现金流为主导,以项目为出发点,以成本控制为重点,以盈利为目标,结合各业务板块并实施更新的综合预算。HY 集团年初进行预算制定,年末出具财务决算报告,并通过预算编制和完成情况综合评价预算的执行效果,改进并提高预算管理的有效性。目前,HY 集团对全面预算管理还处于不断完善的阶段,集团上下对全面预算管理理解不到位,执行也有偏差,在过程管控中缺少全面控制和财务管控作用。

2. 资金管理现状

HY 集团的资金管理采取的是资金集中管控模式,由于原先业务单一、模式简单且项目同质化强,该模式基本适应该阶段下公司规模。随着 HY 集团近年来加大产业链延伸,扩大企业规模,项目规模不同和复杂程度差距较大,形成了具有一体化的 EPCO 模式,资金集中管控模式已经不适应 EPCO 模式的发展。

(1)现金日常管理。库存现金限额为 2~3 天日常资金,即资金管理中心现金留存不得超过 20 000 元,超过限额部分当天存入银行,未及时存入银行的现金于第二天缴存银行。因特殊原因需增加库存现金限额的,由出纳提出申请,经财务总监、财务分管副总审核后提交总经理审批。对于个人备用金领用,需求人于信息系统提交一般借款申请并附备用金用款预估明细,经部门负责人审核批准后(金额大于 5 000 元需由分管副总审批,金额大于 10 000 元需由总经理审批),流转至财务总监审核通过后,资金管理中心付款。对于项目备用金领用,项目备用金仅限工程指挥中心项目部会计借款,项目部会计于信息系统提交项目资金申请,经项目经理、大区总经理、工程指挥中心总经理审核批准后(金额大于 40 000 元需由总经理审批),流转至费用会计审核(40 000 元以上需由财务总监审核),审核无误后由资金管理中心付款。

(2) 信贷融资资金管理。财务部融资管理人员在融资风险分析的基础上,选择合适的融资方式、融资对象,制定具体融资计划,由财务总监、财务分管副总审核签字,报请总经理签字批准后,由融资管理人员填制融资申请表,说明借款用途、金额、期限、利率及还款计划等,经财务总监、财务分管副总审核签字后,报总经理审批签字,并签署借款合同,有关合同、协议的签署,参见合同管理业务流程。对于 5 000 万元以上的重大信贷融资还需经董事会决议;对于涉及项目融资、供应链融资、合同融资等与业务有关的融资方式,还需要融资管理人员及时跟业务部门沟通;对于符合融资的项目要及时搜集整理相关资料,争取成本最低的融资方式,进而对融资成本进行总体控制。

(3) 应收账款管理。由于 HY 集团业务增长较快,随之而来的就是应收账款的增加,通过其应收账款和自由现金流量波动较大得出 HY 集团应收账款管理还有一定的提升空间,各子公司的应收账款和自由现金流量的波动同样如此。整体来看资金的管理效率有待提升,这就需要财务部门对项目的全过程有全面深入的了解,并且对涉及资金的项目的各个环节进行测算和评估资金的使用情况,加强收款环节的进度管理,提升整体资金的使用效率。

HY 集团在全面预算管控中以现金流为主导,逐步建立和完善资金管理制度,确定资金战略规划,抓好投融资渠道,重视资金流向,坚持资金集中管控定位,积极发挥集团资源优势,提高资金的利用率,控制合理的财务杠杆,确保合理的资金结构。同时,财务部门还积极与业务部门实时沟通,利用最新的融资工具,如供应链融资、保理融资、票据融资、订单融资等,提升融资的效率,拓宽融资渠道,节省融资利息支出,保障公司经营业务发展所需的资金规模。目前,由于 HY 集团业务规模不断扩大,业务模式也从原先的 EPC 模式延伸到 EPCO 模式,原先的资金管控要求已经不适用于现阶段的发展,应考虑多个项目同时运行、多个模块同步推进的情况,统筹整体资金管理,保持高效的资金利用效率。

3. 信息化管理现状

HY集团以JD EAS Cloud作为财务系统服务平台，以HF信息化系统作为业务系统服务平台对接，实现集团的财务管理从分散式到集约式升级，财务系统与业务系统的对接，解决了信息孤岛的问题。通过优化财务与业务的流程，构建了业财控制程序，完善原有的数据传递和业务操作，提高了信息化的运转效率，也使得业务部门和财务部门的操作分工逐步细化，减少了数据传递过程中可能出现的偏差和错误，提升了信息传递效率。

以收款和应收账款管理为例，HY集团主要涉及应收账款管理、财务与业务部门对账、外部对账、月度客户催款、年度催款、坏账准备的计提和核销环节。财务人员在JD EAS Cloud财务系统服务平台完成前期的发票开具、收款入账、会计核算等基本工作后，每日根据出纳反馈的收款信息在HF信息化系统中登记各个项目的回款信息，与工程指挥中心办公室主任进行核对，并形成月应收账款核对表，若有差异，需查找相关原因，提交财务总监审核并签字。每月末工程指挥中心业务人员联系客户对账，将问题及时反馈给财务部门，对重大收款管理进行预警提醒。工程指挥中心业务人员在HF信息化系统登记所有项目的销售合同台账，包括项目编号、项目名称、业主单位、合同金额、签订日期、验收日期、已付款金额、未付款金额、已开票金额、未开票金额等。工程指挥中心项目经理应持续跟踪其负责项目的收款情况，并对长期未付款客户进行催款。工程指挥中心项目经理于每年年度终了时，根据工程指挥中心办公室主任提交的销售合同台账和财务部提交的应收账款账龄分析表，编制应收账款催收明细表，载明客户名称、项目名称、应收账款期末余额、合同信息、开票信息、已收款信息等，并上传HF信息化系统，提交工程指挥中心区域总经理、集团销售中心区域总经理。由工程指挥中心区域总经理、集团销售中心区域总经理进行协调，组织工程指挥中心业务人员、集团销售中心业务员成立催账小组，亲自上门拜访客户，提高应收账款的回款率。

从信息化的角度来看，上述收款和应收账款管理的信息化管理工作还有较大的提升空间，由于JD EAS Cloud和HF信息化系统衔接问题，很多环节还是会受到人为的干预因素，影响了数据传递的准确性和效率。从整个集团信息化角度来看，由于EPCO模式比较复杂，众多业务单元、海量数据和信息传递不够顺畅，信息系统的功能和模块之间的对接过程还需要完善，加上信息系统的预算、相关操作、管理人员的层次等问题，在硬件和软件条件允许的情况下，信息化管理还需要加强HF信息化系统和JD EAS Cloud的衔接，提升数据传递的准确性和效率。

(二) 业财融合的问题分析

1. 集团目标不明确

由于HY集团成立至今已有三十年左右,管理层年龄偏大,没有意识到外部市场环境和行业快速发展的趋势,也没有意识到科技信息时代业务和财务融合加强管理的必要性,对公司长远的发展和行业长期稳固的地位考虑不全面。HY集团开创的EPCO模式已经成为中国医院建设领域的标杆,但由于该模式对集团各业务部门的目标要求较高,HY集团为EPCO模式投入了大量的人、财、物。

在EPCO模式下,HY集团要实施调整集团的战略目标,让管理层和员工在工作中有明确的方向,让集团业务管理和财务管理高效深度融合提升,提高集团的管理效率。另外,HY集团也需要让业务部门与财务部门的工作目标保持一致,业务部门既要承接较多的业务数量、完成业务考核指标,也要加强项目管理、成本控制、费用开支等方面的控制,关注项目的利润水平、资金回款速度、项目风险等;财务部门除了要关注项目的收入、成本、利润、回款,还要关注项目本身的进度、项目预算执行、项目完工及后期保障等。

2. 部门之间衔接不足

EPCO模式需要多部门协调工作,每个项目的全生命周期需要公司市场部、投标部、设计部、施工部、法务部、财务部等部门参与。例如,法务部需要从合同谈判就参与项目管理,重点关注项目涉及的采购、租赁、劳务及零散等合同评审和财务衔接的工作;投标部应该加强编制标书、预算、成本控制等工作,同时及时与财务部沟通,进行预算管理。因此,在EPCO模式下,业务部门的工作需要财务部门的支持,财务部门的工作对业务部门提高管理水平和效率有极大的帮助,业务部门和财务部门必须保持工作方向一致、目标一致。

业务融合本身就是一个复杂的、动态调整的过程,EPCO模式下的业财融合涉及的部门更多,动态调整更复杂,不仅需要所有参与人对公司的制度和文化有深入的了解,还需要公司管理层加强对项目过程控制、部门分工协作、企业管理制度、员工与公司利益分配等方面提升,为公司目标和未来发展提供持续的动力。

3. 预算管理支撑不够

通过相关的调研和查阅资料知悉,目前HY集团所在的行业采取的都是投标成本预算,行业中其他公司为了能够获得中标项目,一般都压低预算成本,投标的成本预算就不是真实的实际情况。对于项目真实的工程量的核算、工程进度、材料使用、项目图纸变更、工程量调整、签证等情况无法准确进行实时对比,没有进行动态调整。其他部门都是根据中标的成本预算进行过程控制,对项目的风险问题不够重视,财务部门的核算也是预估处理,成本和费用支出没有准确数字和管控,财务数据的滞后性也无法满足管理的需要,导致项目的经营风险增大。

4. 信息系统支撑不够

HY集团信息系统的目标是以JD EAS Cloud作为财务系统服务平台、HF信息化系统作为业务系统服务平台进行对接,实现HY集团财务管理从分散式到集约式升级,财务系统与业务系统的对接,解决了信息孤岛的问题。尽管HF信息化系统已经对数据的处理能力和效率有了较大的提升,随着集团规模的扩大和商业模式的创新,HF信息化系统对集团经营业务的支撑也遇到了瓶颈,HY集团需要在优化组织架构、管理流程及数据处理的基础上,加强对集团内信息化系统的整合和完善,增强集团的集约式管控能力,实现项目的线上招标、签订、预算、采购、付款、审批、处理等全流程信息的传递和共享,力图将各子公司的数据信息传递和处理能力逐步扩大到集团层面,从而为集团经营管理提供更高效的技术支持。

三、改进与应用

（一）明确战略目标

1. 内外环境分析

本案例使用SWOT分析法对HY集团的业财融合系统构建和应用的战略目标进行分析。

1）优势

首先,HY集团是全国较早进入医院建设领域的公司之一,各类资质齐全,在行业中处于领先地位。其次,HY集团创立的EPCO模式是在结合市场需求的基础上形成的,目前在大型项目中应用EPCO模式对项目的全流程管控起到很好的效果,形成了一定的行业知名度。最后,HY集团的管理团队和项目团队都比较稳定,聚集了行业内优秀的项目经理,能够承接更为复杂、大型、高品质的精品项目。

2）劣势

一方面,HY集团的管理层过于保守,过于关注项目的日常琐碎工作,对于未来的规划发展不够;另一方面,一些工作流程仍使用传统的管理和核算方法、单一的数据分析和管理手段,导致经营战略无法灵活调整,不利于业财融合的推进。

3）机会

2020年新冠肺炎病毒感染对我国医疗体系进行了全面的冲击,也给医院建设领域带来了极大的挑战,需要既有完成大型项目建设经验的企业,也要有能够灵活应对外部环境的企业，HY集团这两年实现了对各类型的医院建设领域的尝试、探索和实施。

4）挑战

目前，行业的竞争对手关注到医院建设领域的商机，较多的央企和上市公司也在进入这一赛道，加大投入，占据市场地位。HY集团面临的不只是自身的问题，更多的还有来自竞争对手的挑战，必须要利用好自身的优势，实施战略调整，加强公司管控，提升自身的核心竞争力。

2. 战略目标分析

从经营规模上来看，HY集团的目标是向百亿企业迈进，将经营业绩放在集团长期目标首要位置固然重要，但在考虑经营业绩的同时，还要考虑经营业绩质的提升，更要注重可持续发展的长远目标。

战略目标是既是一种宏观目标，也是一种长期目标，既是对企业整体发展的设想，也是考虑到企业未来发展的设想。因此，HY集团的战略目标分为以下三个方面：①在业绩目标方面，在考虑百亿规模的同时，还要考虑集团稳定、持续的成长性。②在能力目标方面，集团管控、研发能力、市场营销、人事组织、财务管控等方面要有大幅度的提升。③在社会贡献目标方面，既要考虑提高项目质量、改善服务水平，又要考虑为股东创造价值和收益；既要考虑提高员工待遇和福利、激发员工的创新力、提升员工士气，又要考虑为行业、为社会作出应有的贡献。

（二）完善组织架构

1. 成立成本管理中心

根据HY集团原先的组织架构，集团的财务部实际上是一个"大财务"的概念，集团所有的业务信息和数据最终汇总到财务部来处理，鉴于业务发展的需要，财务部对项目管控、成本管控只能被动做扫尾工作。虽然财务部名义上可以前置参与项目的过程管理，但由于项目过程涉及很多工程施工类相关的专业知识，因而财务部在项目过程管理中的参与度不够深入，无法满足业务与财务的融合需要。EPCO模式下的项目管控非常重要，如果项目失控，就会产生经营风险，故需要针对EPCO模式下的特殊问题，设立成本管理中心。

首先，确定成本管理中心的业务范围。原则上，成本管理中心要对项目的全流程进行过程管控和监督，包括项目交底、项目派遣、施工计划、开工报告、开工准备、签证管理、项目施工管理、项目材料管理、施工进度管理、劳务进度管理、施工巡检管理、项目收款管理、项目竣工管理、销售发票的管理、项目质保交接、项目维保管理、项目考核管理、项目档案管理。

其次，确定成本管理中心的部门衔接及人员。原则上，成本管理中心涉及以下部门：工程指挥中心、集团巡检部门、运维事业部及财务部原成本核算部门。从人员配置上，需要上述涉及部门抽调部门人员组建成本管理中心，使得部门人员的专业及相关知识能力能够完美匹配，以解决项目过程管理中的各类问题。

再次，确定成本管理中心的主要职能。确保项目的过程管理到位，主要涉及开工前准备充分、工程预算编制恰当、施工计划编制合理、工程施工过程管理、工程的实施与工程规划一致、工程决算编制恰当并经过适当审批、准确记录上述信息和数据。

最后，确定成本管理中心的风险点。项目过程中的风险点主要涉及：工程项目的执行未经适当审批或超越授权审批，可能因重大差错、舞弊、欺诈而导致损失；工程项目预算编制不当或执行不力，可能造成工程项目成本的增加；工程物资现场管理不当，可能导致企业存货发生损失，增加成本；工程项目成本失控，可能造成企业经营管理效益和效率低下；工程项目会计处理和相关信息不合法、不真实、不完整，可能导致企业资产账实不符或资产损失；工程决算编制不当或审批不严，可能造成工程项目成本失真；付款方式不恰当、执行有偏差，可能导致公司资金损失或信用受损。

2. 明确部门相关职责

HY集团各部门分工在前面几个历史阶段都发挥了较大的作用，但随着业务规模的扩大、EPCO模式的复杂化，部门分工也出现了相互交叉、人员冗余、不够清晰的问题，对目前EPCO模式的发展产生了一定的阻碍，故有必要对各部门的岗位职责进行明确。HY集团应明确部门权责分配，正确行使职权，确保各部门之间能够根据自身的职责分工协调配合，将权利与责任落实到各责任单位。管理层应定期或不定期对组织结构进行分析评价，根据市场变化、业务发展需求，综合考虑现有架构的合理性，及时发现现行组织结构中不适应经营和信息沟通的环节并作出相应调整，根据实际需要对组织结构进行调整。

（三）业财流程重构

1. 重构项目前期流程

随着国家对医院建设提出的更高要求，如智慧医院、智能化医疗设施，还有外部竞争对手的介入，HY集团对项目的承接不能仅依靠企业原有的"护城河"优势，应对每一个承接项目进行严格的程序管控，既要考虑单一项目的经营收益，也要考虑项目所在市场不断变化的因素和风险问题，所有的项目决策都要有数据支持、流程管控，使得承接项目的决策更加科学化。

HY集团应加强现有客户维护，开发潜在目标客户，确保客户信息收集及时、记录准确，提高后期项目成功率等，这些都是项目前期管理的重要目标。客户信息的收集和接洽要求集团销售中心业务人员通过各种渠道收集资源及信息,在 HF 信息化系统客户管理模块中录入意向客户信息登记表并报送集团销售中心区域副总经理审核。

与客户达成合作意向后,集团销售中心业务人员编制项目立项书,通过公司邮箱发送给集团销售中心区域副总经理审核,审核主要关注项目立项书信息记录是否完整、准确,项目立项内容是否真实,项目预测是否准确。集团销售中心区域副总经理审核后,提交预控部经理审核,审核主要关注项目预计实施范围估算是否符合成本效益原则。项目立项后需提供至招投标中心,作为招标立项的前期资料。

项目中期管理要求已完成立项的项目,需由设计院、招投标中心配合完成的技术性任务,集团销售中心业务员于 HF 信息化系统中填写项目设计任务联系单和招投标任务联系单,提交销售管理部副主任审批,销售管理部副主任必须在收到联系单当日于 HF 信息化系统中报送至设计院及招投标中心,并通过电话或公司邮箱通知相关业务人员进行对接,并组建项目组。集团销售中心区域副总经理在立项后十日内牵头开展项目策划书的编制,项目策划书需载明项目概况、项目策划及预期风险分析、项目团队组建、项目重要节点时间计划、项目商务活动及费用统计等信息。

项目投标管理要求招投标项目总负责人收到销售管理部发送的、经审批的项目立项书或任务联系单,于五日内组织招投标项目技术负责人、造价负责人根据《投标项目评审制度》进行项目评审,由造价负责人填写投标项目评审表,内容主要包括招标文件载明的控制价、招标方式、资格条件、评标办法、结算办法、付款方式、材料品牌、合同条款、施工注意要点、预估利润率等,并由造价负责人上传至 HF 信息化系统,提请投标项目审核流程。招投标项目负责人(技术、造价)带领技术组、造价组按照招标文件、答疑文件、投标文件编制要点等进行标书制作;技术负责人及技术组主要根据招标文件及招标材料清单、图纸等相关资料进行技术分析,编制技术标;造价负责人及造价组编制经济标,负责项目成本的核算,成本核算中基础材料价格的确定参照公司历史价格信息表,该信息表由预控部每月进行维护,并录入 HF 信息化系统形成基础材料价格库;特殊材料价格由造价员统计材料清单,于 HF 信息化系统中填写投标工作联系单,并附材料清单明细表,提交造价负责人审批;审批通过后报送采购部采购员进行市场询价,并提交预控部经理审核,确定相应的材料价格。

2. 重构合同管理流程

在完成前期的项目管理流程后,就需要签订合同以推进项目实施。合同的签订是 EPCO 模式中一个非常重要的环节,如何签订合同,规避合同的风险,保证项目的正常运行,是目前面临的非常重要的问题。在整个集团经营过程中,涉及的合同类型多种多样,如总承包合同、施工合同、分包合同、劳务合同、采购合同、维保合同等。限于篇幅，下面以最重要的总承包合同为例介绍合同管理流程重构。

假设由公司拟定合同，法务专员与集团销售中心区域副总经理根据招标文件后附的合同样本拟定合同，付款条件、工程期限等条款应根据招标文件要求填写。例如，在竞标过程中，公司提交了响应偏离表，对付款条件、工程期限等条款作出了要求，则合同相关条款应参照响应偏离表要求填写。法务专员核对或编制完成合同后，将合同提交至法务部，由法务部主管对合同文本的合法性、经济性、可行性和严密性进行重点审核，关注合同的主体、内容和形式是否合法，审核合同内容是否符合企业的经济利益，审核对方当事人是否具有履约能力，审核合同权利和义务，审核违约责任和争议解决条款是否明确等。合同经法务部主管审核后，提交招投标项目技术负责人核对合同是否与招标文件信息一致并提交招投标中心总经理审批；招投标中心总经理审批后，提交预控部经理核对合同金额是否正确、合同进度款金额是否合理；预控部经理审批后，提交工程指挥中心区域总经理审核工程施工范围、工程内容是否与招标文件信息一致、招标平面图纸及工程量清单是否为最终版本；工程指挥中心区域总经理审批后，提交财务总监复核合同的付款方式及开票方式等条款，并检查该项目招标代理费用是否入账（或暂估），若无须支付招投标费用，则需核实招标文件相关信息描述；财务总监复核后提交集团分管副总经理审核。上述审核流程均于HF信息化系统中流转，由法务专员于HF信息化系统中录入合同登记表并上传合同，根据合同性质选择相应的审批人，审批人可于HF信息化系统中填写审批意见并上传审批附件。合同审核通过，由法务专员于HF信息化系统发起印章使用申请，并上传合同，经法务部主管、集团分管副总经理审核后，印章管理人员于合同中加盖"合同专用章"。合同盖章后，由法务专员通知集团销售中心区域副总经理提取合同，由其与对方当事人签署合同。

3. 重构支付管理流程

通过几年的改进和完善，EPCO模式在HY集团业务扩展中取得了良好的成效，但是支付管理一直是各部门相互推诿、相互指责的问题，一旦付款不顺，可能会影响材料供应，甚至会影响项目整体进展和公司整体形象。但从实际情况来看，支付管理流程中存在的信息传递问题，导致财务人员在支付管理环节谨慎管控，从而影响付款的进度。

材料支付管理流程如下：①每月末，区域采购员依据采购合同中的双方承诺（货到付款、预付款、分期付款、信用期限内付款）及系统中货物入库及开票情况，编写月度付款计划，并将月度付款计划发送给材料会计、往来会计审核。②财务部将月度付款计划与系统内的采购合同及开票明细进行核对，主要核对是否已到支付账期，确认无误后提交区域总经理审核；区域总经理审核后，提交工程指挥中心总经理、集团总经理审批。③总经理审批实际付款金额并确定实际付款额度后发送给财务总监、区域采购员、出纳。④月度付款额度审批完成后，需要付款时由区域采购员在月度付款额度内依据月度付款计划在 HF 信息化系统内填写材料付款审批单，交由出纳进行审阅；出纳审阅付款方式是否合适、审批单信息是否有误等；审阅合格后，提交往来会计、财务总监审批；审批通过后，由出纳进行付款、往来会计在 JD EAS Cloud 内进行账务处理。

劳务支付管理流程如下：①项目劳务结算完成，由项目人员根据劳务合同的约定填写劳务付款单并录入信息化系统，提交项目经理审核。②项目经理结合劳务合同、劳务结算情况审核劳务付款金额的准确性、付款时点的恰当性，审核通过后，提交区域总经理审批。③区域总经理审核劳务付款的合理性，审核通过后，提交劳务会计审核。④劳务会计结合劳务发票、前期已付款项、劳务结算、劳务合同等信息，审核劳务付款金额的准确性、是否全额收到发票，审核通过后提交财务总监审批。⑤财务总监根据资金情况判断劳务付款时点的合理性，审核通过后提交集团总经理审批，集团总经理审批通过后，交由出纳付款。⑥出纳付款后，由劳务会计进行账务处理。

4. 重构信息系统体系

虽然 HY 集团在规模上已经成为医院建设领域的行业第一，但要想实现百亿级规模的目标，还需要利用大数据、云计算、互联网＋、5G 等新技术工具为企业管理服务，同时需要改变原有的模式和工作方法。

HY 集团以 JD EAS Cloud 作为财务系统服务平台，以 HF 信息化系统作为业务系统服务平台对接两者。但从实际情况来看，业务部门的数据没有完全采用 HF 信息化系统平台，业务环节的数据还是采取人工统计和传递的方式，数据非常分散且统计过程容易出现人为错误，各业务部门之间的数据无法对比和分析，各部门数据的统计口径差异较大。随着 HY 集团规模的扩大和 EPCO 模式项目的增多，数据信息也呈现几何级的增长，HY 集团需要将这些数据信息进行搜集、汇总、处理、分析和分享，为集团管理层提供决策支持。将财务系统与业务系统两个平台进行对接是为了保证数据的完整性、准确性、及时性，也是企业可持续发展的基本保证。

信息系统体系是将业务、财务、资金、税务等数据信息连接形成数据链条闭环。例如，项目人员将施工图纸借助 BIM 建模系统进行建模设计，核算项目的工程总量和制定项目工程计划；法务部及时与各业务部门对接，根据业务信息签订工程合同；投标中心根据核算工程总量清单将信息录入 HF 信息化系统中；成本管理中心、财务部、法务部按照各自的职责审核会签合同后，项目管理人员根据材料清单签订采购并安排货物交期；项目人员将材料清单和实际货物清单录入 HF 信息化系统并办理入库手续;成本管理中心审核相关附件并办理财务确认手续,同时将对应的发票信息录入 JD EAS Cloud 中。当项目需要申请付款时,由项目申请人提出付款申请,财务人员审核并办理付款结算,完成相应的付款流程审批后即可付款。综上所述,业务系统和财务系统的对接确保了项目周期中"四流"(物流、商流、资金流和信息流)信息的准确一致,也为后续的项目分析提供了保障。

(四)保障措施

业务融合完成构建后,在具体应用过程中还需要有效的保障措施确保公司高效运作。因此,通过对人才团队培养、业务知识更新、评价监督机制、信息系统建设等方面进行完善,能够确保业财融合落在实处,帮助提升企业的管理水平。

1. 加强人才团队培养

人才是企业生存发展之根本,也是企业最终的核心资源,企业的竞争最终还是人才的竞争。通过实际访谈和调查跟踪,虽然 HY 集团的主营业务大多由传统业务构成,但是随着社会进度和科技水平的提升,新技术和新模式的形成使得该行业不断向更高、更现代化的标准发展。HY 集团提高项目质量、加快业务发展的同时,对人才的培养也必不可少。除了自身培养,在全国范围内引进优秀的项目管理、工程管理、财务管理、成本管理等方面的人才和团队也会加快公司管理水平的提升。同时,优秀的人才和团队也会带来先进的管理经验,推动公司业财融合的应用和发展,为实现企业战略目标提供支撑。

2. 加快业务知识更新

引进优秀人才推动了业财融合的应用和发展,企业人才的业务知识全面更新也为业财深度融合提供了支撑。财务人员除了需要具备财务知识,还要对公司所处的行业情况、项目情况、工程进度、相关材料情况等基础知识有一定的了解,这就要求项目管理人员定期对公司的财务人员和其他人员进行专业的培训,使得财务人员具备根据市场情况进行动态综合分析、及时作出相关决策和信息技术分析的能力,成为公司的复合型人才。同时,业务人员也需要加强财务相关专业知识的培训和提升,特别是涉及流程审批和数据信息搜集的业务人员更需要财务知识的培训,一方面为业财融合的推进提供帮助,另一方面也为企业核心竞争力的提升提供基础支撑。

3. 建立评价监督机制

各项制度和方案的建立与实施需要公司进行监督、评价、完善,从建立、实施、反馈、完善等环节,确保各项制度和方案能够真正落地,从而为公司管理和发展提供良好的保障。业财融合体系的构建和应用也需要评价和监督,业财融合不仅是公司发展过程中的一种管理形式,还能够给公司的发展提供帮助,真正助力公司更高效、更持续地发展。因此,

HY集团在实施业财融合的过程中,除了需要制定和实施合理、详细、强力的业财融合方案,更要针对性地解决实施业财融合过程中碰到的问题和困难,将业财融合落到实处,如此反复检查、完善才能使业财融合对公司的发展起到作用,为公司建立核心竞争力提供支撑。

4. 优化升级信息系统

业财融合的实施需要强大的信息系统平台,以确保数据共享和信息传递准确、实时,并能够让各部门的数据形成闭环。随着公司规模发展的扩大和业务模式的不断更新迭代,现有的财务系统和业务系统平台会碰到新业务、新项目、新模式,还会遇到原有实施过程中业务数据与财务数据的对接问题,这就需要HY集团不断优化系统,研究新业务、新项目、新模式,对信息系统不断进行优化升级,以满足业财融合的管理需求。

四、本章小结

本案例通过分析HY集团的业财融合现状与问题,构建了EPCO模式下业财融合体系,总结了EPCO模式下业财融合实践应用:

第一,业财融合以实现企业战略目标为出发点,是企业保持和提升核心竞争力、实现企业可持续发展的管理行为,也是企业从上至下的集体行为,需要全体员工的参与和配合,对业务到财务全流程进行监督和跟进。

第二,业财融合体系的实施离不开组织架构、流程再造、信息沟通等各要素的强力支持。在建立业财融合系统的之前,要对上述要素进行详细的分析和调整,确保后期业财融合体系的实施。

第三,信息化系统是业财融合体系的技术工具,能够将业务数据和财务数据进行联结,并将实时数据进行整合和分析,为业财融合提供真实准确的数据支持,同时通过信息化系统实现业务数据和财务数据实时的、动态的管理与监督数据,助力财务提升企业价值和创造企业价值。

■ 思考题

1. 业财融合是否有助于企业价值的创造?
2. 业财融合的实施条件是什么?
3. 信息流、资金流、物流与业财融合的关系是什么?
4. 在其他行业中,特别是制造业,如何实现业财融合?
5. 业财融合是否能够提升企业的会计信息有用性?请举例说明。

【理论依据】

1. EPCO模式

EPCO是EPC(工程总承包)和OM(委托运营)的打捆,把项目的设计、采购、施工、运营等阶段整合后由一个承包商负责实施,而项目的决策和融资仍然由业主负责。EPCO通过设计、采购、施工、运营等环节的集成,可以解决设计与施工脱节和建设与运营脱节的问题,强化运营责任主体,使得承包商在设计和施工阶段就必须考虑项目的运营与策划,通过EPCO模式实现建设运营一体化来实现项目全生命周期的高效管理。项目采用EPCO模式可实现投资和建设运营的分离,项目资金筹措由政府通过专项债和市场化融资解决,项目建设运营由承包商和运营商负责实施,可以大幅度提高投资效率,促进设计、采购、施工、运营等各个环节的有效衔接。

2. 业财融合

财政部于2016年印发的《管理会计基本指引》中明确提出管理会计应遵循业财融合的原则:管理会计应嵌入单位相关领域、层次、环节,以业务流程为基础,利用管理会计工具方法,将财务和业务等有机融合。

1)业财融合的概念

业财融合是指财务人员深入业务获取知识和信息,通过监督和分析业务执行情况为管理层提供决策支持。汤谷良(2018)认为:业财融合是业务财务一体化的简称,其实质是企业市场经营线与行政综合线之间的协同与贯通。基于会计角度的分析,业财融合属于管理会计的分类,为企业管理人员提供各方面的参考与分析。吴金梅和陈生寿(2014)认为:业务和财务的融合需要以企业前期充分的信息化建设和人才培养为前提,在价值文化的指导下重塑财务流程,对业务全程进行财务管理,并在合理有效的绩效考核下对业财团队进行监督和激励。何瑛和彭亚男(2014)认为:业财融合是企业精益管理的表现形式,业务和财务是合作和制衡的关系——合作是业务需要财务提供决策支持,制衡是财务对业务进行监督和评价。殷起宏和胡懿(2015)认为:业财融合就是对业务人员进行监督和评价,为管理人员提供决策支持。

2)业财融合要解决的问题

(1)业财融合要解决信息不一致、不即时的问题。业财融合的目标之一是使业务信息和财务信息保持一致。业财信息不一致的原因各式各样,如业务人员和财务人员沟通不到位、数据计算口径不一致、业务规则不固定等都有可能导致业财信息不一致,长此以往,管理层难以判断信息的可靠性,无法基于信息作出决策。如果数据能在系统中被业务流程和数据转换规则固化下来,业务和财务部门使用同一个计算口径,业财信息一致性将大大提高。在业财信息一致的基础上,信息越即时,所提供的价值越大。

(2)业财融合要解决管理滞后的问题。业财融合的另一个目标是对业务进行事前控制。例如,传统财务模式下,销售环节有平台费、广告费、市场费、运费、税费、保险费等,由于财务人员不懂业务,在核算和对账时需要花费大量的时间和业务沟通,找到对账不平的原因,然后出具报表向上汇报,管理层通常在月中才能收到上个月的报表,缺乏时效性。如果财务人员了解相关业务知识,就可以对业务进行颗粒度足够细的、可实施控制的前瞻性预测,为管理层提供可行的事前控制方案。

3. 流程再造理论

流程再造理论的核心是面向顾客满意度的业务流程,而核心思想是要打破企业按职能设置部门的管理方式,代之以业务流程为中心,重新设计企业管理过程,从整体上重构企业的作业流程,追求全局最优。

随着互联网对重构完整的价值链的要求越来越高,品牌之间的竞争和对抗将日益淡化,取而代之的是关于公司价值链的强化和效率之间的竞争。公司在进行大额投资的同时,需谨慎管理、保护和持续对资产进行优化。拥有能够保持长期客户关系、快速反应并满足客户需求的动态价值链的公司将成为赢家。

流程合作就是将业务流程作为一套离散的任务在多个资源(人、商业组织、公司)之间共享,这些任务的分配既可以在事先达成一致,也可以根据规则和资源能力实时协商完成。流程合作涉及反复进行协商式业务流程的两方或更多方,该流程在本质上更具关系性,而非交易性。

企业的管理应该是流程驱动的管理,管理得比较得当的企业,可以在日常的管理过程中,适时对流程进行修正、调试,所以,这种企业的流程往往适应性比较强,流程的设置和运行也要科学得多,但这并不意味着,这类企业不需要对流程进行再造。如果客户的需求和市场发生了巨大的变化,企业模式需发生根本性的变革,流程就必须再造。例如,戴尔公司推行的直销模式,如果在 IBM 公司的传统流程上套用,恐怕就难以产生预期效果。另外,流程再造的目的是通过对企业和产业流程的梳理、精简,来实施流程化管理。

■ 参考文献

[1] Michael Hammer. Reengineer Work:Don't Automate, Obliterate[J]. Harvard Business Review, 1990,68(1):104-112.

[2] George Valiris, Michalis Glykas. Critical Review of Existing BPR Methodologies:The need for a holistic approach[J]. Business Process Management Journal,1999,5(01):65-86.

［3］Bryan Bergeron. Essentials of Shared Services[M]. New York：Wiley, 2002.

［4］IFSS Teach Report：Shared Services-share Where？[J]. CEO,2013,16(10)：101-106.

［5］Gunn R W, Carberry D P, Frigo R, et al. Shared Services：Major Companies are Re-engineering Their Accounting Functions[J]. Management Accounting,1993,75(05)：15-24.

［6］严飞.财务业务一体化设计研究[J].财会通讯(综合版),2008(07)：28-30.

［7］林佩璇.业财融合发展在中国移动的推行研究[J].财经界,2015(05)：185,232.

［8］洪梅.基于"业财融合"的管理会计初探：以J公司的实践为例[J].中国总会计师,2016(09)：61-63.

［9］辛勤.业财融合问题在企业财务管理中的分析[J].中国商论,2017(06)：109-110.

［10］郭永清.河北联通的业财融合实践[J].财务与会计,2017(06)：58-59.

［11］王江梅.大数据背景下的业财融合应用[J].农村经济与科技,2018,29(10)：83-84.

［12］汤谷良,夏怡斐.企业"业财融合"的理论框架与实操要领[J].财务研究,2018(02)：3-9.

［13］王敏.企业业财融合应用的困境及对策[J].纳税,2020,14(05)：112,114.

［14］周康.浅谈商贸企业业财融合的重要性及主要措施[J].纳税,2020,14(04)：181,184.

［15］谢志华,高严,杨龙飞.新技术条件下的业财融合[J].财务与会计,2021(16)：9-14.

［16］温素彬,许国宏,金卫锋.管理会计信息化助力企业业财融合和价值提升：以上海铁路经济开发有限公司BD公司为例[J].中国管理会计,2022(01)：34-42.

第六章 基于 RBRVS 的多维集成绩效评价体系
——以 ABC 医院为例

探索和改革适合我国医务人员的薪酬支付制度,不仅能促进医疗服务供方积极释放服务潜能,还能为优化社会医疗保险支付方式与控费机制提供重要路径。以资源为基础的相对价值尺度(resource-based relative value scale,RBRVS)是以资源成本消耗为基础,以相对价值为尺度,对医务人员劳动价值进行度量,并通过医师费的支付引导其行为的医疗保险制度体系。RBRVS 最先由美国联邦医疗保险和医疗救助服务中心应用,用于对美国老年医疗保健计划医师费的支付。其基本原理是通过比较医务人员在服务提供过程中投入的各类资源成本的高低来估算每项服务的相对值。由于该体系能够较为客观地反映医务人员的劳动价值,且具有高激励性、重成本控制的优点,随后在医疗救助计划、商业医疗保险机构及医疗机构中得到推广,并进一步传播到德国、日本、新加坡、加拿大等国家和地区。国内学者自 20 世纪 80 年代末开始关注 RBRVS 的原理与应用。新一轮医药卫生体制改革实施以来,理论与实践领域对其关注程度与日俱增,国内医院运用 RBRVS 绩效考核模式对绩效进行改革,也取得了不错成效。

ABC 医院原有奖金方案是基于收支节余的分配方式,这种方式目前已经不能客观衡量一线职工劳动价值,不符合政策要求和医保支付政策走向,也不能满足医院发展需要。现阶段绩效考核选择使用 RBRVS 这种更为合理的评价方式来衡量医务人员的劳动价值,以 RBRVS 管理工具为基础,结合 KPI 关键指标理论、PDCA 循环改进理论、DRGs 理论、平衡计分卡理论等管理会计工具构建多维集成绩效评价体系。

一、背景描述

ABC 医院自建院以来,已发展成为一所集医疗、教学、科研、预防、急救为一体的现代化三级甲等综合性医院。ABC医院按照"做强做大惠民众,品质医疗促健康,智慧医院创一流"的行动纲要,致力于成为国内智慧医院的典范,以有温度的品质医疗促进民众健康。ABC医院已与近20家医疗机构形成了区域型、紧密型、专科共建型和对口帮扶型等多种形式的医疗联合体。

目前,ABC医院有住院床位2 200张,年门急诊总量239.18万人次,出院病人10.24万人次,手术5.05万例。ABC医院设有临床科室和医技科室57个,其中,普外科、骨科、内分泌科、妇科、胸外科、心内科、呼吸内科、肿瘤科、放疗科的数十项技术在全国居领先或先进水平。近年来,ABC医院与国内众多高水平医院多学科诊疗服务中心结为协作医院,成立国家高级卒中中心、中国胸痛中心,建有创伤中心、房颤中心,开启一体化急救模式,打造区域急救中心。ABC医院重视"信息化、智能化、人性化"建设,牢牢把握"互联网+"技术融合,依托大数据平台,启用智慧医院项目,研发智慧病历、全院自助服务体系、医院资源管理系统(HRP)、质量管控系统(HQS)等,在提升医院整体服务水平的基础上全面打造智慧化、现代化医院,使患者就医更便捷与医院管理更科学。

二、ABC医院存在的问题及成因分析

（一）ABC医院存在的问题

1. 运营管理面临挑战

随着医药卫生体制改革的深入,国家对公立医院运营管理要求不断增强,《关于加强公立医院运营管理的指导意见》(国卫财务发〔2020〕27号)的发布,加强公立医院运营在国家层面得到认可和重视。作为地市级三甲医院,ABC医院在运营上面临连年亏损、医务人员薪酬水平整体偏低、临床技术发展缓慢、科研能力难以突破等问题,如何在没有参考模板的情况下,自行摸索符合大方向及实际情况的战略目标与管理、操作模式,是比较大的挑战。

2. 员工工作激励模式仍需完善

在ABC医院运营的过程中不可避免地存在部分医院职工工作热情不高、工作效率不高、工作进取精神不高的情况,如住院医生不愿意多开展高难度手术、门诊医生不愿意多收治病人、医技人员不愿意提高工作效率等情况。

3. 精细化管理缺乏抓手

随着医药卫生体制改革的深入,ABC医院制定了符合自身运营战略与运营方针,但是在执行过程中缺乏管理抓手,相关政策与发展战略难以深入基层,基层配合及响应速度较慢,而且各个职能部门相对独立,缺乏联系与沟通,无法形成合力推进各项政策落实。

4. 成本控制效果不佳

随着 ABC 医院规模的扩张及科室的发展，ABC 医院的医院成本总量与人员配置不断增多，存在部分科室成本控制效果不佳、盲目增加人员与机器设备等情况。

5. 科室管理水平亟待提高

ABC 医院存在部分科室主任对科室管理的积极性不高、管理水平不高、对科室发展方向不明确的问题，无法带领科室职工共同进步。

（二）ABC 医院问题的成因分析

（1）绩效方案无法满足政策导向。ABC 医院原本的绩效方案是基于收支节余的分配方式，这种方式无法落实"两个允许"的要求，不能客观衡量医院一线职工劳动价值，不符合政策要求和医保支付政策走向，也不能满足医院发展与运营需要。

（2）绩效方案无法体现医院职工的劳动价值。ABC 医院原本的绩效方案属于一次分配，科室分配绩效的标准是职称系数，无法反映医院职工的劳动价值，无法对医院职工产生激励性。

（3）绩效方案无法满足管理要求。收减支绩效核算方式仅从医院成本效益角度出发，没有站在医院管理角度设计绩效管理体系，缺乏组织架构、系统性、导向性，在设计上无法满足精细化管理要求，无法作为医院战略发展的重要抓手。

（4）没有成熟的成本管理及考核指标。ABC 医院成本核算模式下的绩效方案，可控成本与不可控成本均被记入科室支出，未从成本控制角度进行成本考核与管理。

三、改进与应用

（一）ABC 医院应用相关管理会计工具方法的总体思路

1. 引入 RBRVS，以工作量核算为基础

基于工作量核算的绩效理念，ABC 医院更改绩效核算方式，选用 RBRVS 作为绩效核算方式，医疗单元通过劳动强度与技术难度等指标测算项目绩效比例。为平衡不同科室护士劳动强度差异，ABC 医院引入护理绩点值的概念，医技科室引入分段累进考核方式，用于激励职工积极性。

2. 引入质量考核模块，通过质量考核满足医院管理的初步需要

运用平衡计分卡的绩效管理系统，ABC 医院的医务处、护理部、门诊办等相关职能部门设置对应的考核指标与考核分值，满足 ABC 医院对临床科室医疗质量方面的管理需求。

3. 引入可控成本管理体系

为了调动科室主动控制成本的积极性，优化科室人力资源结构，ABC 医院将科室控

制能力较强的变动成本及人力成本纳入绩效分配中,而将科室无法通过主观努力改变的固定成本从绩效分配中剥离。

4. 构建立足学科发展建设的绩效核算方式

在通过RBRVS激励职工积极性使得工作量增长达到稳定的增幅后,ABC医院采用DRGs分组理念并结合自身情况,设计重点病种考核模式及重点手术层次细分,扩大护理考核范围及维度,针对医技科室设立专项考核内容,从学科发展角度对绩效体系进行升级。

5. 构建立足医院发展战略的指标评价体系

ABC医院建立管理层与绩效方案制定科室之间的沟通渠道,搭建医院发展战略指标评价体系,通过沟通渠道定期对指标体系进行更新或者补充。

(二) 构建符合ABC医院的集成绩效评价体系

1. 构建基于精细化管理思路的全面绩效管理体系

ABC医院全面绩效管理体系分为五大系统,系统之间相互配合,贯穿于全院的精细化管理中,从提升业务量、严控成本的角度,提高医疗质量等各方面改善医院整体运行。ABC医院五大绩效管理系统分布,如表6-1所示。

表6-1 ABC医院五大绩效管理系统分布

类别	月度绩效	年度绩效	管理绩效	科教绩效	核心人才专项绩效
比例	60%	15%	8%	10%	7%
发放时间	每月	年底	年底	年度	年度
考核单位	四大类考核单位、医护分离	科室	管理干部	全体人员	引进人才
考核内容	工作量与工作效率;学科发展;成本管理;战略发展;精准质量控制	科室年度绩效目标	科室年度综合目标	个人科研、教育业绩	核心人才所在关键岗位工作目标

(1) 月度绩效。月度绩效基于工作量与工作效率、学科发展、成本管理、战略发展和精准质量控制五个维度,考核单位为医师、护理、技师、管理四大类,医护分离,按月发放。

(2) 年度绩效。年度绩效以医院战略发展目标考核为主,以科室为考核单位,根据各科室完成年度绩效目标程度完成考核,于每年年末发放。

(3) 管理绩效。管理绩效以科室管理任务完成率为主,结合以提高执行力为目标的全流程信息化管控的职能管理绩效,即构成了对全院管理干部的管理绩效方案,于每年年末发放。

（4）科教绩效。以岗位科研、教学目标为基础的科教绩效覆盖全体人员，根据个人科研、教育业绩进行考核，按年度发放。

（5）核心人才专项绩效。对于医院引进的高层次核心人才，以其所在的关键岗位工作目标为考核内容，根据其完成程度加以考核，按年度发放。

2. ABC医院的月度绩效评价体系框架

在精细化和规范化管理基础上，ABC医院建立五维体系合一的综合月度绩效评价体系，如图6-1所示。

体系	医疗绩效	护理绩效	医技绩效	行政后勤绩效
工作量与工作效率考核体系	基于RBRVS的工作量绩效模块	基于非材料医疗收入及绩点值的工作绩效	有效收入变动成本体系	基于职务、职称及出勤情况的考核模式
学科发展绩效指标评价体系	手术级别细分体系 重点病种考核体系	专科护理项目绩点指标 高技术高难度项目绩点指标	运营效率专项指标考核模块	
成本管理考核指标评价体系	固定资产考核模块 人力成本考核模块 领用成本考核模块	可收费材料成本考核模块 人力成本考核模块 领用成本考核模块	维修维保考核模块 人力成本考核模块 领用成本考核模块	
战略发展指标评价体系	DRGs指标考核 日间病房奖励 诊间支付奖励 门诊收治住院奖励	自助入院奖励 自助结算奖励	日间病房效率考核指标	
精准质量控制考核体系	医疗质量考核 门诊服务考核 药耗占比考核 医保结算考核 护理质量考核 感染管理考核 医德医风考核			

图6-1 ABC医院月度绩效评价体系

（1）运用RBRVS理论建立基于工作量与工作效率体系，激励医院职工积极性，扩大医院工作量及业务规模，具体如下：

① 科学岗位评估，建立评价和绩效标准。ABC医院将工作岗位分为医师、护理、医技、后勤管理四大类别。按照工作岗位类别的不同，分别进行岗位分析，形成了500多个岗位的岗位说明书。ABC医院岗位类别细分，如表6-2所示。

表 6-2　ABC 医院岗位类别细分

类别	月度绩效考核标准	岗位数量（个）	标准条目数量（个）
医师	DRGs、RBRVS 相对权重系数、手术难度系数、单项工作量绩点值	109	1 834
护理	工作量绩点值	154	354
医技	有效收入与可控支出差异	51	185
后勤管理	单项工作量和目标管理相结合	154	—

② ABC 医院对所属部门（含等级）、岗位名称、岗位类别、岗位等级、岗位代码、直接主管职位、执行日期、工作职责、工作要求（工作标准的描述）、任职条件（学历、职称、工作经历、特殊技能）进行详细描述，制定真正能够体现医院职工工作强度、风险和技术含量的工作量绩点值，引入 DRGs、RBRVS 等标准，全员参与绩效标准的讨论与制定，具体如表 6-3 至表 6-7 所示。

表 6-3　内科医师 DRGs 权重系数考核标准

主要诊断名称	ICD-10 诊断编码	DRG 分组代码	DRG 分组名称	权重值
肺淀粉样变性	E85.416 + J99.8*	DRG092	间质性肺部疾病，有合并症或并发症	0.842 7
肺淀粉样变性	E85.416 + J99.8*	DRG093	间质性肺部疾病，无合并症或并发症	0.586 2
……	……			

表 6-4　外科医师手术难度系数考核标准

科室	icd9 编码	手术名称（v4.1）	HCPCS 编码	难度系数
肝胆外科	50.0011	肝囊肿切开引流术	47009	19.40
肝胆外科	50.2201	肝楔形切除活检术	47100	12.91
……	……			

表 6-5　医疗核算单元目录

科室编码	科室名称	科室类别	科室编码	科室名称	科室类别
1001	心脏内科病区	病区医疗	110101	心脏内科门诊	门诊医疗
110202	神经内科病区	病区医疗	110201	神经内科门诊	门诊医疗
……	……				

表 6-6 护理核算单元目录

科室编码	科室名称	科室类别	科室编码	科室名称	科室类别
2001	口腔科护理	病区护理	112202H	耳鼻喉科护理	病区护理
211002	门诊手术室	非病区护理	112302H	眼科护理	病区护理
……	……				

表 6-7 医技核算单元目录

科室编码	科室名称	科室类别	科室编码	科室名称	科室类别
210805	检验科	医技	210601	超声科	医技
210501	病理科	医技	210701	中心实验室	医技

③ 根据岗位及科室,以 RBRVS 理论为基础,构建单元工作量核算体系。

医师类包括全院所有医师,即临床科室医师、门诊医师、急诊医师、医技科室医师。医师岗位类奖金分为三部分:门诊奖金、手术奖金、病房(急诊室、医技科室)奖金。其中,门诊奖金分配至医师个人,手术奖金分配至主刀医生和助手,病房(医技科室)奖金分配到科室(急诊室奖金分配到医护),病房(急诊室、医技科室)奖金由科室进行二次分配。

医师类工作量绩效计算公式如下:

$$医师类工作量绩效 = \sum(工作量 \times 绩点值)$$

医师类绩点值根据资源消耗程度、劳动强度、技术难度等指标及 DRGs 入组难度系数评价进行赋值。医疗单元部分项目绩点值举例,如表 6-8 所示。

表 6-8 医疗单元部分项目绩点值举例

收费代码	收费名称	收费单价(元)	绩点值	收费类别	绩效类别
11080	中药直肠滴入治疗	3.60	0.36	治疗费	执行
129158	营养状况评定	70.00	7.00	检疗费	执行
……			……		

护理类工作量绩效计算公式如下:

$$护理类工作量绩效 = \sum 护理工作量 \times 绩点值 + 护理单元非材料医疗收入 \times 绩效费率$$

护理类绩点值根据护理人员劳动强度、工作难度、技术难度及专科差异情况等要素进行赋值。护理单元部分项目绩点值举例,如表 6-9 所示。

表6-9　护理单元部分项目绩点值举例

名称	价格(元)	绩点值	物价分类
遗传代谢病检测	180	2	(七)临床分子生物学检查
遗传性耳聋基因检测	170	2	(七)临床分子生物学检查
……		……	

医技类工作量绩效计算公式如下:

$$\text{医技类工作量绩效} = \sum(\text{基础工作量} \times \text{效点值}1 + \text{超额工作量} \times \text{效点值}2) + \text{有效收入} \times \text{绩效费率}$$

例如,B超室超额累进绩效比例,如表6-10所示。

表6-10　B超室超额累进绩效比例

收入(万元)	超额累进绩效比例	收入(万元)	超额累进绩效比例
300	0.04	400以上	0.12
300~400	0.08		

医师类、护理类、医技类绩效收入均与各岗位工作量挂钩,绩点值则基于RBRVS及DRGs理论予以设定。

(2) 运用KPI关键指标理论建立成本考核指标体系,针对不同考核单元就不同可控成本进行考核。ABC医院根据KPI关键指标理论,将科室成本控制中关键性及可操作性较高的可控成本分离出来单独考核,剔除固定成本,并根据不同考核单元行为模式,将可控成本指标分解给对应科室。例如,医师类绩效考核仪器类固定资产折旧费用、物资的领用、人力成本;护理类绩效考核可收费材料领用、人力成本、物资的领用;医技类绩效考核维修维保费用、人力成本、物资的领用、可收费材料领用。

(3) 运用平衡计分卡理论的质量考核体系满足医院质量控制需求及管理目标。"质量为重,质量为先"是ABC医院长期以来坚持的基本原则,为在绩效改革的基础上进一步完善和提高医疗质量,以平衡计分卡理论中财务、患者、内部经营过程、学习与成长四个维度为基础,ABC医院根据等级医院评审标准及医院运行过程中的实际问题出发,将"医疗安全、医疗效率、核心制度、病历质量、合理用药管理、重点管理指标、药品/耗材的管理"等多个医疗质量考核指标进行量化,采用百分制对各个科室进行打分,针对各科室因临床特点的不同而可能出现的科室考核项目有差异的情况,经院部讨论决定采用得分率来生成最终得分,即将科室最终得分和科室的绩效相乘,作为科室最终绩效奖励。

(4) 运用DRGs理论建立基于学科发展及各专业难度的学科发展绩效体系,涵盖医疗、护理、医技科室发展目标，从手术、重点病种、专科护理指标、高技术高难度指标、运营效率专项指标衡量科室发展。

DRGs 分组将病例诊断或操作作为主要依据，进一步考虑病例个体特征，如年龄、主要疾病、合并症与并发症及转归等因素，使用把病人分入不同诊断相关组的病例组合方式。以该理论为基础，绩效管理委员会下设经营管理办公室（以下简称经管办），协同 DRGs 办公室对 ABC 医院各专科评选省级临床重点专科的要求进行了梳理，筛选出各临床专科的省级临床专科重点病种目录，建立重点病种诊断、手术操作、检查库字典。

ABC 医院外科科室以此为基础构建手术细分体系，进一步提高四级手术中难度较大的手术绩效比例，降低低级手术绩效比例，立足学科发展目标，鼓励高难度手术开展。ABC 医院手术等级细分调整结果，如表 6-11 所示。

表 6-11 ABC 医院手术等级细分调整结果

调整前比例	调整后比例	原绩效额	调整后绩效额	等级	差异
0.10	0.10	4 055 683.50	4 204 694.50	加收等	103.67%
0.18	0.15	877 623.82	741 152.03	一级手术	84.45%
0.22	0.17	4 012 005.04	3 758 220.98	二级手术	93.67%
0.24	0.20	8 368 765.57	7 815 946.92	三级手术	93.39%
0.26	0.24	5 679 976.38	5 885 314.91	四级 1	103.62%
	0.26	3 872 946.38	3 962 267.40	四级 2	102.31%
	0.30	1 932 726.30	2 236 648.50	四级 3	115.73%
	0.34	136 636.50	175 288.70	四级 4	128.29%
总计		28 936 363.48	28 779 533.94		99.46%

ABC 医院内科科室以此为基础建立内科科室重点病种考核体系，结合重点病种出院病人诊断、操作符合数量及转归情况等指标，分指标给予绩效激励。

（5）运用 KPI 关键指标理论立足医院战略发展目标，设计符合医院当前发展战略的考核体系。

随着国家对医疗卫生单位运营管理要求的不断加强，公立医院智慧化、信息化发展不断加快，精细化管理不断加深，医院在各阶段都应制定当前时期的重要发展战略。以 ABC 医院为例，ABC 医院先后以深化自助服务体系建设，推进日间病房发展、DRGs 建设为各阶段的战略发展目标，运用 KPI 关键指标对组织战略进行原理分解，经管办将 ABC 医院各发展阶段的组织战略目标分解为绩效评价指标，分别就自助服务结算奖励、日间病房手术例数、DRGs 组数等指标进行考核评价，立足医院战略发展目标，引导医院职工工作及行为。

3. 建立岗位细分和职业生涯管理体系

ABC 医院将每个职工作为医院构成的最小单元,实行微单元管理考核,如临床医疗组、单机检查团队等,考核主体不再是科室。该体系明确微单元工作任务、考核指标、考核标准,并且明确微单元为绩效考核和分配的基本单元。该体系管理评价具体分为以下五层:

(1) 全岗位工作目标。实施岗位实行长期目标、短期目标结合的绩效管理模式,建立与个人考核相衔接的目标设定、考核、反馈和改进体系。

(2) 数据评价个人。在个人年度考核和职称评审、聘任中使用日常绩效管理的数据,将质量个人积分纳入年度考核,将完成高端手术的质量和数量纳入职称评审参考。

(3) 护士能级管理体系。在目前人员编制和编外管理混用的状态下,在个人绩效评价借鉴英国能级管理的基础上,建立以能力和贡献为基础,包括能级科学评价、能级动态调整,按照能级兑现待遇的人员分类能级管理模式。

(4) 岗位分类管理。全院工作岗位分为医师、护理、医技、后勤管理四类,结合自身特点形成科室岗位分类的标准,按照科室内部岗位的分级管理,全院形成若干个岗位说明书,以此制定了岗位绩效考核标准与评价指标体系。

(5) 建立个人专业技术档案。基于工作量(任务)为基础的绩效管理体系,坚持行为评价、过程评价和结果评价相结合,将个人在医疗过程和结果等方面取得的业绩记录到技术档案中。

4. 运用 PDCA 循环改进理论构建绩效评价体系的完善升级体系

ABC 医院利用 PDCA 循环改进理论建立绩效完善升级体系,包括绩效改进 PDCA 循环及绩效升级 PDCA 循环:

(1) 绩效改进 PDCA 循环为月度循环,每月经管办及各职能科室搜集临床科室反馈的绩效改进意见,提交绩效考核小组会议讨论,绩效考核小组会议就存在的问题提出改进意见,会后经管办根据会议内容就改进意见进行调整,调整后测算月度绩效,将月度绩效提交奖金考评会汇报,奖金考评会就调整后的情况进行核验,核验无误后发放绩效,无法解决的问题继续交由绩效考核小组会议讨论循环改进。绩效改进 PDCA 循环内容无须调整绩效总体方案,在遵循现有的绩效方案的基础上,对个别绩点值或者项目进行调整。绩效改进 PDCA 循环周期较短,改进对象范围较小,见效较快。

(2) 绩效升级 PDCA 循环为长周期循环,无法通过绩效改进 PDCA 循环改进的问题,经过汇总后提交绩效管理委员会,绩效管理委员会结合医院发展及战略目标,拟定绩效升级总体方针,经管办从绩效体系整体升级的角度拟定具体方案,对绩效评价体系总体进行调整,调整内容涉及方面较广、数据较为复杂,需要反复考虑及测算。拟定的绩效升级方案提交绩效管理委员会,绩效管理委员会从管理、资金、战略等多个角度对绩效升级方案进行评议,评议通过后,即实行整体升级的绩效方案。绩效升级 PDCA 循环涉及面广,资金体量大,周期较长,成效见效较长。

5. 强化职能部门考核,提升医院整体管理水平

ABC 医院职能部门绩效考核采取月度绩效与年度绩效相结合的方式。其中,工作事项限时办结情况、部门月度任务完成情况、部门内部学习、机关作风关键指标等考核指标构成职能部门月度绩效内容;创新性工作、部门确定年度任务完成情况、主动服务任务完成情况、职能部门服务评价、工作效率等考核指标构成年度绩效考核内容。职能部门年度绩效考核指标,如表 6-12 所示。

表 6-12 职能部门年度绩效考核指标

序号	绩效考核分类	考核的标准	比例	考核的办法	考核的范围	考核结果使用
1	创新性工作	每个部门开展创新性工作 2 项	10%	年度考核小组集中考核	团队考核	部门工作人员年度绩效 = 应发数额 × 考核分数
2	部门确定年度任务完成情况	每个部门 10 项工作任务,根据党政工作要点和部门职责确定,任务完成率达 95%	60%	日常数据和年度考核小组集中考核		
3	主动服务任务完成情况	主动到临床解决实际问题 5 项	10%	日常数据记录		
4	职能部门服务评价	服务满意度达 85%	10%	问卷调查		
5	工作效率	限时完成项目完成率达 95%	10%	日常数据记录		

(三) 参与部门和人员

1. 主导部门

绩效管理委员会是医院绩效管理最高决策机构,在院长的领导下开展工作,坚持公开、公平、公正原则,坚持民主集中制和规范化管理原则,进一步加强绩效管理的实效工作,充分发挥绩效管理的激励作用,促进医院持续健康发展。

绩效管理委员会由院长、副院长、质控办、医务处、护理部、财务科、人事科、信息科、院长办公室、医保办、感染管理科、门诊办、医保办、预保科、总务科、器械科、科教科、纪检监察室等部门负责人组成,并承担以下职责:

(1) 负责医院绩效管理制度及相关实施细则的审定工作。

(2) 负责讨论、审议绩效工资考核及分配方案。

(3) 负责召集绩效管理委员会成员召开会议。

(4) 负责审议绩效考核指标设置及分解。

(5) 负责审议绩效考核指标调整及修改。

(6) 负责考核各科室绩效问题申诉的最终裁定工作。

2. 牵头部门

经管办作为绩效管理工作牵头部门,主要负责以下内容:

(1) 负责医院绩效工资核算制度及相关实施细则的拟定及修订工作。

(2) 对科室绩效核算工作进行培训与指导,并为各科室提供相关咨询服务。

(3) 对绩效工资进行核算。

(4) 根据核算结果与科室解释沟通。

(5) 协调、处理绩效工资核算申诉的具体工作。

(6) 开展科室经济运营结果分析与评价。

3. 配合部门

1) 质控办职责

(1) 负责制定年度医疗指标、工作量计划,将各指标向各科室分解,与各科室沟通达成共识。

(2) 负责本岗位涉及的绩效考核工作,包括医疗质量指标(病历分型等)、工作量计划指标月度检查考核、医疗事故与纠纷统计、床位使用率、平均住院日、药占比的控制考核。

(3) 科室新技术、新项目、特色项目的审批。

(4) 负责汇总本岗位涉及的绩效考核结果,并于每月奖金考评会前提交至绩效考核小组。

2) 护理部职责

(1) 负责制定年度护理指标、工作量计划,将各指标向各科室分解,与各科室沟通达成共识。

(2) 负责本岗位涉及的绩效考核工作,包括护理质量、护理指标、工作量计划指标月度检查考核、护理事故与纠纷统计。

(3) 护理绩点值的确定及修订。

(4) 负责汇总本岗位涉及的绩效考核结果,并于每月奖金考评会前提交至绩效考核小组。

3) 财务科职责

(1) 负责制定年度财务预算、经营计划指标,将各指标向各科室分解,与各科室沟通达成共识。

(2) 负责本岗位涉及的绩效考核工作,包括成本控制、各科经营指标月度检查考核。

(3) 负责汇总本岗位绩效涉及的考核结果,并于每月奖金考评会前提交至绩效考核小组。

4) 纪检监察室职责

(1) 负责制定行风建设管理与控制指标,将各指标向各科室分解,与各科室沟通达成共识。

(2) 负责本岗位涉及的绩效考核工作,包括满意度、医德医风、精神文明、患者投诉考核与控制。

(3) 负责汇总本岗位涉及的绩效考核结果,并于每月奖金考评会前提交至绩效考核小组。

5) 科教科职责

(1) 负责制定年度科研指标,将各指标向各科室分解,与各科室沟通达成共识。

(2) 负责本岗位涉及的绩效考核工作,即检查考核。

(3) 负责汇总本岗位绩效涉及的考核结果,并于每月奖金考评会前提交至绩效考核小组。

6) 门诊办职责

(1) 负责制定年度指标,将各指标向各科室分解,与各科室沟通达成共识。

(2) 负责本岗位涉及的绩效考核工作,即月度检查考核。

(3) 负责汇总本岗位绩效涉及的考核结果,并于每月奖金考评会前提交至绩效考核小组。

7) 医保办职责

(1) 负责制订年度医保计划指标,将各指标向各科室分解,与各科室沟通达成共识。

(2) 负责本岗位涉及的绩效考核工作,即检查考核。

(3) 负责汇总本岗位绩效涉及的考核结果,并于每月奖金考评会前提交至绩效考核小组。

(四) 应用相关管理会计工具方法

1. 制度条件

设立绩效考核委员会,制定绩效总体方案及总体目标,所有绩效方案的调整及升级均需要绩效考核委员会通过。

成立绩效考核小组,每月针对绩效改进目标及科室反馈意见进行讨论、分析、反馈。

奖金考评会，每月一次，针对上月绩效发放及质量考核情况进行汇报，逐步构建完善的绩效评价工作制度。

2. 信息化条件

绩效核算需要一套成熟的绩效管理软件来打通信息孤岛，从医院信息系统(His)[①]、病案首页、DRGs等信息系统中读取、汇总数据。

绩效管理软件需要灵活可落地，即可以同时计算多种方案下的绩效结果，方便绩效方案在调整或者升级时能够同时对比，多套方案并行。

3. 资源条件

随着医药卫生体制改革的深入，新的绩效理念、绩效管理模式出现，医院需要经常与国内领先医院交流学习绩效理念与绩效经验，不断地对新知识、新理念进行学习，与时俱进，不断完善自身绩效体系，保持绩效体系的先进性。

4. 技术条件

医院需要专业的核算会计人员及管理会计人员具备以下几个方面的技能：

(1) 具有会计知识，懂得如何处理账务。

(2) 具有数据处理能力，能运用 Excel 等软件对大量数据进行分析、处理、计算。

(3) 具有站在医院战略发展目标高度的管理思维能力，能够制定符合医院实情的绩效管理体系。

(4) 具有较好的数据文字化、图表化能力，能够将绩效结果清晰、明了、简洁地进行展示。

(5) 具有较好的沟通能力及抗压能力，能够为各科室提供相关咨询服务。

(五) 具体应用模式和应用流程

1. 确定组织架构

ABC医院成立绩效管理委员会，下设经管办作为牵头部门，质控办、医务处等职能科室配合工作。

2. 确定绩效评价体系构成

绩效管理委员会设立初期绩效的总体目标，具体如下：

(1) 激发职工积极性，提高医院业务总量。

(2) 引导职工控制可控成本。

(3) 增加职能科室质量控制维度。经管办根据总体目标设计绩效评价体系，将ABC

[①] 医院信息系统，简称为 His，是包括挂号、收费、药房药库等和费用相关的系统。

医院绩效分为医疗绩效、护理绩效、医技绩效、行政后勤绩效四大类,根据岗位工作编制岗位说明书,重要岗位每年设置目标管理考核。

3. 构建绩效评价体系

1) 设计基于RBRVS的岗位工作量绩效评价体系

(1) 医师科室。根据医疗岗位将绩效分为判读绩效、执行绩效、手术绩效;根据资源消耗程度、劳动强度、技术难度等指标设置绩效比例。

(2) 护理科室。根据护理岗位设置护理绩点项目;根据护理人员劳动强度、工作难度、技术难度等指标设置护理项目绩点值。

(3) 医技科室。医技科室采用变动成本收益率对绩效进行评价,根据不同医技科室劳动强度及资源消耗程度设置医技科室变动成本收益比例。

2) 构建可控成本考核指标体系

对临床科室成本进行细分,区分可控成本与固定成本,就维修、维保、人力成本、领用成本、材料成本、固定资产成本等可控成本设置对应的考核比例,对临床科室进行考核。

3) 设计基于平衡计分卡理念的质量考核体系

经院部讨论决定,将门诊管理、纪委管理、医保管理、院感等纳入质量考核体系中,每月奖金考评会就当月发生的管理问题进行汇报,质量考核分数根据各科室管理职能权重进行分配,最终结果直接与月度绩效结果挂钩。

4. 联通信息孤岛、构建绩效信息平台

经管办在初步确定绩效评价方案后,整理需要取数的信息,与信息科及各数据系统进行对接,打通信息孤岛,每月读取、推送绩效数据。

5. 初步方案提交绩效管理委员会

经管办测算修改绩效评价方案数据后,就绩效总量增量、科室绩效差异、质量管理初步成效提交绩效管理委员会审核,绩效管理委员会根据数据提出改进、完善的方案,经管办根据绩效管理委员会的修改意见对绩效评价方案进行修正。

6. 提交职工代表大会

经管办在职工代表大会上就绩效升级方案进行讲解与答疑,广泛征求职工意见,最终予以通过。

7. 绩效评价方案正式运行

绩效评价方案通过后,经管办就每月测算的绩效总量及各科室情况进行汇报,职能科室就每月质量考核情况进行汇报,会议通过后发放绩效,由经管办进行数据分析并形成报告,提交绩效考核小组会议,主要就科室绩效差异、院区间绩效差异、临床科室反馈意见进行汇总,就发现问题交由各职能部门和经管办进行跟踪、反馈、处理。一般每月以发放绩效→绩效考核小组会议→奖金考评会→发放绩效这一顺序进行循环,运用 PDCA 循环改进理念对绩效评价体系进行不断完善、改进。

8. 绩效评价体系升级

经过一段时间的运营,绩效评价体系基本完成最初整体设计的目标后,绩效管理委员会提出新发展目标:一是绩效与学科发展挂钩;二是绩效与医院发展战略挂钩。经管办根据提出的目标对绩效评价体系进行评价维度的升级。

1) 立足于学科发展的评价指标体系

(1) 联合医务处,建立专科重点病种诊断、操作、医嘱目录库。

(2) 根据手术等级及目录对 ABC 医院手术等级进行进一步细分,构建手术分级及学科发展的手术等级细分考核体系。

(3) 根据工作量及该目录对专科重点病种进行梳理,构建基于工作量及学科发展的重点病种考核体系。

2) 建立基于战略发展的评价指标体系

根据 ABC 医院院部战略发展目标,设计符合医院当前发展战略的评价指标,通过对战略指标的考核与引导,激励职工工作及行为,并随着战略发展目标的调整及时变更评价指标。

9. 绩效管理委员会审批

测算升级后的绩效评价方案总量差异及各考核单元差异情况,与绩效升级前数据进行对比、汇总,提交绩效管理委员会审批,绩效管理委员会对数据进行讨论并提出意见,经管办根据意见对绩效评价方案升级内容进行修正,修正后再次提交绩效管理委员会审批。

10. 升级后运行并使用 PDCA 循环改进理念持续改进

绩效评价方案升级后,利用 PDCA 循环改进理念与绩效考核小组会议、奖金考评会就升级后的绩效评价方案进行持续的改进。

(六) 实施过程中遇到的主要问题和解决方法

作为医院管理中的一个核心环节,新绩效评价体系的推行需要一系列基础性工作予以支撑。

1. 需要医院领导的重视和指导及各科室的支持

一项新的绩效评价方案的有效实施,必须在医院内部得到广泛的认同。首先,医院领导班子要达成统一共识,起"领头羊"的示范作用;其次,中层管理人员要积极制定各项工作方案和实施细则;最后,基层员工要配合各项工作的开展,这样自上而下的改革才能得到顺利的推行。只有各级管理人员的意识得到转变和提升,对绩效评价体系改进措施给予大力支持,成为绩效改革忠实的推动者和拥护者,才能使绩效改革有一个良好的开端。此外,医院业务科室的支持,是绩效考核改进项目顺利启动和完成的重要力量,只有他们的大力支持,才能使绩效改革顺利推行,并将绩效改革的风险和阻力降至最小。

2. 需要专业的核算部门及核算人员

绩效的核算及管理是一项较为复杂的会计工作,不但需要专门的核算会计人员,而且需要专门的管理会计人员。ABC医院在绩效改革前期就在财务科下设经营管理办公室,配置专业的会计核算及管理人员;由财务科副科长负责制定绩效管理制度及绩效方案,专人专管;同时不断对科室人员进行业务培训,并与国内优秀医院交流学习绩效管理模式及管理经验,为绩效管理核算工作打下良好的基础。

3. 加大医护人员对绩效评价体系的了解,实现双向沟通

医院应该组织员工,特别是医护人员,学习绩效管理方面的内容,使员工了解医院绩效管理的内容及其重要性,鼓励员工积极参与绩效评价体系的建设,将绩效考核管理过程中存在的问题及时向经管办进行反馈。在员工理解绩效考核如何操作的基础上,减少与行政后勤部门的矛盾,实现双向沟通,创造更好的绩效评价体系。沟通在一定程度上决定着医院的绩效管理是否成功、有效。ABC医院经管办通过配置一名对临床业务及绩效数据均有所了解的经管专员,深入临床一线,通过每月一次的院长行政查房及绩效考核小组会议,收集临床意见及反馈,提交绩效考核小组会议讨论,这一方面打通了经管办与临床科室的沟通渠道,另一方面建立了绩效反馈调整机制,实现了双向沟通。

4. 完善信息化建设和数据采集

信息化建设无疑是绩效考核改革的重要辅助力量,医院各维度数据可能来自不同的信息软件库,存在数据取数不集中、数据来源不统一的问题。同时,RBRVS及DRGs数据取数需要His中收费项目及病案首页的数据质量达到一定水平,否则会对绩效数据的真实性、准确性造成影响。ABC医院绩效软件上线前,经管办协同信息科先对医院信息系统收费项目库进行了数据清理,清除已经停用的收费项目,合并收费编码一致但重复的收费项目,修正收费类别不准确的项目信息,同时协同DRGs办公室及病案室,制定医院病案首页规范及核对流程,保证病案首页数据的准确性及规范性。

四、本章小结

（一）管理会计工具应用的前后对比

绩效评价方案试运行后,ABC医院整体运行效率明显提升,医疗质量和成本控制效

果明显。具体如下：

(1) 门急诊量、出院量、手术台次屡创新高。

(2) 医疗质量提升，抗菌药物使用率和使用强度逐年下降。

(3) 工作效率明显提升，患者平均住院天数明显下降。

(4) 技术导向突出，医院逐步转型。

(5) 可控成本逐年降低。

(6) 战略管理有抓手。

(7) 医院管理精细化，运行效率逐步提升。

(8) 质量与绩效无缝衔接，质量管理水平提升。

(9) 信息系统提升。

(10) 绩效体系管理文化逐渐成熟。

(11) 综合实力得到提升。

(二) 对 ABC 医院管理情况的评价

1. 院级管理

由于 ABC 医院建立了绩效评价体系的组织架构及运用 PDCA 循环改进理念的绩效改进和升级体系，每月绩效考核小组及奖金考评会均能对当前阶段绩效发生数据及临床科室反馈问题进行梳理，通过对战略发展指标及质量考核指标进行分析，院级管理者能够从整体与细节两个角度对院内管理进行评价及决策，由于职能部门均参与到战略发展指标及质量考核指标的制定中，各项政策和引导方式能够直接落实，加强了院级—职能部门—临床的联系，也加强了院级管理层及职能管理层对战略发展指标与质量考核管理方向的把握。

2. 科室管理

由于绩效评价体系将分配方案下放至临床科室管理者，科室管理者制定的二次分配方案直接影响科室职工的工作积极性，在考虑科室业务量的同时管理者还需要兼顾科室的质量控制及学科发展。因此，该绩效评价体系对科室管理者的管理水平提出了较高的要求。不同科室间工作积极性直接反映了二次分配方案的合理性，质量考核各项指标及科室科研能力也反映了科室管理者对学科建设的理解及科研、教学等方向的把控。因此，各科室通过绩效工具管理科室的水平也可以通过科室绩效水平反映。

(三) 对支持医院制定和落实战略的评价

基于岗位工作量考核和精准质量控制的月度绩效管理体系，将已经成熟的、已经落实的战略发展指标纳入以考核为主的科室年度绩效管理体系；将现阶段需要实施的战略发展指标纳入以激励为主的战略发展评价体系；将科研目标任务纳入基础的科研专项绩效管理体系;将科室管理任务完成率考核纳入管理专项绩效,以提高执行力为目标的职能科室管理绩效体系。通过建立运用 PDCA 循环改进理念的绩效升级体系对整体绩效体系进行定期评价,若整体战略发生改变,可以从绩效评价维度上对绩效评价体系进行升级,为医院发展战略的落实提供抓手。

(四)对提升医院管理决策有用性的评价

绩效评价体系对医院运营管理有着"指挥棒"的作用。医院为了精益化管理需要做到成本管控、质量管控、固定资产管理、大型器械采购管理;医院可以通过病种成本管理、药耗比管理、固定资产折旧考核、大型设备维保费考核等各项考核指标对临床各单元的绩效进行考核。经过几年绩效评价体系的运行,各科室对自身成本、业务量、人力资源、质量等指标从原本的不关注到现在的有计划、有思路、有方案、有考核,绩效评价考核不但大大提升了各科室的工作量,激发了工作人员的积极性,而且对质量控制起了很大的作用。

(五)对提高医院绩效管理水平的评价

绩效评价体系运营后,医院职工工作积极性大幅度提高,医院逐步提高对绩效考核的重视,医院绩效评价体系不断升级,绩效管理水平不断提升,绩效考核的精细程度也逐步加强,从一开始的工作量与质量考核双核模式,加入对岗位的考核与对病种收入结构的考核,加入成本管理考核指标、岗位绩效考核指标、床护比指标、病种管理指标。

(六)经验总结

1. 应用的基本条件

医院建立 RBRVS 评估系统,根据医疗收费标准表中各项医疗处置项目设定奖金核算比率,具体应遵循如下原则:

(1)必须为医师亲自操作的项目,完全排除药品材料。

(2)技术、责任、风险要求越高,其分配比率越高。

(3)以监督、指导辅助为主的项目,其分配比率相对较低。

(4)花费时间越多,其分配比率越高;反之则分配比率越低。

(5)使用设备越贵,人员越多,其分配比率越低;反之则分配比率越高。

2. 应用的关键因素

(1)院领导对绩效管理的重视。

(2)绩效考核的各项指标设置科学、合理。

(3)绩效考核策略循序渐进。

(4)职能部门沟通、调配有序。

(5)科室管理者具有一定的管理水平,设置合理的二次分配方案。

3. 改进应用的效果

绩效评价体系应用后,随着医院战略需求不断循环改进,医院管理者在运用绩效评价体系后,需要不断结合自身发展阶段及主要运营方向设定当前阶段的绩效考核指标,在一个阶段绩效考评指标对医院职工的考核发挥作用后,可以更换指标或者更换考核系数,以达到下一阶段的管理要求。

4. 发展和完善的建议

(1) 建立统一的标准化点值考核体系。目前,RBRVS 及 DRGs 的标准化绩点值体系设计是难点,我国尚未建立能够反映医务人员劳务价值的标准化绩点值标准体系。随着医疗收费价格改革的不断深入,价格改革正趋于反映医务人员的劳务技术价值,但目前尚无反映医务人员劳务价值绩点值的工作研究。

(2) 进一步将绩效管理与医院全面管理有机融合,尤其是要与个人成长发展相联系,个人考核结果与年度考核、职称评审、年终评奖、人才评价和选拔密切结合。

(3) 医院绩效管理(包括财务管理)与医疗业务多层次、多角度的深度融合是今后发展的方向。

5. 推广应用相关管理会计工具方法的建议

绩效管理是一个动态、持续的过程,不能孤立地进行,应将绩效考核放在绩效评价系统中进行全盘考虑,重视考核前期、后期的相关工作。完善的绩效评价体系包括符合实际的绩效管理计划、指标,绩效过程的适时监控,绩效考核结果的反馈等环节。这些环节的综合运用,使绩效管理的整个过程构成闭环,其中绩效计划和辅导属于前馈控制;不断对出现的问题进行及时改进,这属于过程或事中控制;绩效改进属于事后控制。通过这三个阶段的整合运用,绩效实施推广才是可靠、可控的。

■ 思考题

1. RBRVS 绩效考核方案如何与 DRGs 理论结合?
2. RBRVS 绩效考核方案如何与医院组织流程再造结合?
3. RBRVS 绩效考核方案应用如何与医院运行绩效提升结合?

【理论依据】

1. RBRVS

以资源为基础的相对价值体系(resource-based relative value scale,RBRVS),主要是通过比较医师服务中投入的各类资源要素、成本的高低来计算每次服务的相对值,并结合服务量和服务费用总预算计算出每项诊疗服务项目的医师劳务费。20世纪80年代，RBRVS在美国国会的支持下，哈佛大学以萧庆伦为首的专家携手相关临床技术专家、统计专家在美国开展了全国性的以资源投入为基础的相对价值研究。

该体系最大的特点就是可以细化医师绩效奖金的来源，落实到每一个诊疗项目上，充分考虑每个诊疗项目的技术难度和风险系数。由于奖金来源直接归属于医师的贡献力度，细化资金来源更能提升医师的积极性，并且在建立了统一的价值体系后，使得各个临床科室之间更具有可比性。

2. DRGs

疾病诊断相关分类（diagnosis related groups，DRGs），将病例诊断或操作作为主要依据，进一步考虑病例的个体特征，如年龄、主要疾病、合并症与并发症及转归等因素，把病人分入不同诊断相关组的病例组合方式。DRGs是当今世界公认的比较先进的诊断分类方式之一。

DRGs是根据国际疾病分类（ICD）以病例诊断或操作为主要依据，考虑病例特征进行分类分组的组合方式。DRGs最初应用于医疗保险的支付，经不断地发展进一步运用于医院绩效管理。DRGs有六个核心评价指标，分别是：DRGs组数、DRGs总权重、病例组合指数、费用效率指数、时间效率指数、低风险组死亡率，按照定义这六个评价指标分别归入医疗服务产出、医疗服务效率和医疗服务质量（安全性）三个评价维度。

出院病例总权重通过DRG风险调整后的产出量反映医院的服务量，说明医院的服务能力。计算公式如下：

$$出院病例总权重 = \sum(医院各DRG权重 \times 该DRG的病例数)$$
$$= 医院DRG权重 \times 医院DRG的病例数$$

病例组合指数反映医院收治病例的技术难度。计算公式如下：

$$病例组合指数(CMI) = \frac{\sum(某DRG权重 \times 该DRG的病例数)}{全体病例数}$$

3. 平衡计分卡

平衡计分卡是一种综合性的战略绩效评价系统，以战略管理理论和核心竞争力理论为基础，把医院的使命和战略转化为有形的目标和衡量指标，主要从财务、患者、内部经营过程、学习与成长四个方面综合评价业绩，并用因果关系将四个方面的业绩指标联系起来，通过建立短期的财务评价手段和非财务评价手段来逐年审议战略计划的实施情况。

平衡计分卡的核心思想就是通过财务、患者、内部经营过程、学习与成长四个方面之间相互驱动的因果关系展现组织的战略轨迹,实现业绩评价及促进战略实施的目标。这种方法在保留了传统的财务指标的同时,清楚地表明了卓越而长期的价值和竞争业绩的驱动因素。

4. PDCA 循环改进

计划、执行、检查和行动(plan-do-check-act,PDCA)循环是品质管理循环,针对品质工作按规划、执行、检查与行动来进行活动,以确保可靠度目标的达成,进而促使品质持续改善。

医院绩效管理 PDCA 循环改进是指医院在追求外部效应和内部管理、质量与数量、伦理政治因素与经济因素相统一的基础上,医院全体职工积极参与规划和分解医院战略目标,制订医院绩效管理计划、辅导绩效管理计划的实施过程、对医院内部各业务单元进行业绩考核及对相关部门进行考核结果反馈,并将绩效考核和反馈结果应用于医院日常管理活动,以激励职工工作业绩的持续改进,实现医院战略目标的一整套管理循环。

在医院明确战略目标的前提下,医院绩效管理通过 PDCA 循环改进对医院目标进行层层分解,将医院的中长期战略目标分解到部门和个人,在全院范围内树立医院中长期发展的战略观念,使医院每一位员工成为医院战略目标实施过程中必不可少的部分。医院绩效管理 PDCA 循环改进,是个人绩效与组织绩效的有机结合,以提高个人和组织绩效、最终实现个人和组织的共同发展为目的,把人视为一种合作伙伴关系,在观念上摒弃把人视作组织实现其战略目标的工具和手段。

5. KPI 关键指标

关键指标(KPI)是指组织战略目标通过层层分解产生可操作性的战术目标,是衡量组织战略实施效果的关键指标。一般可以从三个方面来理解 KPI 的含义:一是 KPI 是用于考核和管理被考核者绩效的可量化的或可行为化的标准体系;二是 KPI 体现对组织战略目标有增值作用的绩效指标;三是通过 KPI 考核,员工与管理人员就可以进行工作期望、工作表现和未来发展等方面的沟通。

KPI 具有如下特点:①可分解性,KPI 来自对组织战略的分解;②可操作性,KPI 是对绩效中可控制部分的衡量;③关键性,KPI 是对重点经营活动的衡量,而不是对所有操作过程的反应;④系统性,KPI 考核是一个完整的系统;⑤KPI 是组织上下认同的。

■ 参考文献

[1] 林子华.美国医疗服务市场机制失灵和价格改革[J].国外医学(卫生经济分册),1989(04):12-16.
[2] 钱海波,胡善联.RBRVS 研究评价[J].中国卫生经济,1993(09):61-64.

[3] 吴剑,叶金松,高峰,等.RBRVS 评估系统在医师绩效管理中的实践和体会[J].中国医院,2013,17(02):49-51.

[4] 李磊,夏景林,罗力.RBRVS 在公立医院薪酬分配改革中的应用分析[J].中国医院管理,2014,34(11):42-45.

[5] Hsiao W C, Braun P, Yntema D, Becker E R. Estimating physicians' work for a resource-based relative-value scale.[J]. The New England journal of medicine, 1988, 319(13):835-841.

[6] Melzer Sanford M, Richards Gail E, Covington Maxine L. Reimbursement and costs of pediatric ambulatory diabetes care by using the resource-based relative value scale: is multidisciplinary care financially viable?[J]. Pediatric diabetes, 2004, 5(03):133-142.

[7] Jan Bergman Martin. Resource-Based Relative Value Scale (RBRVS): a useful tool for practice analysis.[J]. Journal of clinical rheumatology: practical reports on rheumatic & musculoskeletal diseases, 2003, 9(05):325-327.

[8] Doran Tim, Fullwood Catherine, Gravelle Hugh, Reeves David, Kontopantelis Evangelos, Hiroeh Urara, Roland Martin. Pay-for-performance programs in family practices in the United Kingdom.[J]. The New England journal of medicine, 2006, 355(04):375-384.

[9] Daniel Dunn, William C. Hsiao, Thomas R. Ketcham, Peter Braun. A method for estimating the preservice and postservice work of physicians' services[J]. The Journal of the American Medical Association, 1988, 260(16):2371-2378.

[10] 黄山,谭剑,夏聪,等.广州市某三甲医院绩效改革的应用与评价[J].中国卫生事业管理,2017,34(03):177-179,188.

[11] 李梦滢,王克霞,沈际勇.公立医院导入 PF 医师费制度面临的挑战和对策[J].中国医院,2017,21(06):10-12.

[12] 李舒丹,陈阳.医院 RBRVS 绩效分配模式述评及比较分析[J].中国卫生经济,2016,35(3):82-85.

[13] 汪兆平.千佛山医院:拿来主义的绩效创新[J].中国医院院长,2013(19):60-63.

[14] 朱永生,闻浩,张棣.以工作量为基础的绩效管理与奖金分配的实践与思考[J].江苏卫生事业管理,2012,23(04):5-7.

[15] 王志刚,牛巍,蔡静,等.RBRVS 用于绩效评价的本土化研究与应用[J].中国医院,2015,19(12):4-6.

第七章　基于动态能力的价值链成本管理框架设计

一、背景描述

（一）行业背景

生物医药产业作为全球范围内的新兴产业正在成为当今世界最活跃的战略性产业之一，生物医药产业的发展程度，标志着一个国家现代生物技术的发展水平，各国政府都非常重视生物医药发展，大力扶持创新型生物技术企业，把生物医药作为新的经济增长点来培育。近年来，国家重点支持生物医药产业的发展，陆续出台了《促进生物产业加快发展的若干政策》（国办发〔2009〕45号）、《关于加快培育和发展战略性新兴产业的决定》（国发〔2010〕32号）等重要文件，为生物医药行业的发展提供了重要指导和大力支持。2022年1月，工业和信息化部、国家发展和改革委员会等九部门发布《"十四五"医药工业发展规划》，要求以推动高质量发展为主题，以深化供给侧结构性改革为主线，统筹发展和安全，全面提高医药产业链现代化水平，实现供应链稳定可控，加快创新驱动发展转型，培育新发展、新动能，推动产业高端化、智能化和绿色化，构筑国际竞争新优势，健全医药供应保障体系，更好满足人民群众多元化、多层次的健康需求。

近年来，随着"健康中国建设"全面推进，人口增长、老龄化进程加快，医保体系不断健全，居民支付能力增强，人民群众日益提升的健康需求逐步得到释放，持续促进了人民群众对医药产品的消费，我国生物医药行业已进入快速发展阶段。虽然我国生物医药行业正处于重要战略机遇期，但还面临前沿领域原始创新能力不足、产学研医协同创新体制机制不够完善、出口结构升级慢、高附加值产品国际竞争优势不强等问题，因此，创新产品开发是未来我国生物医药行业的发展主线。行业领先企业将立足本土资源和优势，面向全球市场，紧盯新靶点、新机制药物开展研发布局，积极引领创新，带领我国生物医药行业从医保扩容的"提量"转变为以一致性评价和创新药上市为主线的"提质"过程。《"十四五"医药工业发展规划》提出,到2035年,我国医药工业实力将实现整体跃升,创新驱动发展格局全面形成,产业结构升级,产品种类更多、质量更优,实现更高水平满足人民群众健康需求,为全面建成健康中国提供坚实保障。

(二)案例公司基本情况

QH股份有限公司(以下简称QH公司)成立于21世纪初,在深圳证券交易所上市,投资控股六家子公司。QH公司是一家集研发、生产、销售于一体的高新技术生物制药企业,拥有完整的研发、原材料采购、产品生产和销售体系;主营业务为药品生产许可证范围内的药品、小容量注射剂、诊断检测试剂的生产和销售,农副产品收购,自有设施租赁,自营和代理各类商品、技术的进出口业务。

QH公司是国内生物医药行业生化制药细分领域的龙头企业,以创新药物引领公司核心竞争力,多年来深耕国内制剂市场和高附加值品种出口,深耕于国内生物医药行业多糖与蛋白酶类药物细分领域,坚持"专、精、特"的发展道路,积极打造成为国内有竞争力的大型生物医药企业。QH公司生产的胰激肽原酶、复方消化酶、弹性蛋白酶、门冬酰胺酶、肝素钠等原料药和制剂系列产品均为原研药或国内首仿药的特色产品,其中酶制剂产品的国家标准均依QH公司内控标准制订或修订,QH公司还参与了肝素钠国际标准的修订。作为目前国内为数不多的涵盖肝素全产业链的药品生产企业,QH公司加强对低分子肝素制剂、肝素钠封管注射液等新品种市场的多渠道推广开发,市场份额显著提升,已成为QH公司新的重要增长高点。QH公司大力推进科技创新,从海外引进高层次人才,成立合资研究院,并在国外成立离岸药物研发中心。

(三)案例公司的组织结构和成本管理体系

QH公司按照《中华人民共和国公司法》《中华人民共和国证券法》《上市公司治理准则》等相关法律法规的要求,不断完善公司法人治理结构,建立健全内部管理和控制制度。QH公司董事会设立了审计委员会、提名委员会、薪酬与考核委员会、战略委员会四个专业委员会,为董事会的决策提供专业的意见和参考。QH公司组织结构,如图7-1所示。

QH公司的成本管理体系主要包括股东大会和董事会,负责对成本管理制度的讨论和建设,提高公司成本管理制度的科学性与可行性;财务部主要负责成本的核算和分析,并向公司管理层进行汇报;相关职能部门,如采购中心等,也会对公司成本管理产生重要影响;各生产车间及研发部门是成本管理制度的主要执行主体,也是成本管理目标的主要完成者。2021年,QH公司再次对生产经营管理体制实施改革创新,成立生产中心,下设制剂工厂、原料药事业部、质量保障部等。

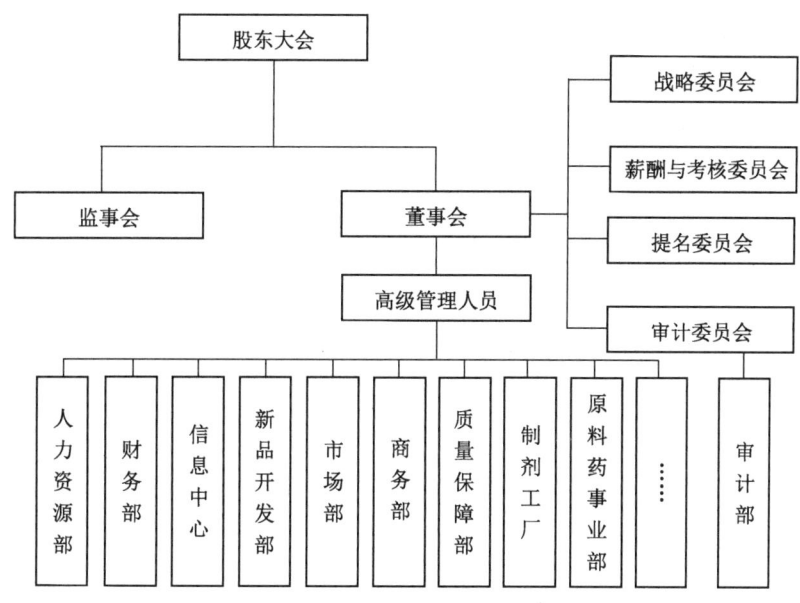

图 7-1　QH 公司组织结构

资料来源：QH 公司年报及官网。

二、现状与问题

（一）价值链成本现状

1. 内部价值链成本现状

截至 2021 年 12 月 31 日，QH 公司下设六家子公司，主要业务包括生产、收购、销售猪小肠、肠衣，收购、制造猪小肠黏膜肝素钠粗品、猪胰酶粉等生化制药原料，生物医药产品与中间体、生物医药试剂、体外诊断试剂、营养保健品再生医学材料与制品等的研究开发、技术转让、技术咨询和技术服务等，业务之间具有较强的相关性，形成了较强的协同效应。QH 公司内部价值链主要包括研发、生产、销售等环节，具体如图 7-2 所示。

图 7-2　QH 公司内部价值链（基本活动）

QH 公司是一家集研发、生产、销售于一体的高新技术生物制药企业，拥有完整的研发、原材料采购、产品生产和销售体系，具有独立面向市场自主经营的能力，主营业务、主要产品相对稳定。

QH 公司董事会通过定期听取新药研发进展汇报的形式加强对研发工作的督导，进一步完善创新发展体制，及时把控新药研发进度，并为加快推进新药成果转化进程、新药研发平台建设提供决策意见。2017—2021年QH公司研发投入情况,如表7-1所示。

表7-1 2017—2021年QH公司研发投入情况

年份	研发投入金额(元)	研发投入占营业收入比例	年份	研发投入金额(元)	研发投入占营业收入比例
2017年	63 506 210.82	5.96%	2020年	76 693 280.75	4.60%
2018年	68 565 270.73	5.19%	2021年	84 236 292.50	4.49%
2019年	68 300 464.57	4.08%			

作为蛋白酶类和多糖类药品的龙头生产经营企业,QH公司是目前国内为数不多的涵盖肝素全产业链的药品生产企业,产品线丰富、产品结构合理,具有一定的综合竞争优势,已将以现代分子膜超滤、分子亲和层析、分子结构螯合、病毒灭活等核心技术集成运用于生化酶药物和多糖类药物的大规模生产,建立了产业化生产技术平台。2017—2021年QH公司营业成本构成情况,如表7-2所示。

从表7-2可以发现,QH公司的营业成本中最主要的部分是原材料,占比基本在90%左右,2021年更是高达93.72%,QH公司年报在主要风险分析时也指出了猪副产品原材料涨价等问题。根据产品分类考察营业成本构成可以发现,制剂系列产品原材料占营业成本比重增幅明显(2020年制剂系列产品原材料占营业成本比重为80.99%,2021年占比为86.26%);原料药系列的原材料项目占营业成本比重更是高达96%以上。相较于原材料成本的增加,人工工资占比呈逐渐下降趋势,产品成本的管理更多地要考虑与采购环节关联的外部价值链成本管理。

产品销售方面,QH公司实行国际、国内两个市场并重的市场开拓营销模式。在国内制剂市场,QH公司实施多元化销售模式,建立了以自营销售业务为主体,招商、渠道齐头并进的多元化业务模式;与此同时,QH公司已形成一支专业化的国际营销队伍,通过技贸合作在欧美日等国家和地区建立了多个稳固的原料药及制剂产品分销网络。QH公司营销中心设有副总经理负责政府事务、营销运营监管,还设有负责海关关务业务的总监和负责招商、渠道营销的总监等,在同行中彰显出QH公司营销队伍的专业性、产品结构与销售市场的多元化、QH公司的竞争实力和优势。

2. 外部价值链成本现状

1) 供应商情况

QH公司的采购中心下设采购部、原药仓库、制剂仓库等,通过供应商评估选择、原材料采购管理及整个生产过程的质量管理与控制体系,确保原材料与辅助材料的质量,从根本上保证药品的质量和安全性。2017—2021年QH公司主要供应商情况,如表7-3所示。

表 7-2 2017—2021 年 QH 公司营业成本构成情况

金额单位：元

成本构成	2017 年		2018 年		2019 年		2020 年		2021 年	
	金额	占比	金额	占比	金额	占比	金额	占比	金额	占比
原材料	459 497 938.50	89.42%	612 701 574.07	90.70%	799 042 949.70	91.95%	803 978 656.97	92.03%	975 357 298.84	93.72%
人工工资	10 069 327.45	1.96%	11 733 730.74	1.74%	14 235 547.71	1.64%	15 040 672.97	1.72%	15 578 203.09	1.50%
折旧	20 095 192.40	3.91%	19 745 917.70	2.92%	22 851 247.06	2.63%	24 453 697.52	2.80%	17 760 857.65	1.71%
能源	11 217 012.08	2.18%	12 337 991.26	1.83%	13 049 016.45	1.50%	12 054 722.37	1.38%	12 043 636.53	1.16%
其他费用	13 008 802.66	2.53%	18 959 496.87	2.81%	19 830 409.88	2.28%	18 038 200.04	2.07%	19 994 084.33	1.91%
合计	513 888 273.09	100.00%	675 478 710.63	100.00%	869 009 170.80	100.00%	873 565 949.87	100.00%	1 040 734 080.44	100.00%

表 7-3　2017—2021 年 QH 公司主要供应商情况

年份	前五名供应商合计采购金额（元）	前五名供应商合计采购金额占年度采购总额比例
2017 年	220 392 552.37	47.04%
2018 年	298 817 481.29	44.37%
2019 年	405 929 540.42	48.27%
2020 年	482 545 186.70	54.47%
2021 年	506 506 668.84	51.39%

从表 7-3 可以发现，QH 公司每年都会发生大量的采购业务，前五名供应商合计采购金额占年度采购总额的比例相对稳定。进一步分析可以发现，2017—2021 年，QH 公司从单一供应商处进行采购的最大金额发生在 2021 年，从供应商 A 处采购 230 132 272.83 元，占年度采购总额的 23.35%，不存在对某单一供应商的过度依赖；另外，前五名供应商中不存在关联方采购。

2）客户情况

QH 公司通过深耕战略性重点客户及新潜力客户的开发，使肝素钠原料药保持国内企业出口销售前列；同时，抓住海外机遇，积极部署低分子肝素原料药及制剂的国际市场开拓，其中制剂出口销量呈爆发式增长，从而构建既有特色又有竞争力的海外营销格局。QH 公司与国内具有国家 GSP 认证资质的三十余家药品营销公司建立了稳定的合作关系，采用国际合作模式，切入跨国大公司的产业链分工和产品分销渠道，实施原料药和高附加值产品出口并重、产品转型升级的战略目标。2017—2021 年 QH 公司主要销售客户情况，如表 7-4 所示。

表 7-4　2017—2021 年 QH 公司主要销售客户情况

年份	前五名客户合计销售金额（元）	前五名客户合计销售金额占年度销售总额比例
2017 年	369 206 768.93	34.56%
2018 年	518 048 085.85	39.20%
2019 年	620 349 705.54	37.03%
2020 年	571 468 214.18	34.27%
2021 年	558 636 516.95	29.79%

从表 7-4 可以发现，QH 公司前五名客户合计销售金额占年度销售总额比例稳中有降。进一步分析可以发现，2017—2021 年，QH 公司向单一客户销售的最大金额发生在 2021 年，向客户 A 销售共计 332 904 479.11 元，占年度销售总额的 17.75%；另外，前五名客户中不存在关联方销售。

QH公司属于生物医药行业生化制药细分领域,坚持"赚、精、特"的发展道路,多年来深耕于国内生物医药行业多糖与蛋白酶类药物细分领域,QH公司主要产品胰激肽原酶、复方消化酶、弹性蛋白酶、门冬酰胺酶、肝素钠等原料药和制剂系列产品均为原研药或国内首仿药的特色产品,其中酶制剂产品的国家标准均依QH公司内控标准制订或修订,QH公司还参与了肝素钠国际标准的修订。同时,QH公司是目前国内为数不多的涵盖肝素全产业链的药品生产企业。基于以上情况,本案例暂不进行竞争对手价值链分析。

(二)价值链成本管理存在的问题

由QH公司的价值链成本现状分析可见,QH公司拥有一定的价值链优势,但是也存在着一些问题,主要表现为研发效率有待进一步提升、商业信用融资使用不足、存货周转率偏低、成本核算方法有待改进等。

1. 研发效率有待进一步提升

QH公司作为国内生物医药行业生化制药细分领域的龙头企业,以创新药物引领公司核心竞争力。近年来,QH公司研发投入持续增加,资本化研发投入占研发投入的比例逐年上升。

研发投入是指为了研究与开发某项目所产生的投入,是围绕研发活动开展所发生的各类支出的统称,包括费用化部分和资本化部分,研发费用是研发投入中的费用化部分。根据《财政部关于修订印发2018年度一般企业财务报表格式的通知》(财会〔2018〕15号)及其解读和《企业会计准则——基本准则》的要求,企业在编制年度财务报表时,在利润表中新增"研发费用"项目,单独列示研发费用金额。不同的研发活动,构成研发费用的明细费用类别会有所不同。

QH公司研发费用主要项目及研发人员数量占比,如图7-3所示;QH公司研发费用

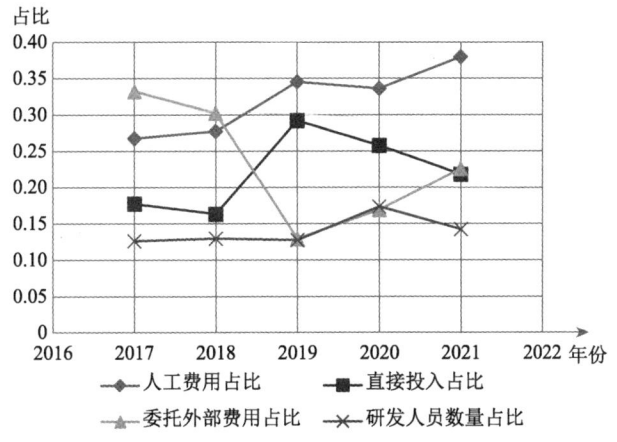

图7-3　QH公司研发费用主要项目及研发人员数量占比

明细,如表 7-5 所示。从图 7-3 和表 7-5 可以发现,QH 公司的研发费用中,人工费用占比逐年上升,直接投入费用占比先升后降,委托外部研究开发费用占比总体呈下降趋势。

表 7-5 QH 公司研发费用明细　　　　　　　　　　　　　　金额单位：元

项目	2017 年	2018 年	2019 年	2020 年	2021 年
人工费用占比	26.78%	27.73%	34.52%	33.59%	37.95%
直接投入费用占比	17.72%	16.32%	29.20%	25.77%	21.81%
委托外部研究开发费用占比	33.21%	30.23%	12.95%	16.88%	22.57%
人工费用	17 006 254.21	18 661 485.40	22 568 900.46	23 222 526.80	27 013 875.24
直接投入费用	11 251 927.32	10 983 468.66	19 088 538.97	17 816 552.47	15 527 546.64
折旧与摊销费用	11 812 180.55	13 193 658.54	12 716 204.27	13 453 018.01	10 449 353.30
设计费用	27 102.03		11 068.05		
装备调试与试验费用	42 750.00	63 292.90	27 021.54		
委托外部研究开发费用	21 093 500.87	20 340 623.94	8 466 112.11	11 669 806.12	16 068 792.80
其他费用	2 272 495.84	4 046 585.54	2 499 964.65	2 977 544.98	2 122 323.92
研发费用总计	63 506 210.82	67 289 114.98	65 377 810.05	69 139 448.38	71 181 891.90
研发人员数量（人）	140	151	160	180	190
研发人员数量占比	12.61%	12.97%	12.75%	17.31%	14.22%

2. 商业信用融资使用不足

作为生物制药企业,新药研发是企业不断发展的重要保证。但是,新药研发是一个周期长、投入高的过程,在产品研发、生产和销售的价值链活动中,需要大量的资金投入,而每一个阶段都充满挑战,存在研发失败的可能。从融资渠道来讲,企业一般有权益和负债两大类筹资方式,其中负债类筹资的具体方式包括银行借款(长期或短期)及商业信用融资(合理利用应付账款账期等)。QH 公司负债主要情况,如表 7-6 所示。从表 7-6 可知,QH 公司有资金需求时,通常会通过短期借款的方式进行融资,相对地,商业信用融资及长期负债筹资等方式利用不足(流动负债比率过高,资产负债率严重偏低)。

表 7-6 QH 公司负债主要情况

项目	2017 年	2018 年	2019 年	2020 年	2021 年
流动负债(元)	555 221 714.49	554 881 024.99	541 986 947.71	290 984 449.46	296 349 132.24
非流动负债(元)	36 184 479.78	85 231 414.72	59 662 795.61	95 367 017.15	93 888 470.77
负债总额(元)	591 406 194.27	640 112 439.71	601 649 743.32	386 351 466.61	390 237 603.01
流动负债比率	93.88%	86.68%	90.08%	75.32%	75.94%
非流动负债比率	6.12%	13.32%	9.92%	24.68%	24.06%

3. 存货周转率偏低

QH公司的存货包括原材料、包装物、低值易耗品、在产品和库存商品,发出材料和库存商品均采用加权平均法进行核算,期末存货按成本与可变现净值孰低的原则进行计量。QH公司存货周转率的基本情况,如表7-7所示;QH公司存货周转率与生物医药行业平均存货周转率对比,如图7-4所示。

表7-7 QH公司存货周转率基本情况

项目	2017年	2018年	2019年	2020年	2021年
存货(元)	195 058 743.73	245 832 567.72	245 864 287.12	315 969 963.51	400 630 285.02
存货周转率	2.81	3.06	3.55	3.11	2.91
中国医药行业存货周转率	3.96	3.73	3.73	3.87	4.25

资料来源:QH公司年报和同花顺前瞻产业研究院。

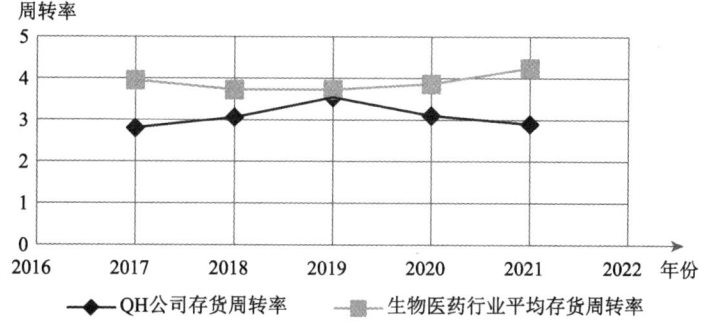

图7-4 QH公司存货周转率与医药行业平均存货周转率对比

从表7-7和图7-4可以看出,2017—2021年,QH公司的存货逐年增加,但是存货周转率始终低于行业平均水平。2019年,QH公司存货周转率最高,进一步阅读QH公司年报发现,这是因为2019年存货基本与上年持平,营业成本伴随着营业收入大幅增加,导致存货周转率出现较大改善,但是这种改善并未持续,2020年和2021年QH公司存货周转率持续下降。

存货周转率偏低意味着资金占用成本、仓储费用的增加,同时也可能伴随减值和存货跌价的产生。存货是流动资产中变现能力较差的资产,结合QH公司负债中大部分为流动负债的实际情况,QH公司的短期偿债能力可能受到影响。

4. 成本核算方法有待改进

当前,QH公司进行成本核算时,按照原材料、人工工资、折旧、能源和其他费用等项目进行成本项目划分,并未考虑供应商、客户等外部价值链及其他的隐性成本,如商业信用融资使用不足损失的现金折扣、存货周转率偏低导致的仓储成本偏高等。因此，QH公司有必要改进成本核算方法。考虑到QH公司未来经营中可能面临的药品招标政策、环保政策、产品质量风险、经营成本增加等不确定性因素的影响，本案例基于动态能力构建价值链成本管理框架。

三、改进与应用

（一）基于动态能力的价值链成本管理框架

价值链是企业将投入转化为顾客所重视的产出的一系列活动链，这一过程中包含许多为产品增加价值的基本活动和支持活动。基本活动包括产品的研发、生产、营销等。在外部协同和内部协同的共同支持下，价值链基本活动有效开展，并实现成本管理优化。具体的基于动态能力的价值链成本管理框架，如图7-5所示。

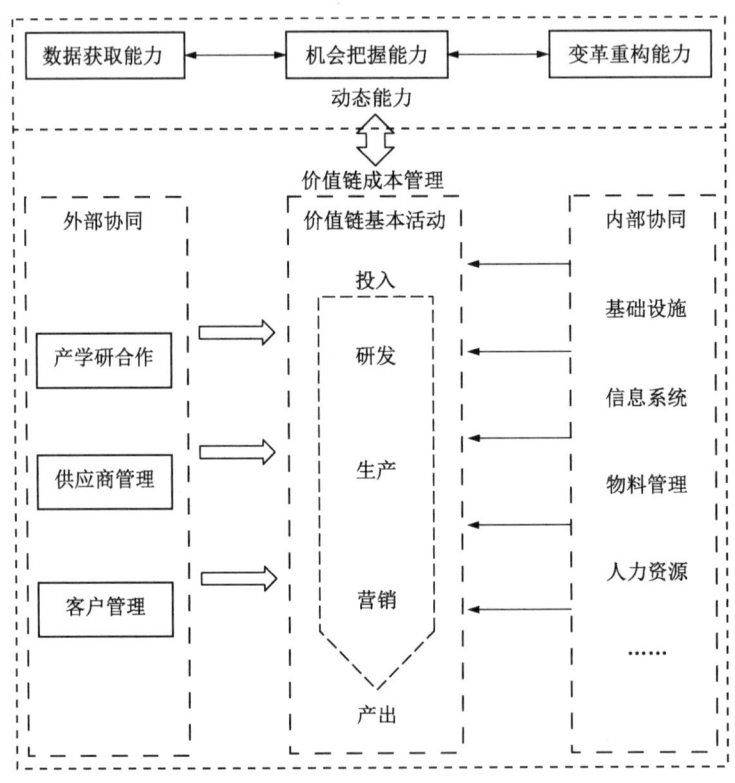

图7-5 基于动态能力的价值链成本管理框架

QH公司基于动态能力的价值链成本管理遵循"自愿、平等、互利"的原则，积极构建和发展与供应商、客户的战略合作伙伴关系，注重与各相关方的沟通与协调，共同构筑信任与合作的平台，切实履行QH公司对供应商、客户、消费者的社会责任，使各方权益都得到应有的保护。

(二)基于动态能力的价值链成本管理框架应用

基于QH公司成本管理现状分析,结合动态能力的价值链成本管理框架,主要从以下三个方面阐述基于动态能力的价值链成本管理框架应用。

1. 研发环节的价值链成本管理

生物医药行业是我国国民经济中的重要行业,生物医药产品具有靶向性、安全性的特点,有较高的技术壁垒,是衡量一个国家现代生物技术发展水平的重要标志之一,生物医药产业是制药业中发展最快、活力最强、技术含量最高的领域之一。国务院印发的《中国制造2025》,将生物医药及高性能医疗器械列入十大重点领域之一。QH公司主要从事生物医药品的研发、生产和销售,在生化制药行业中名列前茅,有较强的竞争力和较高的知名度。QH公司大力推进科技创新,从海外引进高层次人才,成立合资研究院,并在国外成立离岸药物研发中心,实时关注外部环境变化,建立生物医药行业及产品方面的数据资源库,进行数据的收集、处理、存储和分析,充分发挥数据获取能力的作用,从研发环节优化价值链成本管理。

为充分激发研发团队积极性,QH公司可考虑对核心技术人员实施股权激励(员工持股计划),提高研发人员的主观能动性,提高研发效率;同时,加强研发合作,与各省、各地区医院、医疗协会联合开展学术活动、赞助相关活动,不断提升自主研发能力,为我国医疗卫生事业的发展贡献力量。QH公司基于合资研究院及离岸药物研发中心等,建设研发信息中心,收集相关信息,向研发小组提供信息咨询,提高公司对新产品和新技术的快速反应能力。与此同时,QH公司可以开展产学研合作,不断提高科学和技术创新能力,并帮助公司获取生物制药领域的最新发展动态,用于研发符合市场方向和技术发展趋势的产品。通过产品规划、销售与研发并行的机制设置,增进内部协同,保持研发部门与营销部门的有效沟通,提高新品的质量和市场响应能力。

2. 采购生产环节的价值链成本管理

采购生产环节是公司成本管理的重要部分,包括原材料采购、原材料、人工成本的投入及完成产品生产的整个过程。近年来,受猪副产品原材料涨价、人力成本提高、资产折旧及汇率波动等因素的影响,QH公司存在经营成本增加、利润减少的风险。材料采购关系到成本管理诸多环节,为了提高公司的成本优势,QH公司应成立专业化的采购团队,在材料辨别、采购技能、成本意识、谈判能力等方面进行考察培养。从年报披露资料可以发现,QH公司向前五名供应商合计采购金额占年度采购总额的比例在50%左右,对供应商及合作方式的选择将对采购成本产生重要影响。QH公司可以考虑与供应商建立采购信息共享平台,共享库存材料信息,提高采购效率,在确保供货的同时降低原材料的仓储成本和资金占用成本。

QH公司还可以通过进一步加强与供应商的战略合作关系,发挥内部价值链与供应商价值链的协同作用。一方面,QH公司与供应商的关系不能仅停留在买卖商品的层面,而应是一种战略合作关系,尤其是与主要的优质供应商。通过与优质供应商建立长期的战略合作伙伴关系,加深供应商对QH公司的信任,形成稳定的交付材料与支付资金的习惯,合理使用商业信用融资。另一方面,作为生物制药细分领域的龙头企业,QH公司拥有强大的研发团队,可以利用这一优势,对供应商予以一定的指导,进而提高供应商的生产效率,这不仅能使供应商为QH公司提供更合适的原材料,还能够适当地降低原材料成本,实现QH公司与供应商的协同合作与双赢。

3. 营销环节的价值链成本管理

在营销环节,QH公司可以综合运用信息系统、物料管理等协同支持,将数字信息嵌入组织流程。QH公司在2021年实施公司组织机构及机制改革,成立了营销中心,统筹国内外销售运营管理,落实市场双循环经济营销模式。营销中心下设政府事务部、营销运营监管部、海外营销中心、渠道营销部、招商部、营销部等多个部门。QH公司通过行业环境数据收集、交换、更新和应用等,实现营销环节的成本管理整合,提升动态能力。具体地,可以通过建立数据交换系统等,实现产业链中的信息共享,使不同组织的数据互动能够为QH公司提供更加全面的信息支持,为QH公司在国内制剂市场的战略定位、营销策略创新提供决策支持。例如,近年来YM公司通过线上、线下并举的学术平台推广、OTC终端推广等品牌宣传策略,顺利实施AI新零售的营销模式,不断提升市场竞争力,增强用户黏性,继续保持亿元发展态势;QH公司低分子肝素系列产品及时抓住一致性评价政策机遇,以快速抢占市场份额为主导,逐步发展为QH公司重要的经济增长点。营销环节的反馈成为企业新的数据基础,通过与产业链中相关数据的整合和深化应用,为企业管理层和营销队伍提供数据分析,形成业务和数据之间的协同支持。

通过前文的分析,我们发现QH公司的存货周转率偏低,进一步分析发现占比较大的存货主要包括原材料、在产品、库存商品等,2021年QH公司的库存商品期末余额为2020年的2倍之多,这也是2021年存货周转率下降的主要原因之一。截至2022年6月30日,QH公司上期期末库存商品已有近一半实现销售,这也显示了QH公司的销售能力。结合动态能力的数据获取能力、机会把握能力和变革重构能力等维度,完善企业的存货管理制度有赖于恰当的采购管理和销售管理,不仅要确定合理的采购频率、采购数量,还要求企业能够根据市场需求准确预测客户需求量,确保在能够及时响应客户需求的同时不造成产成品积压,而这些都有赖于价值链视角下成本管理理念的贯彻及数据化分析的支持。

四、本章小结

通过研究发现,公司成本管理是一项系统工程,离不开动态能力、价值链和成本管理的协同,需要将材料采购、成本分析、质量监控、数据采集与反馈等内外部价值链活动进行整合,推动企业实现成本管理效率提升。在研发过程中,企业应注重产品规划与研发活动并行,及时准确地进行数据收集和处理,并向管理层和研发部门进行反馈,提高研发效率,从研发环节优化公司成本管理流程。在采购生产环节,进一步健全物资集中采购管理模式,确保生产成本可控,保持价值链的动态机制,及时接收组织内外部的信息反馈,与供应商建立战略合作关系。在营销环节,充分利用数据分析等技术,构建公司动态能力,保持敏锐的市场响应能力,分析客户的潜在需求,并制定相应的营销策略,探索营销模式的创新。

本案例以QH公司为例,在对公司成本管理现状进行分析的基础上,构建了基于动态能力的价值链成本管理框架,并以价值链活动中的研发、生产、营销等基本活动为主线,具体介绍了如何协同外部价值链和内部支持活动,实现公司成本管理的优化。

■ 思考题

1. 价值链分析主要包括哪些内容?
2. 高新技术企业的成本与其他企业有何不同之处?
3. 动态能力是什么?为什么动态能力对企业很重要?
4. 如何与供应商、客户等建立战略合作关系?
5. 企业还可以通过哪些方式进一步优化成本管理?

【理论依据】

1. 动态能力理论

动态能力的概念是在企业战略管理领域逐渐出现并发展起来的,随着企业如何获取并维持竞争优势成为管理学界的研究重点,动态能力理论的研究逐渐被学者们所重视。动态能力理论的发展进程可以总结为:资源基础观—核心能力理论—动态能力理论。

(1)资源基础观是解释企业如何通过资源获得竞争优势的理论,即认为有价值的、稀缺的、难以模仿的和不可完全替代的异质性资源才能成就企业的竞争优势。但随着创新性管理理论的进步和发展,资源基础观已经不能适应企业发展的需要。

(2) 随着市场环境动荡性的提高,异质性资源可能不再具备独一无二的特点,核心能力理论应运而生,认为组织能力包括一般能力和核心能力。一般能力强调对普通生产经营的影响,核心能力强调企业根据环境变化进行产品创新的能力、对组织流程或服务进行管理的能力及市场定位开发的能力。该理论可以进一步解释竞争优势的问题,但忽视了核心刚性和能力陷阱,难以指导企业进行有效的能力调整和资源转型。

(3) 为了弥补资源基础观和核心能力理论对企业竞争优势解释力度的不足,学者们提出了动态能力理论,认为动态能力是比核心能力更高阶的能力,可以为企业在不可预见的环境中提供精准定位,并保证企业可以在确定的路径依赖和社会结构中获得持续竞争优势。动态能力是企业对资源进行识别、获取、参与重新配置的能力。随后,Teece 等(1997)对动态能力的本质内涵加以深入剖析,指出企业整合、构建及重置外部资源以应对环境变化的能力即为动态能力,该表述被后来的学者们广泛应用并拓展。这种转变可以保证企业以快速、准确、创新的方法(快准狠)适应环境变化,是"动态"特点的具体体现,保证企业发展同外部环境的一致性与协同性。与基础能力不同,动态能力是高于基础能力(作用于平时生产流程的能力等)的高阶能力,可以调整并提升基本能力,消除核心刚性和能力陷阱,进而重新构建对环境变化有显著作用的核心能力有较大作用。动态能力理论是资源基础观与核心能力理论的延伸和拓展,该理论的提出对企业及时追求创新性资源,特别是创造性知识资源,以应对环境变化进而提高企业绩效具有重要影响。更加重要的是,动态能力理论的提出是对资源基础观和核心能力理论关于"资源动态管理"和"资源动态获得"等问题的有益补充,对阐释企业如何在无法预测的环境中获取并保持竞争能力具有较大作用,对识别创新关键元素、资源和能力至关重要(Lucy 和 Brian,2017)。

2. 价值链理论

1985 年,美国哈佛大学迈克尔·波特教授在《竞争优势》一书中首次提出价值链这个概念,他认为:"每一个企业都是在设计、生产、销售、发送和辅助其产品的过程中进行种种活动的集合体。"

内部价值链主要是从企业内部进行分析,根据迈克尔·波特教授的理论,企业从投入到产出,包括材料购进、存货管理、产品生产、产品销售及售后维护等基本生产活动,同时还有产品研发、人力资源管理、组织管理等辅助活动服务于基本活动,需要采购部门、生产部门、销售部门等多部门的协调,它们共同创造了产品和服务的价值。在内部价值链产生收益的同时,也会产生一定的成本,这就需要企业判断获得的收入是否可以弥补产生的成本,计算成本与效益的比例是否符合企业的经营预期,同时分析价值链中的增值环节和不增值环节,结合企业的经营目标,对不增值环节进行剥离或者改进,加强部门间的协调合作,促进资源的优化配置,以此来实现整体成本的降低。通过对内部价值链的优化,企业可以有效地降低生产和经营过程中的成本,提升盈利水平和竞争力。

外部价值链连接着企业的采购环节、生产环节及面向客户的销售环节。从整体来看,外部价值链包括供应商价值链、企业价值链及客户价值链。企业不是孤立的,在对企业状况进行分析时,要站在整个行业的高度上,将价值链管理延伸至上游供应商和下游的客户,分析企业自身在价值链上所处的位置,识别自身的优势与劣势,判断凭借自己的优势是否可以进入到一个新的领域或由于自己的劣势是否需要撤出原有的领域。在对上游供应商进行分析时,企业应分析是否需要与他们达成战略合作,或者将价值链延伸至供应商的生产经营中,以此来降低产品的采购成本,提升采购效率,同时也能够促进供应商改良工艺,进而降低生产成本。在对下游的客户进行分析时,企业应与客户保持良好的沟通,分析自身是否做好了客户管理工作、产品是否能够满足客户的需求。综上所述,外部价值链的优化,可以实现行业资源的优化配置,降低企业的采购及销售成本,有利于企业战略的顺利实施。

3. 战略成本管理理论

战略成本管理理论最早于20世纪80年代由英国学者肯尼斯·西蒙兹提出,他认为企业可以对竞争对手各个方面的成本进行分析,再将其成本构成与本企业自身进行比对,为本企业的战略决策提供科学的成本依据。战略成本管理是以提升企业核心竞争力为主要目标的成本管控方法,通过运用该理论的价值链分析、战略定位分析等工具,分析行业的整体环境、竞争对手和自身的优势与劣势、企业当前的战略定位,结合财务与非财务信息,最终使得企业的战略得到优化,实现企业整体成本的降低与成本管理效率的提高。

战略成本管理主要有三个目标:第一,持续降低企业成本。战略成本管理把持续的成本降低作为首要目标,侧重于企业长期的、整体的成本降低,从而提高企业的盈利水平。第二,提高企业的竞争优势。战略成本管理是以提高企业的竞争优势为导向的成本管理方法,成本的降低有助于在竞争中处于优势地位及成本管理效率的提升。第三,与企业的整体目标保持一致。企业无论处于哪个经营周期,成本管理都是重要工作。因此,成本管理具有长期性,成本管理可通过成本的分析与管控,实现企业竞争力的提升,实现企业长久发展的目标,促进企业各方面制度的完善。

■ 参考文献

[1] 王均山,刘一凡,周双禧,等.基于价值链的地铁项目作业成本管理探究:以天津地铁6号线二期工

程为例[J].财会通讯,2021,20(03):169-171.

[2] 郑晓威.基于价值链视角的永安行成本管理研究[D].南昌:江西师范大学,2019.

[3] 宋雪蓉.动态能力视角下企业数字化转型和价值链成本管理研究[D].呼和浩特:内蒙古财经大学,2022.

[4] 陈媛媛.绿色价值链视角下Q药业公司环境成本管理研究[D].株洲:湖南工业大学,2021.

[5] 石浩.桑克模式下的集团公司战略成本管理研究[J].会计之友,2021,13(07):49-55.

[6] 张振刚,许亚敏,罗泰晔.大数据时代企业动态能力对价值链重构路径的影响:基于格力电器的案例研究[J].管理评论,2021,33(03):339-352.

[7] 仪秀琴,姚强强."双驱动"下战略成本管理研究综述[J].财会通讯,2018(01):27-31.

[8] 刘秀洁,董娜.基于价值链的企业集成成本管理实践:以中国五矿集团有限公司为例[J].财会通讯,2020(10):172-176.

[9] 杨帆.基于价值链视角的建筑施工企业精益成本管理研究[J].会计之友,2022,10(07):148-154.

[10] 孟丽丽.基于价值链理论的佛慈制药成本控制与优化研究[D].兰州:兰州财经大学,2021.

[11] 迈克尔·波特.竞争优势[M].北京:华夏出版社,1997.

[12] Teece D J, Pisano G P, Shuen A. Dynamic Capabilities and Strategic Management[J]. Strategic Management Journal,1997,18(07):509-533.

第八章　财务共享服务模式下上市公司资金管理研究——以 PA 集团为例

当前,我国社会发展已进入信息化时代,信息技术的合理运用为企业的发展带来了新的经济增长点。财务共享服务模式作为新兴的财务管理方式,信息技术是其进行企业财务管理优化的重要手段,为实现流程标准化和规范化提供了技术支持。财务共享服务模式的发展,改变了原有的财务管理方式,提高了企业的财务管理效果,并对企业的资金管理产生了深远影响。

2019 年 3 月 15 日,财政部印发了《服务业发展资金管理办法》,推动了服务业资金管理的发展进程,对提高资金使用效率具有重要意义。为确保企业实现资金效益最大化,企业应建立符合自身发展的、先进的资金管理方式,财务共享服务中心的建立不仅帮助企业实现财务智能化、标准化、流程化,还为企业的资金管理工作提供了全新的、专业的、符合现代化企业建设的发展平台,财务共享服务模式下的资金管理能够有效降低人工成本,通过该平台,企业管理者可对资金的流向进行实时监控,进一步降低企业的资金管控风险。

一、背景描述

（一）PA 集团简介

PA 集团于 1988 年在深圳成立,并分别于 2004 年和 2007 年在香港联合交易所及上海证券交易所成功上市。PA 集团是中国第一家股份制保险企业,经过多年的发展,已成为一家集金融保险、战略投资、科技、银行等业务于一体的综合金融服务集团,拥有近 20 家子公司,几乎囊括了金融业的所有领域。PA 集团已实现保险、证券、银行、投资等多种类金融业务一体化发展,将各项产业链条化,通过线上线下多种渠道实现分销,为超过 8 000 万客户提供了综合性金融服务和产品,包括保险、投资、证券等多个方面,还为客户个性化定制专属产品,充分发挥了个性化和全方位的服务特色。在发展之初,PA集团主要采用分散式资金管理模式,这种模式具有高度灵敏性的特点,有助于各分支机构的良好运作。但是随着PA集团规模的不断扩大,下属子公司及分支机构越来越多,其业务范围也在不断扩大,这种分散式资金管理模式给集团的健康发展带来很多隐患,对PA集团财务管理能力及资金管理水平提出了更严格的要求。

(二) PA集团财务共享服务中心的建立与发展

PA集团财务共享服务中心以上海为中心,在成都、内江、合肥、深圳等地均建有服务网点,各中心的主要工作任务是集中处理各子公司琐碎复杂的财务信息。财务共享服务模式实施后,财务人员有了自主选择权,可以根据自身工作的完成情况选择是否接单,接单后财务人员的所有操作均可远程监控。此后,为了适应不断增长的订单数量,PA集团对集团内部原有的财务管理模式进行了整体升级,将财务共享服务中心的业务范围逐渐扩展至审计与财税申报、预算编制、会计核算等业务。除此之外,PA集团不断优化升级集团内部业务流程管理工作,具体表现在:流程管理范围经过多次优化后,由原来简单的集中会计分录录入、资金收付等工作,扩展至现在的投资、筹资、固定资产核算、总账核算、资金管理等业务;而针对集团内部个别子公司发展缓慢、资金规模较小等问题,PA集团财务共享服务中心为其提供了全套的财务管理服务,弥补了它们在预算管理、会计核算等方面的不足,实现了精细化资金管理。

(三) 财务共享服务模式下PA集团资金管理的变革

近年来,保险及投资理财消费逐渐成为人们现代生活消费中的重要组成部分,PA集团作为保险业的行业巨头,资金规模逐渐扩大,集团内部急需建立更加完善的资金管理模式。早在2008年PA集团初建财务共享服务中心之时,就将集团中的IT部门转型建立了PA科技有限公司(以下简称PA科技),PA集团财务共享服务中心由PA科技掌管。PA科技是PA集团成立的第一个综合共享服务平台,可以提供多元化业务处理服务,为集团共享服务的发展提供巨大支持,实现了对投资业务、银行业务、保险业务的集中处理(实现了财务共享服务的初级模式)。PA集团财务部门主要负责战略财务模块,负责对各部门提供业务支撑、资产管理、投资融资、资源分配、财务岗位说明等业务。此外,PA集团财务共享服务中心建立后,财务数据等信息的集中处理、信用管理、产品销售成本、产品生产预算等成为各子公司开展的重点业务。

二、现状与问题

(一) 现状分析

虽然PA集团财务共享服务中心的建立和运行存在一定的问题,但是毋庸置疑的是,

PA集团财务共享服务中心的建设和运营,给PA集团带来了一定的益处,具体表现为以下几点。

1. 完善了三化式资金管理

在信息集成化方面,PA集团通过将集团各子公司、分公司的财务、业务数据归集到财务共享服务中心平台中,由平台进行统一的核算处理,使集团财务报告分析、绩效分析等数据分析更加科学精准,便于管理者进行战略决策。在流程标准化方面,PA集团将梳理后的业务流程融入财务共享服务中心平台中,经过流程再造形成了标准化的流程,降低了财务风险,加强了资金的管控。在服务专业化方面,PA集团财务共享服务中心资金管理主要从资金收付、资金结算、资金账户管理等方面为PA集团提供优质且专业的资金管理服务。

2. 形成了统一的核算平台

PA集团取消了各子公司、分公司的财务核算部门,并将出纳岗位并入财务共享服务中心,通过集团内的ERP系统和银企直联系统完成各子公司、分公司的资金收付业务,数据的集中处理避免了繁琐的数据输入工作,减少了财务人员的工作量。PA集团财务共享服务中心平台实施成效,如表8-1所示。通过表8-1可以发现,PA集团在应用财务共享服务模式后,在销售规模、财务人员数量、差错率等指标上产生了质的飞跃,进一步说明了财务共享服务中心平台的建设效果显著。

表8-1 PA集团财务共享服务中心平台实施成效　　　　　　单位:人/亿元

指标	2010年	2018年	增加比率
财务人员数量(人)	521	808	55.10%
平均财务人员	6.54	3.30	−0.50%
销售规模	305	766	151.15%
差错率	0.0001%	0.00001%	−90.00%

数据来源:PA集团2010年和2018年年报。

3. 建立了多级虚拟资金池

PA集团于2013年建立了多级虚拟资金池,并整合了原有的资金池,形成了统一的结算体系和资金池。资金池的建立激活了PA集团内部的闲置资金,加强了资金集中管理,提升了财务管控力度。PA集团营运资金、流动资产周转率趋势,如图8-1所示。由图8-1可知,自资金池建立后,PA集团的流动资产周转率有了较大幅度的增长,营运资金周转率的增长幅度虽然较小,但始终处于稳定增长阶段。

4. 实现了有效的内部管控

PA集团以集团组织结构、业务流程及会计政策为基础,制定了统一的会计制度和规

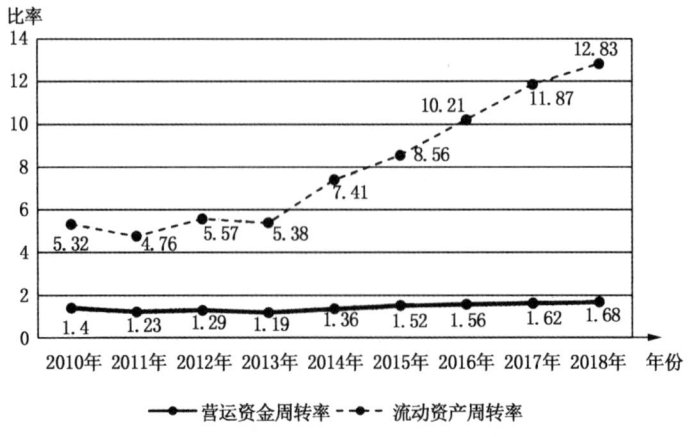

图 8-1　PA 集团营运资金、流动资产周转率趋势

则,在集团内部实现了有效的内部管控。在风险防范方面,PA 集团对交易流程作出了统一规范,要求集团内部各项经营活动的开展均需经过财务共享服务中心的批准,确保经营活动的合规性。此外,PA 集团财务共享服务中心平台还可以在资金流动过程中对其进行实时监控,以确保其在要求范围内流动,有效避免了资金流失。

（二）存在问题

随着 PA 集团业务模块逐渐增多,其资金管理的难度也越来越大,导致财务共享服务模式下资金管理出现以下问题。

1. 应收账款周转速度慢

与同行业横向比较发现,在相同时间范围内,同行业其他企业的应收账款周转率始终高于 PA 集团,说明 PA 集团在应收账款管理中存在一定问题,如何在财务共享服务模式下加快应收账款周转速度是 PA 集团应该重点思考的问题。

2. 信息系统安全风险高

财务共享服务中心依靠的是强大的信息数据系统,PA 集团财务共享服务中心运行时间较长,信息系统中储存了海量的数据信息,这增加了 PA 集团信息安全方面的风险。PA 集团需要防范由于信息数据泄露而产生的严重后果,同时也要防范病毒入侵带来的数据损毁,这就要求 PA 集团在财务共享服务中心信息系统安全管理方面实施有效的风险防范对策,一旦数据库、操作系统受到攻击,就会影响系统的安全运行,甚至会导致资金系统面临瘫痪,造成资金损失。

3. 业财未实现充分融合

财务共享服务中心对业务流程的了解仅停留在表面,难以挖掘深层次的财务价值,而且 PA 集团财务共享服务中心对资金的规划仍停留在提供服务的初级阶段,没有充分落实日常业务信息与财务信息的结合工作，导致业财融合的作用得不到充分发挥。

4. 业务流程灵活度降低

建立和运行财务共享服务中心后，PA集团的每位员工确定了其所负责的专项工作、遵守的各项标准，标准化的流程会使企业运行效率上升、成本降低、财务工作针对性不断提高，但过于标准化将会适得其反，使得员工过于死板、面对不同客户与业务表现得不够灵活，同时也局限了专职人员的未来发展，这样也会大大提高企业的离职率。

5. 共享中心建设成本高

财务共享服务模式贯穿于整个企业，是企业一项重要的财务管理模式创新。建设财务共享服务中心就相当于重新建立了一个企业，建设初期需要投入大量资金，正式启用时也需要后续资金跟进，但企业若想收回投资，通常需要3~5年的时间来弥补前期的大量投入。例如，PA集团上海财务共享服务中心历时两年，投入10亿元建成；TB集团在成都建立的后援中心投入8亿元；TK北京财务共享服务中心建成投入了近10亿元。此外，财务共享服务中心在运营管理过程中，也容易受到企业所在地区域经济发展和国家经济发展而造成的物价上涨、人力成本上涨等影响，这会在一定程度上增加企业的运营成本。例如，PA集团上海财务共享服务分中心由于受到了上海高物价、高人力成本的影响，在上海建设了财务共享服务中心后，又陆续在其他城市建设了四个分中心来分散弥补上海财务共享服务中心成本的增加。

三、改进与应用

PA集团构建了包括资金管理中心和财务共享服务中心在内的财务管理体系，将整个集团的资金全部集中到财务共享服务中心进行统一核算与调配，为集团的财务数据分析及资金管理决策提供了数据支持，以下从资金管理的四个组成部分展开分析。

（一）资金预算

PA集团在建立财务共享服务中心平台之前，集团内各子公司、分公司主要采用分散式资金管理模式进行相应的资金预算。由于预算编制涉及较多的部门及地区，而且每个部门及地区采用的预算编制方法各不相同，导致集团内部各部门预算编制、预算执行与实际差异无法进行横向比较，不利于集团总计资金控制。为了解决该问题给集团发展带来的困扰，PA集团在财务共享服务中心平台建设中，将资金预算管理模块嵌入财务共享服务中心平台之中，并设计了比较规范的资金预算管理流程，如图8-2所示。

从图8-2可看出，PA集团通过财务共享服务中心平台中的资金预算管理模块制定资金预算。首先，各子公司、分公司根据预算流程规定及自身实际情况制定资金预算，使集

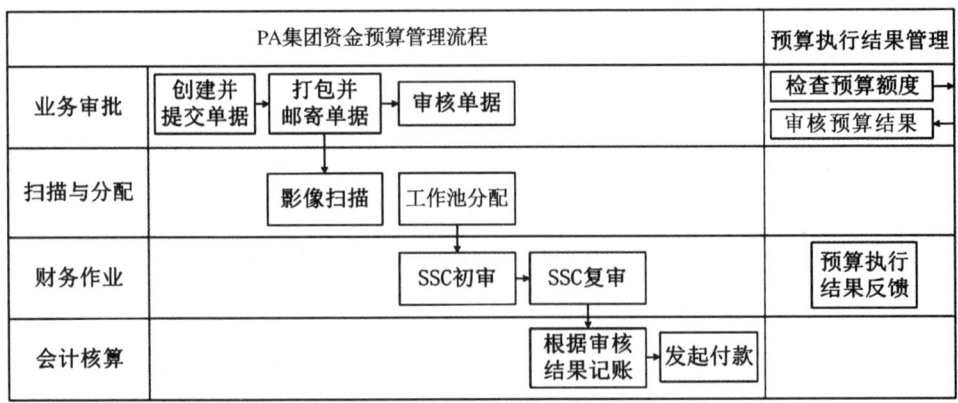

图 8-2　PA 集团资金预算管理流程

团的资金管理在完成统一预算的同时又实现了差异化管理；其次，在预算执行过程，预算管理模块可以根据预算最高限额对即将达到预算上限的子公司、分公司给予提示，这在一定程度上降低了资金预算超支的潜在风险；最后，集团管理层也可随时通过预算管理模块实时查看各子公司、分公司、各部门的资金使用情况，及时发现各子公司、分公司资金使用过程中存在的问题并提出改进建议，有利于提高整个集团的资金预算管理效率。

(二) 资金控制

资金控制由 PA 集团财务共享服务中心和集团内各子公司、分公司资金管理部门共同负责管理，主要包括资金归集、资金结算、资金核算及银行账户管理等子模块。PA 集团通过财务共享服务中心平台从整体上对整个集团的资金管理进行实时控制，并要求各子公司、分公司按照集团内部控制制度开展具体的业务活动，力求实现资金管理的智能化、阳光化，切实防范资金风险。PA 集团资金控制管理流程，如图 8-3 所示。

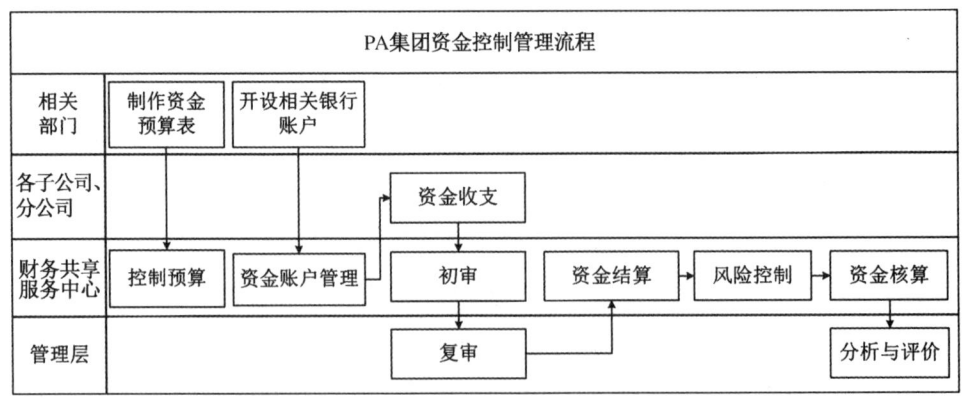

图 8-3　PA 集团资金控制管理流程

从图 8-3 可以看出，PA 集团的资金控制流程由多个步骤组成，其中，资金结算和资金账户管理是两个重要的流程控制点。

（1）随着 PA 集团规模的扩大，传统的资金结算方式已不能满足 PA 集团发展的需求，PA 集团财务共享服务中心建立后，集团内各项资金的支出均需在预算的限额之内，并且通过财务共享服务中心平台审核后方可进入支付阶段，有效地避免了资金支付超过预算限额的情况，另外，资金结算通过生成支付建议推送至企业原有的资金系统，由资金系统统一支付，可预防信息出错导致的重复支付等问题。

（2）PA 集团为了加强对资金的管理，由财务共享服务中心统一管理集团内各子公司、分公司的银行账户信息，并对开户、销户程序及各子公司、分公司的资金账户数量作出了明确规定，明确账户间资金流动规则，由财务共享服务中心统筹资金的分配和调拨，以确保资金使用效率的大幅提升。

（三）资金监督

PA 集团各子公司、分公司均设有单独的财务部门，之前分散的财务核算导致集团总部难以实时监督各子公司、分公司的资金流向及使用情况，资金安全存在一定隐患。自财务共享服务中心正式投入使用后，PA 集团管理者可随时在财务共享服务中心平台上查看各子公司、分公司资金变化情况及资金预算、资金控制等工作进程，方便决策者在发现问题或潜在风险的第一时间反馈至有关责任部门，并协助其有效解决问题，降低集团损失。此外，PA 集团借助财务共享服务中心平台可以及时发现资金监管流程中存在的问题，以此为基础，要求有关部门对资金管理制度作出适当改进。财务共享服务模式在 PA 集团的顺利实施，使得 PA 集团的资金监督工作取得了实质性进展，同时也提高了资金的使用效率。PA 集团资金监督管理流程，如图 8-4 所示。

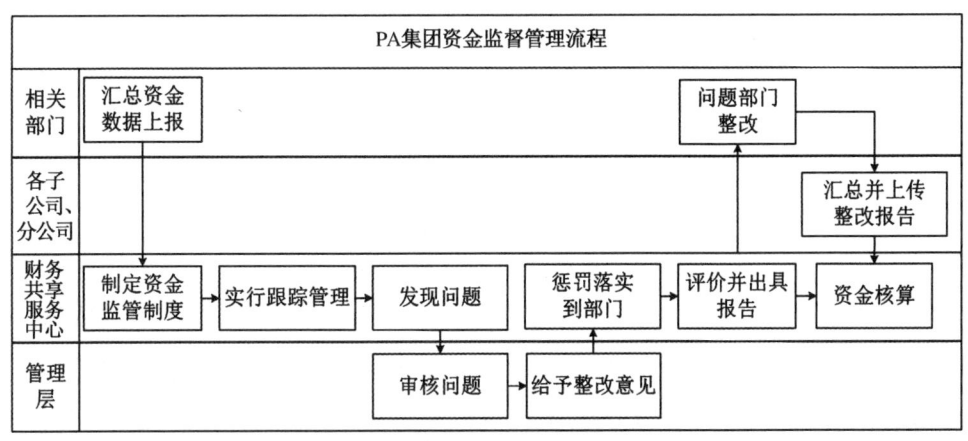

图 8-4　PA 集团资金监督管理流程

（四）资金评价

PA集团财务共享服务中心平台以各项目完成情况及相关指标为依据，对各子公司、分公司的资金使用作出评价，并将该评价结果与评价标准进行对比分析，最终得出PA集团整体的资金运用效率情况。PA集团在采用传统的、分散式的资金管理模式时，过于分散的资金管理导致集团各子公司、分公司的资金考核标准各不相同，财务报告不规范、资金考核不严谨等问题严重影响了集团整体的资金评价效果。自PA集团应用财务共享服务模式后，利用大数据归集并整合各子公司、分公司的资金收支信息及数据，对下一年度的资金预算及绩效评价提供了数据支持。此外，PA集团财务共享服务中心平台的大数据功能可以针对具体问题展开错误原因分析，找出产生失误的环节或部门，推动各责任部门整改，并要求其建立奖惩制度，提高各子公司、分公司各项指标的完成效率。

四、本章小结

随着新一代信息技术的发展，PA集团财务共享服务中心资金管理系统也在不断地完善与优化。本案例针对PA集团财务共享服务模式下资金管理存在的问题，提出以下几点优化资金管理的建议。

（一）加强信息技术应用，增强资金管理力度

在资金管理实践中，PA集团应将信息技术的优势发挥到最大，针对每一个账户的收支状况，增设核对和提醒功能。例如，发生某经济业务事项并付款以后，在财务人员入账环节中，系统可以自动从银行金融机构提取完整的付款记录，二次审核其金额、单位名称、银行账户等信息，使信息的精准性得到更大保障，不仅能规避人工核对的滞后性，还能减轻财务人员的工作压力。此外，在往来款项方面，系统也可以开发到期前提醒功能，降低人工核实到期问题的出错率，使款项回收的时效性得到更大保障。通过研发系统的相关功能性模块，结合集团各子公司、分公司资金运营状况，实现对资金最佳流动金额的智能化分析，能显著提升资金的使用效率。

（二）完善数据信息系统，保障软硬件安全性

技术优化和安全组织保障是完善该体系的重要手段。在信息技术优化与升级上，PA集团应采用不同层次的加密技术，并定期对资金管理系统进行风险检测和评估，对交换机、服务器等进行扫描，及时发现、追踪异常情况，有效解决潜在风险问题。在数据安全性上，PA集团应充分考虑财务共享服务中心在管理、运行、通信、平台及数据方面的安全问题，充分发挥已有安全体系的作用，进一步保障软硬件设施的安全。

(三)加速信息集成程度,融合财务管理系统

为确保上市公司资金管理信息化建设过程有更强大的动力,满足集团长期发展的实际需求,PA集团应尽早整理资金管理工作流程,聚合资金系统,融合现有的资金预算、资金监督、资金控制及用友财务系统,围绕财务共享服务中心建设,完善其他子系统,核对、查验形成的所有数据,发现数据存在差异时就自动开启报警功能,真正使用信息化手段实现动态监控、预警、纠错。系统的融合完善,也为开展无纸化报销工作创造了很多便利条件,创新了资金管理模式,消除了以往纸质报销单据传输过程的不足。PA集团管理层及财务部门利用系统便能查阅到最原始的资料,系统还具备辨识原始资料基础数据的功能,降低手工输入次数,快捷、精准地核实手工输入的数据,从根源上减少资金支付风险。

(四)制定员工激励制度,提供岗位晋升空间

专项的工作可能会使员工丧失工作的积极性,PA集团可以采取以下几种方式激励员工:第一,PA集团可以实施员工持股计划或股权激励等激励方式来增强员工工作的积极性,将员工的工作完成度与绩效挂钩,在员工相互良性竞争的同时也能提高企业整体的工作效率;第二,PA集团可以采取员工轮岗制度,全方面地考察员工与岗位的适配程度,帮助员工选择他们最感兴趣、最适合的工作职位;第三,PA集团可以适当放宽员工的自主性,将不同类型的客户及服务类型录入财务共享服务中心,使员工在处理不同业务时更加灵活,不会受到专项的局限。

■ 思考题

1. 财务共享服务中心有哪些特点?
2. 财务共享服务模式可以为企业带来哪些价值?
3. 财务共享服务模式下资金管理存在哪些问题?
4. 财务共享服务模式下资金管理的优势包括什么?
5. PA集团财务共享服务模式下资金管理取得的成效有哪些?

【理论依据】

财务共享服务模式,是以优化财务管理工作流程、节约运营成本及加强集团公司财务管控,为集团内外部客户提供更优质服务为目标,将现有的运营职能集中在另外一种模式的合作方式。财务共享服务是在实现企业内部各流程精简化、标准化的基础上,结合财务运转过程,再塑部分财务管理程序的过程。作为新兴的会计和报告业务管理方式,财务共

享服务中心(financial shared service center,FSSC)被众多跨国公司及国内大型集团应用并推广,它将企业的各种财务流程集中到特定平台利用电子技术统一处理,将人力、物力从传统的单据处理模式中解放出来,避免了由于人员分散造成的资源浪费,加速了财务会计与管理会计的分离,降低了财务运作成本,有利于实现企业内部流程的精简化与标准化。财务共享服务的理论基础具体如下。

1. 规模经济理论

大规模生产能够有效提高劳动生产率,实现组织劳动的合理分工与再结合,通过收集大量生产资料,发现或者产生适合整体使用的劳动资料,达到节约的目的,形成规模经济。具体有两种渠道:一种是依靠企业自身的内部渠道,企业通过对内部资源整合,实现资源的重新分配,达到充分、有效利用的效果,从而提高经营效率,降低单位成本;另一种是依靠各企业配合的外部渠道,多个企业通过市场调节,合理进行地区布局,通过彼此的分工与联合,提高企业的运营效率。简而言之,如果企业实现规模经济,那么一定时间内随着企业生产的产品数量的增加,其单位成本会随之下降,从而提高经济效益。财务共享服务中心主要利用内部渠道帮助企业集中会计核算业务进行统一处理,通过投入先进技术、整合各项资源、完成专业化分工,促进了规模经济的形成,从而为企业降低了经营成本,优化了服务质量与资源配置,提高了运营效率。

2. 标准化理论

标准化是指在各团体组织的社会实践中,通过对重复性的概念和流程制定明确标准,实现概念流程的统一,以此提高效率,从而获得最佳秩序及最优效益。国际标准化组织(ISO)出版的《标准化的目的与原理》一书中介绍,标准化实际上就是一种对工作流程的简化。

这一处理方式有利于企业加强内部控制,便于为未来发展建立系统化管理。对于企业而言,实现标准化管理,需要企业针对生产经营活动中重复、繁琐的工作和业务流程,在严格贯彻实施国家、行业标准的基础之上,重新完成规范设计,明确统一管理和运行标准,以实现企业运营模式标准化。财务共享服务中心对庞大的、重复的财务业务实施标准化、专业化处理,制定统一工作标准和工作规则,确定统一数据口径,优化财务业务工作流程,这些都是基于标准化理论来完成的。

3. 流程再造理论

业务流程再造(business process reengineering,BPR)是20世纪90年代广泛流行的企业管理思想。流程重组和再造都需要回归流程本身,从全局出发,并非只是将现有流程简单加以改动,而是以保持整体运转最优为原则,结合信息技术和先进管理手段,舍弃传统模式无效之处,对流程中的每个环节进行优化改良,对零散部分加以有效整合,是对现有流程的重新规划和再创造,创新出全新的组织架构。业务流程再造能够有效去除企业冗余、无效的流程,摆脱传统结构束缚,改善企业业务流程复杂、低效的问题,提升企业整体业务处理速度,实现生产力的最优化使用。财务共享服务中心基于流程再造理论,利用先进的互联网技术和ERP系统,对财务工作流程重新设计,以标准化管理运行为手段,实现专业化、统一化流程处理,最大程度上集成组织架构功能和管理职能。

4. 竞争优势理论

企业发展是为了增加经济利益、提升品牌价值、占据市场份额,如何实现这些目标,让企业变得更加强大,就需要具备竞争优势,竞争优势可分为内外两个部分。从内部来说,竞争优势来源于公司宝贵资源、专业人才队伍、合理有效机制等;对企业外部而言,竞争优势来自市场大环境、竞争对手实力强弱等,如果企业缺乏竞争力,那么企业就无法持续在市场中生存。迈克尔·波特教授指出实施低成本差异化战略有助于企业获取竞争优势,差异化战略就是提供竞争对手没有的或更优质的产品或服务,形成独特性和不可替代性;低成本是指降低企业的生产成本,这样才能保证产品在价格上有竞争力。财务共享服务中心通过采用标准化管理,打破传统分散、复杂的业务流程,将业务、资源整合后进行专业化分工,由专人处理,能够帮助企业提高竞争力。其中,整合资源、细化专业分工有利于提高员工的熟练度,大大提高工作效率,节约时间和财务成本,使企业获取成本优势,更具有科学和可持续发展能力,有助于企业形成核心竞争优势。

■ 参考文献

[1] 伯建平.财务共享模式下资金管理体系的构建与实施[J].国际商务财会,2022(17):52-56.

[2] 黄洁卉,马丝语.财务共享模式下资金管理体系的构建与实施[J].财务管理研究,2022(05):126-130.

[3] 杜春海.财务共享服务模式下集团公司资金管理问题及建议[J].财会学习,2022(06):38-40.

[4] 王海文玥,仲伟淦.大数据时代下财务共享服务体系的应用研究:以平安集团为例[J].市场周刊,2022,35(01):126-128.

[5] 罗燕娜.财务共享模式下的公司营运资金管理分析[J].纳税,2021,15(18):119-120.

[6] 张文秀.财务共享模式下上市公司资金管理分析[J].商业会计,2021(09):102-105.

[7] 王相成.财务共享模式下集团企业资金管理模式分析[J].质量与市场,2021(08):46-47.

[8] 曹明.财务共享模式下集团企业资金管理探究[J].中国管理信息化,2020,23(09):6-7.

［9］迟源.财务共享服务模式下的集团企业资金管理[J].财会学习,2020(09):28-30.

［10］周鲜华,王璐瑶,梁左惠子,等.财务共享模式下集团企业资金管理模式研究:以碧桂园为例[J].财会通讯,2019(28):22-26.

［11］王佳琳.财务共享中心模式在中国平安集团的应用研究[J].河北企业,2019(08):80-81.

［12］王鑫.财务共享服务中心模式下的集团企业资金管理发展研究[J].中国总会计师,2018(07):54-56.

第九章　JX 公司定向增发下控股股东利益输送行为研究

定向增发是指上市公司向有限数目的资深机构(或个人)投资者发行债券或股票等投资产品,发行价格由参与增发的投资者竞价决定的一种增发形式,其发行程序与公开增发相比较为灵活。一般认为,该融资方式较适合融资规模不大、信息不对称程度较高的企业。

利益输送是指上市公司在公司股份相对分散的情形下,大股东为了实现自己的利益,利用内幕消息或经营手段达到上市公司的股价波动或经营业绩变化,从而使得庄家或其他公司盈利,这种做法会直接侵犯公司的中小股东的利益。

随着我国 2020 年 2 月份再次放宽定向增发准入门槛、鼓励引入战略投资者、缩短限售期等政策的发布,我国 A 股市场参与定向增发的企业明显增多。虽然政策的宽松可以吸引更多潜在投资者参与投资,但是我国企业一股独大的情况较为普遍,可能会出现一些上市公司的控股股东利用自身股权地位与定向增发政策的宽松性实施利益输送,所以在放宽政策的同时,也需要注意保护中小股民的权益不受到侵害,使得市场的资金得到有效配置。

2006 年《上市公司证券发行管理办法》的颁布,我国定向增发的发展才真正走上规范化道路,截至 2013 年,A 股市场完成了年均 147 次定向增发计划。定向增发的爆发时期则是在 2014 年至 2016 年,创业板的上市公司也可以实施定向增发,但是一些公司利用定向增发扩容、炒壳、圈钱的行为也随之频繁发生,中国证券监督管理委员会(以下简称证监会)为了矫正市场局面,在 2017 年 2 月限制了定向增发的定价方式、融资规模、间隔等,并结合实行减持新规,尽可能规避大股东利用定向增发圈钱、减持套现等侵害中小股东的行为。尽管缩紧再融资的条件可以有效遏制一些资本乱象,同时会再次加大企业融资难的问题。在此背景下,证监会在 2020 年 2 月再次出台定向增发新规,不仅将发行价格的折价率降低到 80%,而且延长了锁定期。截至 2021 年 12 月,超过 752 家上市公司先后发行了 794 次定向增发预案。放宽再融资政策在一定程度可以激发上市企业融资热潮,但是可能会再次引起一些资本乱象。本案例选取的案例对象 JX 公司正是在证监会放宽定向增发政策后发布了定向增发预案,结合 JX 公司控股股东在定向增发前后的高转送、关联交易、长期资金占用、高额股权质押等行为,认为其存在利用定向增发实施利益输送侵害中小股东权益的行为。故本案例以 JX 公司控股股东利用定向增发政策放宽的机会进行利益输送的行为作为研究,可以为警惕企业在不违反政策的前提下进行利益输送的类似情况提供一定借鉴意义。

一、背景描述

（一）公司简介

JX 公司创立于 1990 年,2001 年整体改制后组建 JX 集团有限公司,并于三年内在深圳证券交易所顺利上市,公司控股股东及法定代表人为 LG。JX 公司目前有三个生产线,分别为心血管系统生产线、中枢神经系统生产线和消化系统生产线。其中,JX 公司心血管系统生产线的重点生产产品为瑞舒伐他汀钙片和匹伐他汀钙分散片,瑞舒伐他汀钙片于 2006 年通过了国家仿制药质量和疗效一致性评价,2020 年,该生产线实现收入 7.93 亿元,同比下降 31%,主要是受到药物集采带来的价格降低的影响;JX 公司中枢神经系统生产线的主要产品是盐酸舍曲林分散片和左乙拉西坦片,都是同类产品中率先通过国家仿制药质量和疗效一致性评价的药物,2020 年,该生产线实现收入 4.13 亿元,同比增长 48%;JX 公司消化系统生产线的主要产品是康复新液和地衣芽孢杆菌活菌胶囊,该产品线目前的竞争对手较少,在 2020 年报告期内实现 4.04 亿元收入,同比下降 31%。此外,JX 公司的主要盈利产品之一瑞舒伐他汀钙片登上了 2021 年中国制药的品牌价值排行榜,成为中国国内制药医院终端降血脂药物的领先品牌之一。总体来看,JX 公司经营业绩一直表现良好,其营业收入、净利润、毛利率等盈利指标都呈现逐年递增的态势,所以对于 JX 公司这样优质的企业来说,更容易通过发行门槛本就不高的定向增发来进行融资。但是对于 JX 公司每次在定向增发前后的高分红、将大量募集到的资金用于补充公司流动资金及控股股东反复参与定向增发等反常现象,市场上也渐渐出现了一些质疑的声音。

（二）JX 公司的股权结构

通过 JX 公司提供的 2022 年年度报告可以发现,JX 公司目前的控制参股企业有

23家,其中全资子公司有10家,经营范围主要包括制造业、服务业和医疗器械产业产品的制造和营销;控股子公司有3家,主要经营业务是原料药的制造;间接控股子公司有3家,经营业务领域主要包括制造业和服务业;间接全资控股公司和联营企业分别有2家和5家,经营行业均为服务业。JX公司的子企业中收入和盈利最高的有4家,依次为上虞JX药业有限公司、深圳JF显示科技有限公司、上饶JX药业有限公司、内蒙古JX药业有限公司,其余子公司并非以盈利为目的,主要是辅助JX公司的业务而产生的一些研发机构和服务组织。

JX公司2022年无限售条件流通A股有65 640.77万股,限售流通A股为20 462.84万股。限售流通股中高管持股有13 706.08万股,其余为境内法人持股,共6 756.76万股。因此,JX公司在外股份中有约76%是无限售条件的流通股,仅有约24%的股份为限售流通股,而且非流通股主要由控股股东及其一致行动人持有。截至2022年年末,控股股东LG持有JX公司20.77%的股权,其中有15.57%为限售流通A股;控股股东LG的一致行动人JX控股集团有限公司(以下简称JX控股)持有JX公司15.68%的股权,其中有7.85%为限售流通A股,这也是为什么控股股东LG与其一致行动人JX控股在最近几年频繁进行股权质押套现的原因。JX公司2022年年末十大股东持股情况,如表9-1所示。

表9-1 JX公司2022年年末十大股东持股情况

股东名称	股东性质	持有A股占总股本比例	持有流通A股占总股本比例	持有限售流通A股占总股本比例
JX控股集团有限公司	其他	15.68%	7.83%	7.85%
LG	个人	20.77%	5.19%	15.57%
LYY	个人	2.72%	2.72%	0.00
XG中央结算有限公司	境外法人	2.49%	2.49%	0.00
KWT政府投资局	境外法人	2.30%	2.30%	0.00
SH国际集团资产管理有限公司	国有法人	1.43%	1.36%	0.00
TKRS保险有限责任公司——传统	其他	1.19%	1.19%	0.00
TKRS保险有限责任公司——分红	其他	1.03%	1.03%	0.00
YM	个人	0.98%	0.98%	0.00
ZGH股份有限公司	其他	0.88%	0.88%	0.00
合计		49.47%	26.05%	23.42%

数据来源:JX公司2022年年度报告。

二、JX 公司定向增发存在的问题

（一）JX 公司历年定向增发过程

1. 第一次定向增发

JX 公司第一次进行定向增发是在 2011 年 2 月 18 日，发行 2 478.142 0 万股，募集 4.535 0 亿元，定向增发对象有 7 人，其中的 YJ 公司属于 JX 公司的关联方，此次交易属于关联交易，因为 YJ 公司的实际控制人为 JX 公司的控股股东 LG，具体股权结构，如图 9-1 所示。此次发行的最终定价为 18.30 元/股，而发行底价为 15.79 元/股（发行询价日前 20 个交易日公司 A 股股票交易均价的 90%），所以发行价格满足证监会的要求，其中 YJ 公司以 9 070 万元认购 495.628 4 万股，认购比例约为 20%。

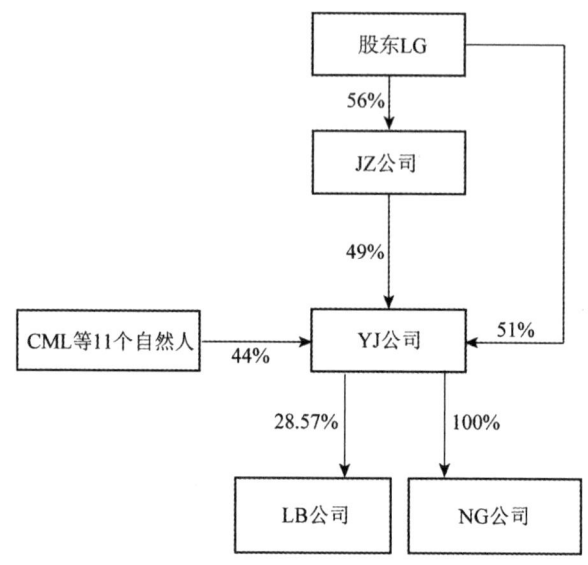

图 9-1　YJ 公司股权结构

值得注意的一点是，在 JX 公司发布的定向增发预案中，提及 YJ 公司与 LB 公司在定向增发前 24 个月内存在重大关联交易，即 LB 公司为 YJ 公司提供过不超过 1 亿元的短期借款担保，截至 2010 年 12 月 31 日，LB 公司为 YJ 公司提供了 6 274 万元的担保。此外，JX 公司又于 2011 年受让了 YJ 公司持有的上海 JX 生物医药有限公司 30% 股权，受让金额为 2 417.86 万元，至此 JX 公司持有上海 JX 生物医药有限公司全部的股份。这两项重要的关联交易涉及金额合计约为 8 700 万元，刚好发生在认购定向增发股票前的时点，不免让人怀疑 YJ 公司两次关联交易是否是为了筹集认购定向增发股票的资金而进行的。

2. 第二次定向增发

JX 公司在 2013 年 12 月 18 日发布了第二次定向增发预案，最终以 15.10 元/股增发

3 378.807 9万股,募集资金总额为人民币 5.102 0亿元,定向增发对象为特定的7人,其中,JX控股是JX公司控股股东LG的一致行动人,JX公司与JX控股之间的股权结构具体如图9-2所示。因此,此次认购JX公司的定向增发股票为关联交易,认购比例约为此次发行的20%,认购金额约为1亿元,以现金支付,而且在第二次定向增发过程中,JX控股与发行人及发行人旗下子公司之间并没有发生过关联交易。另外,原本JX公司此次发行的底价应为11.59元/股,但是在半年之后,JX公司突然发公告称此次发行底价会受到2013年度分红方案的影响,即每10股派现1元股利,需要将发行底价调整为11.49元/股,而最终的发行价格定位15.10元/股,所以这次定向增发中两次发行底价的变动并不大,对最终发行价格的影响也不会很大。

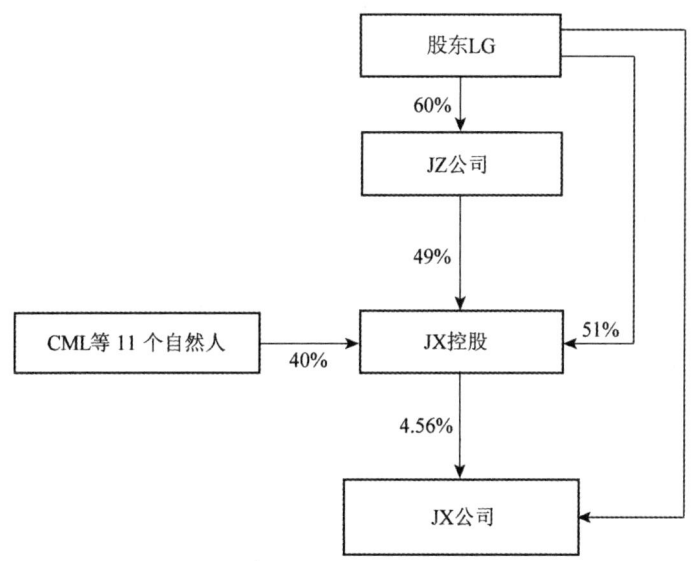

图9-2 JX公司与JX控股股权结构

3. 第三次定向增发

JX公司第三次定向增发是为了购买资产而向控股股东LG发行定向增发募集配套资金,JX公司在2015年7月28日发布定向增发预案,以发行股份和支付现金的混合方式购买深圳JF显示科技有限公司90%的股权,目标资产评估价值为6.93亿元,其中现金支付的部分为40%,即2.77亿元,剩余60%的部分以向深圳JF显示科技有限公司的股东发行股票的方式,现金支付的部分JX公司并未直接使用自身的现金流,而是通过向JX公司控股股东LG定向增发股票筹资。这次定向增发的方式属于定向增发购买资产,与本案例中其他四次通过定向增发筹资开展项目不是同一个类型,所以本案例重点研究控股股东在其他四次定向增发中的利益输送行为。

4. 第四次定向增发

JX公司在2016年5月24日发布了定向增发预案,最终发行9 812.667 2万股,募集资金11亿元,定向增发对象有6名,其中JX控股是JX公司的关联方,其认购比例约为20%。首先,这次发行的底价受到前期权益分配方案的影响而有所调整,具体如下:

$$调整后的发行底价 = \frac{调整前发行底价 - 每股派发现金股利}{1 + 每股转增股本数}$$

在此次定向增发中,2016年5月23日既是定价基准日的前一天又是2015年权益分配方案的除权除息日,所以JX公司2016年的定向增发方案受到2015年权益分配方案的影响,其权益分配方案为"每10股派现1.50元,每10股转增10股"。根据上述公式计算得出本次调整前的发行底价为22.41元/股,调整后的发行底价为11.13元/股。其次,此次定向增发的发行底价不仅受到2015年权益方案的影响,还受到2016年权益方案的影响,2016年度权益分派方案为"每10股派现1元",所以经过调整后的发行底价为11.03元/股,受到两次权益分配方案的影响,折价率几乎达到50%。最后,根据投资者认购情况,本次发行的发行价格最终确定为11.21元/股,相对于本次发行申购报价日前20个交易日JX公司股票的交易均价11.72元/股来说,本次发行价格的折价率为95.65%,刚好满足证监会的要求。

5. 第五次定向增发

2020年7月14日,JX公司第七届董事会第十一次会议公告通过JX公司2020年度定向增发预案,以JX控股及JX公司第三期员工持股计划为发行对象,分别融资5亿元与1亿元,其发行价格原定为9.12元/股,不低于定价基准日前20个交易日JX公司A股股票交易均价。而JX公司2020年度的权益分配方案为"每10股派现3.50元和每10股转增2股",权益分配方案在2021年5月份实施后,JX公司的发行价格则由最初确定的9.12元/股调整为7.40元/股,其2020年年度分红基数也以定向增发之后的股本数为分红基础。此外,JX公司2020年度定向增发的对象在发行预案之后发生了变化。根据证监会的定义,战略投资者是指能带来较强战略性资源的投资者,所以JX公司将自己的员工作为定向增发的对象引起了证监会的质疑,并于2020年7月16日收到证监会的询问。最终,JX公司迫于舆论与证监会的压力,未将员工作为此次定向增发的对象,仅对JX公司控股股东(实际控制人LG)进行定向增发融资5亿元。

(二) JX公司定向增发融资的必要性分析

1. 资金充足

为了更加深入地分析JX公司资金的充足性,下面本案例将从JX公司的资产的流动性与现金流动情况进行分析。

首先,从表9-2可以看到医药行业的平均流动比率基本稳定在2左右,而JX公司的流动比率在最近五年基本维持在2~3.5左右,除了2016年JX公司的流动比率低于医药行业平均流动比率的平均值,其他年份基本高于行业平均,由此可见JX公司持有高于行业平均的流动性资产。通过对JX公司2020年度流动资产组成的进一步分析可知,其2020年年初的货币与交易性金融资产共计24亿元,2020年年末的货币资金与交易性资产共计20亿元,所以JX公司在2020年度持有大量可及时变现的资金。

表9-2 JX公司2016—2020年流动比率与医药行业平均流动比率

年份	2020年	2019年	2018年	2017年	2016年
JX公司	2.02	1.97	2.36	3.45	1.96
医药行业	2.02	1.91	1.89	3.04	2.03

数据来源:Choice金融终端。

其次,JX公司2013年募集的4.9亿元,其中2.7亿元变更用途,用于永久补充企业流动资金(实施的项目被终止);2016年募集的10.5亿元,其中4.2亿元截至2020年年末还未使用,并用于暂时补充流动资金与购买保本型金融理财产品。由此可以看出,JX公司2020年利用定向增发融资时,资金较为充足,仅2013年与2016年筹集的资金中就有接近7亿元用于补充流动资金。因此,不管是JX公司2020年账面上持有的大量可及时变现的资金,还是之前两次定向增发融资暂未使用的资金,都足够其进行此次定向增发融资的项目,在这样的资金状况下,JX公司定向增发的必要性要减弱很多。

最后,通过分析JX公司2020年第一季度至2021年第一季度五个季度的现金流量表可以发现,这五个季度经营净现金流均为正数,分别为1.22亿元、0.82亿元、2.75亿元、0.34亿元、0.82亿元,说明JX公司的日常业务经营现金流状况良好;而投资活动除了2020年第一季度为-2.78亿元,其他季度均为正数,甚至在2020年第二季度与第四季度投资净现金流分别达到了4.01亿元与3.39亿元,其主要的投资来源并不是处置固定资产所得,而是收回投资所得;其筹资活动的现金流几乎均为负,尤其是2020年第二季度的筹资活动现金流为-5.71亿元,主要是为了支付上期分配的股利2.32亿元及支付筹划定向增发活动1.3亿元。尽管JX公司在筹资活动中的净现金流为负数,其在2020年第一季度至2021年第一季度的期末现金余额都很充足,截至2021年第一季度末,JX公司的现金余额达到9.85亿元。因此,从JX公司的现金流表现情况来看,JX公司的现金流是比较充裕的。JX公司2020—2021年季度现金流量表,如表9-3所示。

表 9-3　JX 公司 2020—2021 年季度现金流量表　　　　　单位：亿元

报告日期	2021年第一季度	2020年第四季度	2020年第三季度	2020年第二季度	2020年第一季度
一、经营活动产生的现金流量：					
经营活动现金流入小计	9.48	6.88	11.07	9.94	9.20
经营活动现金流出小计	8.66	6.53	8.32	9.12	7.98
经营活动产生的现金流量净额	0.82	0.35	2.75	0.82	1.22
二、投资活动产生的现金流量：					
投资活动现金流入小计	5.67	6.42	9.91	9.20	4.28
投资活动现金流出小计	3.72	3.03	9.89	5.19	7.06
投资活动产生的现金流量净额	1.95	3.39	0.02	4.01	-2.78
三、筹资活动产生的现金流量：					
筹资活动现金流入小计	0.24	-0.01	0.01	-0.01	3.02
筹资活动现金流出小计	2.01	0.48	1.05	5.70	0.74
筹资活动产生的现金流量净额	-1.77	-0.49	-1.04	-5.71	2.28
四、汇率变动对现金及现金等价物的影响	-0.01	-0.08	-0.02	0.00	0.00
五、现金及现金等价物净增加额	0.99	3.16	1.72	-0.89	0.71
加：					
期初现金及现金等价物余额	8.86	5.70	3.98	4.88	4.16
期末现金及现金等价物余额	9.85	8.86	5.70	3.98	4.88

2. 资本结构

从表 9-4 可以看出医药行业相对于其他行业来说，资产负债率偏高，除了 2021 年资产负债率为 19.97%，其他年份基本维持在 40% 以上，说明医药行业的资本结构相较于权益融资来说，债务性融资也占据主要地位，这可能是因为医药行业的项目相对于其他行业项目来说，周期一般较长，前期研发支出的成本在短时间内可能无法收回，那么对于投资者来说面临的风险也就会更大，所以在筹集资金方面，医药行业也会较多考虑债务融资。而 JX 公司的资产负债率则是在 30% 左右，比行业要低 10% 左右，说明 JX 公司在企业的融资方面，更加倾向于权益融资，近十年间进行 5 次定增活动，其中 4 次融资金额近 16 亿元，并且 JX 公司分别在 2016 年和 2019 年进行过 2 次员工持股计划，2019 年成功实施了计划融资 1 500 万元。因此，如果仅从资产负债率这一指标上看，JX 公司与行业相比，其资产负债率偏低，JX 公司也是可以通过增加杠杆来融资，而非一定通过定向增发来增加资本。

表 9-4　JX 公司 2016—2021 年资产负债率与医药行业平均资产负债率

年份	2021 年	2020 年	2019 年	2018 年	2017 年	2016 年
JX 公司	24.50%	30.59%	34.03%	28.41%	19.14%	26.26%
医药行业	39.40%	42.20%	43.75%	44.12%	41.86%	40.30%

（三）JX 公司定向增发中控股股东利益输送行为分析

1. 定向增发中控股股东利益输送行为的动因分析

1）利用此次放宽的再融资制度

一方面，根据 2020 年度的再融资新规，如果上市公司在本次非公开发行定价基准日至发行日期间发生派息、送股、资本公积金转增股本等事项的，需要对发行价格进行调整，所以上市公司可以搭配使用高送转的分红策略，对发行价格进行调整，而且当年的折价率也由 90% 降低到 80%，这也是 JX 公司最近一次定向增发所使用的降低定向增发价格的"合理化"方法。此外，2020 年的再融资新规放宽了定价基准日的确定日期，由发行日变更为本次非公开发行股票的董事会决议公告日、股东大会决议公告日或者发行期首日，这样也方便上市公司找到较低的定价区间。

另一方面，定向增发对于上市公司期末是否持有大额理财产品的限制不严。虽然证监会在 2017 年对再次定向增发的前提条件中规定了不允许上市公司上期期末存在金额较大的、期限较长的交易性金融资产和可供出售金融资产等理财性产品，但是在 2020 年的再融资新规中只有针对公开发行股票有相关规定，对非公开发行股票则没有相关规定，这样就使得原本资金很充裕的上市公司可以实施定向增发。这些调整与变动使得 JX 公司控股股东有很大的动机利用定向增发制度上的宽松来为自己牟利，实施利益输送。

2）维持控股股东地位

JX 公司控股股东 LG 在第一次实施定向增发的前三年，每年年末持股比例分别为 24.74%、24.74% 和 29.73%，为 JX 公司控股股东和实际控制人。事实上，JX 公司在过去的五次定向增发过程中，每次的定向增发对象中都会包括实际控制人 LG，其他定向增发对象则是一些基金、投资公司等。在 2016 年与 2020 年的定向增发对象中，JX 公司将自己的员工也作为定向增发对象，但没有通过证监会的审核而失败。从表 9-5 中可以发现，实际控制人 LG 参与定向增发或是通过自己的一致行动人参与定向增发，而且五次定向增发中有三次定向增发的比例都是 20%。从控股股东参与定向增发之后合计的持股比例来看，除了 2020 年的定向增发之后持股比例达到了 33%，其他几次基本维持在 27%~28%，持股比例较为稳定。所以 LG 每次都参与认购的主要原因除了从中获利，还有维持自己的控股股东地位，进而使自己能够持续从 JX 公司中为自己输送利益。

表 9-5　JX 公司历年定向增发后控股股东持股比例情况

年份	控股股东 LG 认购比例	JX 控股认购比例	YJ 公司认购比例	认购后控股股东持股比例
2011 年			20%	27.82%
2013 年		20%		27.46%
2015 年	40%			28.87%
2016 年		20%		27.69%
2020 年		100%		33.34%

3）公司内部治理结构存在缺陷

JX 公司历次定向增发与分红情况，如表 9-6 所示。

表 9-6　JX 公司历次定向增发与分红情况

年份	分红情况	定向
2011 年	每 10 股送 2 元现金股利	对象：含 JX 控股；发行价格为 18.30 元/股
2012 年	每 10 股送 1.50 元现金股利 + 每 10 股转增 10 股	
2013 年	每 10 股送 1 元现金股利	对象：含 JX 控股；发行价格为 15.10 元/股
2014 年	每 10 股送 1.50 元现金股利	
2015 年	每 10 股送 1.50 元现金股利 + 每 10 股转增 10 股	对象：含控股股东 LG；发行价格为 21.31 元/股
2016 年	每 10 股送 1 元现金股利	对象：含 JX 控股；发行价格为 11.21 元/股
2017 年	每 10 股送 2 元现金股利	
2018 年	每 10 股送 3 元现金股利	
2019 年	每 10 股送 3.50 元现金股利	
2020 年	每 10 股送 3.50 元现金股利 + 每 10 股转增 2 股	对象：含 JX 控股；发行价格为 7.40 元/股

首先，JX 公司从 2015 年开始，每年均有高管离职，而且根据其 2020 年年报中关于公司高管的任职情况来看，几乎所有的董事、经理、总裁等均是于 2019 年 12 月任职，唯一从 2013 年任职的副总裁 ZL 则于 2020 年 10 月主动离职，对于这一反常情况，JX 公司解释为其由于个人原因辞职。

其次，从股权分布来看，JX 公司 2022 年年末，前十大股东的持股比例分别为：LG 与其一致行为人 JX 控股合计持股 36.45%，LYY 持股 2.72%，XG 中央结算有限公司持股 2.49%，KWT 政府投资局持股 2.30%，SH 国际集团资产管理有限公司持股 1.43%，TKRS 保险有限责任公司（传统）持股 1.19%，TKRS 保险有限责任公司（分红）持股

1.03%，YM持股0.98%，ZGH股份有限公司持股0.88%。从前十大股东的持股比例上来看，JX公司的股权较为分散，第一大股东LG有绝对的控制权。

再次，从JX公司的董事与监事的组成上来看，在董事会层面，JX公司的董事有四位，均是2019年10月任职的，其中有两位与LG共同担任JX公司旗下重要子公司的董事或执行董事或监事，还有一位董事在JX控股担任执行董事；在监事会层面，JX公司的监事会有三位，其中LFJ于2013年任职，他不仅是JX公司的监事，还与一位董事会成员共同在JX公司旗下重要子公司JS公司担任监事。所以JX公司的董事会、监事会与控股股东LG之间是很容易存在各种利益关系的，直接或间接地受到控股股东LG的影响，这样的董事会在作决议时很可能形成控股股东一股独大的局面，监事会也不能完全起到监督的作用。

最后，JX公司有六位独立董事与四位副总裁共十位，其中有九位是2019年10月后任职的，其独立董事在2020年一共参与了14次会议，但仅有2次是现场出席，其余12次均是以电话或视频的方式进行，所以独立董事对公司一些决议的具体情况可能并没有了解清楚，独立董事的设置有形同虚设的嫌疑。

由此可见，JX公司的内部治理结构不能起到有效监督的作用，这也是JX公司控股股东能够利用定向增发进行利益输送的内部动因之一。

2. JX公司定向增发中控股股东存在的利益输送方式分析

1）定向增发前后的高送转行为

从表9-6可以看出，JX公司每当要进行定向增发时，都会在定向增发前后进行高现金股利+转增的分红操作，虽然看起来是在给中小股东发放福利，但是实际上也是控股股东利用定向增发为自己输送利益一种手段。

首先，当上市公司在发出定向增发预案后，在下一个会计年度进行高送转的分红政策，可以使定向增发的对象获得更多的股利分红，而JX公司2011年的权益分配方案是"每10股送2元现金股利"，在2011年发布了定向增发预案后，2012年的权益分配方案则比去年更为丰厚，即"每10股送1.50元现金股利+每10股转增10股"；此外，2013年的权益分配方案是"每10股送1元现金股利"，在2013年进行第二次定向增发后，2014年的权益分配方案比2013年分配的现金股利更多，即"每10股送1.50元现金股利"。JX公司在2011年与2013年的定向增发中均存在定向增发后一年度进行大额分红的情况，这是由于参与定向增发的股东在短时间内股权无法脱手套现，试图利用利润分红来获得更多的收益。

其次，上市公司在发布定向增发预案前，当年或者前一个会计年度进行高送转的分红政策，可以通过降低定向增发的底价，进而降低定向增发的股价来达到为控股股东输送利益的目的。如果上市公司在本次非公开发行定价基准日至发行日期间发生派息、送股、资本公积金转增股本等事项,需要对发行价格进行调整,具体如下:

$$调整后的发行底价 = \frac{调整前发行底价 - 每股派发现金股利}{1 + 每股转增股本数}$$

从表9-6中可以看到,JX公司2016年定向增发前一个会计年度进行了高分红,2020年定向增发的当年也进行了高分红,而发行底价也都受到了高分红的影响。2015年的权益分配方案为"每10股送1.50元现金股利+每10股转增10股",比2016年的权益分配方案"每10股送1元现金股利"有更大的分红效果;而2016年的定向增发方案的发行底价也受到了2015年权益分配方案的影响,其发行底价由22.41元/股调整为11.13元/股,最终发行价格确定为11.21元/股,与调整前发行底价22.41元/股相比折价率接近50%,与调整后的发行底价11.13元/股相比折价率为95%,刚好符合证监会要求的定向增发折价率不低于90%的要求。还可以发现,JX公司2020年的权益分配方案为"每10股送3.50元现金股利+每10股转增2股",比2019年的权益分配方案"每10股送3.50元现金股利"增加了"每10股转增2股"的股票分红;而2020年的定向增发的发行底价也受到了2020年权益分配方案实施的影响,经过调整后由最初的9.12元/股调整为7.40元/股。这种调整模式是控股股东参与的定价发行模式,而非以往的询价发行,定价发行模式更方便控股股东进行利益输送。另外,在2020年7月14日定向增发方案公布后,JX公司的股价最高达到15.46元/股,相当于其定向增发的对象JX公司控股股东LG通过定向增发实现股权增值5.48亿元[(15.46 - 7.4) × 0.08]。

最后,正是因为定向增发的股票一般都存在90%~80%甚至更低的折价率,所以非上市公司的控股股东可以在一年后选择合适的时机以高价出售股票来减持套现。虽然JX公司控股股东并没有频繁或连续减持的行为,但是从表9-7可以看到,JX公司从2019年开始,基本每个季度中前十大股东都会有2~3位股东进行减持,如XG中央结算有限公司在2020年频繁减持。股东减持并不违法,但是以低于市场价格购入股票,找合适时机抛售套现的行为,不仅对于中小股东来说并不公平,而且也不利于资本市场融资的健康发展。

表9-7 JX公司2019—2021年前十大股东减持情况　　　　　金额单位:元

年份	股东名称	减持金额	持股比例变动
2019年第二季度	杭州玖擎投资管理合伙企业	20 460 845	-1.00%
	XG中央结算有限公司	13 167 853	-0.74%
	中欧价值发现股票型证券投资基金	12 862 627	-0.14%

（续表）

年份	股东名称	减持金额	持股比例变动
2019年第三季度	杭州玖擎投资管理合伙企业	13 212 845	−1.00%
	中欧恒利三年定期开放混合型证券投资基金	11 109 705	−0.14%
2019年第四季度	LYY(自然人股东)	32 597 388	0.00
2020年第一季度	杭州玖擎投资管理合伙企业	10 012 930	−0.44%
	芜湖弘唯基石投资基金管理合伙企业	7 220 000	−0.67%
2020年第二季度	杭州玖擎投资管理合伙企业	9 512 930	−0.07%
	HYP(自然人股东)	6 950 000	−0.05%
2020年第三季度	XG中央结算有限公司	11 645 183	−2.22%
2020年第四季度	XG中央结算有限公司	7 456 090	−0.55%
	LRF(自然人股东)	5 748 000	−0.05%
2021年第一季度	LYY(自然人股东)	19 497 288	−1.86%
2021年第三季度	XG中央结算有限公司	12 454 072	−0.14%
	YM(自然人股东)	8 529 000	−0.08%

2）定向增发前的关联交易行为

（1）JX公司于2020年6月18日发布公告称其要使用自有资金4.7亿元，购置FY公司的物业资产作为厂房，而FY公司其实是JX控股的子公司，其实际控制人为LG，也就是属于JX公司控股股东的附属企业。但是在2020年年初，JX公司的投资性房地产、在建工程占固定资产账面价值的26%，说明JX公司闲置与出租的房产并不少，所以JX公司需要向控股股东购买代建房产的充分性不足。换句话说，JX公司的控股股东LG在2020年6月份通过JX公司以4.7亿元购买其名下子公司的资产，然后控股股东LG再添3 000万元认购JX公司7月份的定向增发的股票，以左手换右手的方式，获得JX公司6 800万股股份来实现利益输送。另外，对FY公司的物业资产进行估值的评估机构为上海DZ资产评估有限公司，该公司有关证监会的问询函的记录多达67条，所以上海DZ资产评估有限公司给出的评估价格的可信度也会打折扣。

（2）JX公司除了2020年定向增发前出现了金额较大的关联交易，在2011年的定向增发前也出现过关联交易，即前文提及的YJ公司子公司LB公司在2010年12月31日前，为YJ公司提供了6 274万元的担保，再加上JX公司于2011年受让了YJ公司持有的上海JX生物医药有限公司30%的股权，受让金额为2 417.86万元，这两笔金额合计约为8 700万元，而YJ公司在2011年定向增发中认购的股票金额约为9 000万元，所以YJ公司可以利用这些关联交易获得的资金完成定向增发股票的认购，控股股东不用付出对价就可以直接或间接获得股权,这不管是对中小投资者来说还是对参与认购的其他投资机构来说都不公平。

3) 定向增发后高额的股权质押

在巨潮资讯上搜索 JX 公司控股股东 LG,发现其从 2010 年至今进行股权质押的次数超过 90 次。从表 9-8 中可以看到,最近 10 年来,JX 公司控股股东 LG 一直在频繁进行股权质押;从 2013 年开始,几乎每年都有超过 50% 的股权处于质押状态,根据其质押公告显示,被质押的股份有限售股、流通股及高管锁定股;截至 2022 年 1 月,JX 公司控股股东 LG 与其一致行动人 JX 控股持有的 JX 公司全部股份中有超过 55% 的股份处于质押中,而且在股权质押公告中没有对其股权质押的原因进行解释说明,并不是上市公司的生产经营需要。JX 公司的控股股东 LG 在 2013 年质押 1 550 万股,其中 1 400 万股为高管锁定股,而截至 2015 年,被质押的高管锁定股达到了 2 680 万股。JX 公司控股股东频繁的股权质押行为,究其原因,主要是因为通过上市公司定向增发认购的股票存在限售期及高管抛售股票限制等,使得控股股东所持有的股权在短期内不容易减持变现,只能通过股权质押来进行变现。通过前文分析可知,JX 公司的现金流是较为充裕的,控股股东可能是将股权质押套现的资金为个人所用,而还款的资金来源可能是 JX 公司的生产经营所得,这种做法对中小股东并不公平。同时,控股股东这么高比例的股权质押是存在一定风险的,尤其 2015 年控股股东股权质押的比例高达 85%,一方面可能会丧失对上市公司的控制权,另一方面是将爆仓的风险留给了中小股东。

表 9-8 JX 公司历年股权质押情况

年份	控股股东 LG 质押股份占自身所持有股份比例	YJ 公司质押股份占自身所持有股份比例	JX 控股质押股份占自身所持有股份比例	LG 及其一致行动人合计质押股份占自身所持有股份比例	LYY 质押股份占自身所持有股份比例
2010 年	16.55%			16.55%	
2011 年	16.55%	100%(3.92%)		37.93%	
2012 年	16.55%	100%(3.93%)		37.93%	36.50%
2013 年	12.77%	53.43%		53.43%	74.09%
2014 年	26.30%		99.44%(6.38%)	43.26%	
2015 年	85.71%			85.71%	
2016 年	72.71%		72.71%		
2017 年	74.35%		75.88%	74.76%	
2018 年	57.62%		83.09%	65.18%	
2019 年	57.45%		76.53%	62.67%	

(续表)

年份	控股股东LG质押股份占自身所持有股份比例	YJ公司质押股份占自身所持有股份比例	JX控股质押股份占自身所持有股份比例	LG及其一致行动人合计质押股份占自身所持有股份比例	LYY质押股份占自身所持有股份比例
2020年	46.85%		63.43%	53.98%	
2021年	49.73%		63.43%	55.62%	

4) 定向增发后的资金占用

从前文对JX公司现金状况的分析可知,JX公司现金流非常充裕,历次定向增发中有不少资金转为补充企业流动资金,这些充足的资金才能支持上市公司不断向子公司输入现金。从表9-9可以看到,JX公司2011年至2016年存在资金占用均为上市公司给予其控股子公司用于资金周转的情况,相应的大部分款项都在当年偿还;但是从2017年开始,存在上市公司与其控股子公司之间的非经营性往来,主要是由于证监会在2017年提出了上市公司资金往来、对外担保的监管要求,对上市公司与其关联方之间产生的资金占用严加防范,所以在2017年之后,同样的关联方之间的资金周转被归类为非经营性往来,而不是资金占用。另外,JX公司在2020年首次出现与其控股股东的附属企业存在9 400万元的资金往来,这9 400万元是购置房产的预付款项,而该房产也正是前文提及的JX公司购买控股股东LG控制的子公司旗下的房产,此处已付房款20%的定金也存在控股股东用于周转定向增发支付款的嫌疑。

表9-9 JX药业历年资金占用情况

年份	当年累计占用资金		当年剩余占用资金余额		资金用途
	上市公司子公司(亿元)	控股股东及其附属公司(万元)	上市公司子公司(万元)	控股股东及其附属公司(万元)	
2011年	7.0	89.0	10 800	18	经营性占用/资金周转
2012年	13.6	8.8	8 500		经营性占用/资金周转
2013年	7.9		5 800		经营性占用/资金周转
2014年	4.3		5 900		经营性占用/资金周转
2015年	10.5		6 600		经营性占用/资金周转
2016年	8.7		5 800		经营性占用/资金周转
2017年	4.3		9 500		非经营性往来/资金周转
2018年	7.1		9 400		非经营性往来/资金周转
2019年	8.6		14 000		非经营性往来/资金周转
2020年	6.3	9 400	2 000	9 400	非经营性往来/资金周转

5) 定向增发后与关联企业的资金往来

对 JY 公司关联企业的资金往来进行进一步分析时,发现与 JY 公司频繁资金往来的关联企业中,上海 JX 生物医药有限公司是 JX 公司 100% 控股的子公司,企查查中显示上海 JX 生物医药有限公司由 JX 公司控股股东 LG 担任执行董事、JX 公司的财务总监及副董事 CML 担任监事。从 2012 年以来,JX 公司每年会向该子公司提供大额资金,占上市公司的其他应收款的比例都比较高,在 2013 年、2014 年、2015 年、2016 年、2020 年分别达到了 87%、94%、88%、88%、75.72%,结合 JX 公司每年的资金占用报告分析,只有当子公司影响到上市公司 10% 以上利润的营业收入才会在年报中显示;该子公司有一半以上的营业收入为房租收入,去掉租赁收入,其主营业务收入每年只有几百万元,而其资金往来却达到千万元级别。对比 JX 公司年报中其他几家子公司,内蒙古 JX 药业有限公司承包 2011 年定向增发项目"年产 1 000 万盒康复新液技术改造项目",上虞 JX 药业有限公司承包 2011 年定向增发项目"年产 1 000 吨左氧氟沙星技术改造项目",但上海 JX 生物医药有限公司并不是 JX 公司历次定向增发选择承包项目的施工单位,所以超出其业务资金需求量部分的大额资金最终会流入到子公司实际收益人 LG 的手里进行占用。

首先,能够驱动 JX 公司控股股东将定向增发作为利益输送的主要原因是外部动因即定向增发政策的宽松性,尤其 2020 年放宽了再融资政策,促使 JX 公司控股股东选择以定向增发来实施利益输送行为;内部因素是 JX 公司在治理结构上存在一定缺陷,无法制约控股股东的一些行为,而控股股东历次参与定向增发可以保证自己的控股股东地位进而更有利于其实施利益输送行为。

其次,在定向增发中,控股股东通过定向增发后的高分红使自己无偿获得更多的现金红利,在定向增发前实施高分红可以降低在定向增发中的发行价格,在定向增发前与上市公司产生关联交易则可以获得一定现金流,高股权质押变现既可以保证控股股东的控制权又可以获得现金。而控股股东 LG 通过历次定向增发使得 JX 公司拥有充分的现金,通过给其任职的子公司输送现金,间接占用了 JX 公司的资金。

最后,控股股东的这些利益输送行为,对 JX 公司产生的经济负面影响主要表现在:短期内市场无法识别出控股股东的部分利益输送行为,长期来看股价下跌十分明显,进而影响到中小股东的权益;当定向增发的项目资金并没有用于项目实施,反而被控股股东占用,虽然不会显著影响企业现有的经营活动,但是不会为企业创造更多的利润增长点,不利于上市公司的长期发展。

三、改进与应用

1. 优化公司治理结构

目前,"一股独大"的局面在我国上市公司中比较常见,本案例的研究对象 JX 公司其股权结构也是呈现"较为分散"与"一股独大"的局面,第一大股东是 JX 公司的控股股东 LG,第二大股东为 JX 控股,也受控股股东 LG 的直接控制,而且在 JX 公司历次定向增发过程中,控股股东或一致行动人都会作为认购对象之一来维持自己的地位,所以 JX 公司控股股东 LG 对 JX 公司始终具有绝对的控制权。同时,通过分析 JX 公司内部治理结构,我们可以发现 JX 公司的多位董事与监事均与控股股东 LG 之间存在一定关联关系。

因此,只有从企业内部治理结构进行优化,才能有效制止控股股东的利益输送行为:一是 JX 公司的董事和监事层面,主要问题在于部分董事、监事与控股股东之间存在一定利益关系,可以通过适当增加一些与控股股东无关联关系的董事与监事人选,提高监事会在 JX 公司中的地位,尽量避免形同虚设的情况出现;二是 JX 公司独立董事层面,独立董事并没有实际参与 JX 公司的一些会议与决策,未能发挥监督作用,独立董事作为外部聘请的专业人员,应该发挥自身的专业能力,对 JX 公司的各类决策进行专业的分析评估,指出其中不合理之处,JX 公司可以通过增加独立董事的人数及增强对独立董事的专业要求,并要求如无特殊情况,独立董事必须参加公司会议并针对会议内容出具专业报告等,来提高独立董事对 JX 公司的监督作用。

2. 加强对定向增发融资项目的后期监管

尽管相关部门针对上市公司通过定向增发来募集资金的筹集过程设置了一定的规则制度及审核程序,对于项目实施的后续追踪并没有进行有效的监督。在本案例中,JX 公司在 2013 年与 2016 年实施了两次定向增发,共计筹集资金近 16 亿元,开展了三个项目,只有一个项目建设完毕,但是该项目第一年的盈利只有 55 万元,与其定向增发方案中预计的每年 8 700 万元盈利的承诺相差甚远;剩余两个项目,一个项目被终止实施,另一个项目延期三年,募集的资金 50% 以上未被使用或者被用于购买理财产品及补充流动资金,项目效益表现不佳,资金的使用效率不高。所以本案例认为,相关部门在审核上市公司通过发行股票来筹集资金时,应该在事前审核上市公司已完成项目的实施情况、资金的使用情况、项目的效益等,如果上市公司之前的项目已存在一定问题,就应该对其未来项目的融资进行更细致的审核甚至不予通过;在事中应该派专业人士实时跟踪上市公司项目的实施,如果专业人士评估发现资金有剩余可以考虑是否应将定向增发募集的资金返还投资者;在事后发现项目出现被终止、无法完成或效益未达到预期的情况,也应该及时追究上市公司相关人员的责任,进行处罚,当外部监管部门给融资开展项目一定监督压力及对应惩罚措施时，部分企图利用融资来为自己牟利的人也会考虑产生的经济后果与成本。

3. 规范定向增发的制度

根据前文对我国定向增发制度的发展历程的分析可以看到，我国在2020年再次放宽定向增发制度后，频繁发生上市公司利用定向增发进行利益输送的情况，所以本案例选取的案例对象正是在2020年放宽定向增发政策后实施定向增发行为的企业，以JX公司为案例对象研究其控股股东是否存在利益输送的行为，结合定向增发制度提出一些预防利用定向增发实施利益输送的建议：一是2020年定向增发制度降低了折价率，由90%降低至80%，降低折价率有利于吸引社会投资者参与定向增发，但是本案例的JX公司通过定向增发前高送转行为降低定向增发股票的发行价格，是否可以考虑排除高送转对于股票发行价格或者发行底价的影响；二是定向增发前的关联交易及资金占用情况应该引起重视，上市公司应出具详细的报告对这些交易的资金流动与使用情况进行说明，以免被上市公司控股股东挪用；三是应限制将募集资金用于购买理财产品或者补充流动资金，筹集到的资金可以按照项目进度分期汇款以供项目实施使用，如果将从社会上筹集到的资金用于购买理财产品，其实是对社会资源的浪费，使资本市场的资金没有得到有效配置。

4. 倡导机构投资者参与定向增发

JX公司以往的定向增发对象一般都是控股股东LG及一些基金或者证券等投资机构，但是JX公司在2020年的初步定向增发预案中的定向增发对象为JX公司的控股股东LG及核心员工，将员工作为定向增发对象不符合定向增发制度中对战略投资者的定义，在受到证监会的问询后，仅将控股股东作为唯一定向增发对象。因此，上市公司在定向增发的过程中，可以引入更多战略投资者，如投资机构、基金公司等，通过引入战略投资者，股票的价格将更接近市场价格，可以更好地维护中小股东的权益。当定向增发的认购对象中，控股股东认购的比例较高或者仅将控股股东作为认购对象时，相关部门可以严格把控股票的发行价格或者限制控股股东认购的比例，以免出现控股股东以较低的股价认购大量股份，侵害中小股东的权益。另外，战略投资者相较于中小股东来说，更具有专业性及充足的资金，他们可以在定向增发的事前、事中、事后起到一定的监督作用，有能力参与上市公司的一些重大决策，更有能力识别出上市公司的一些侵害中小股东利益的行为。

四、本章小结

本案例以JX公司作为研究对象，以2020年我国再次放宽再融资政策为背景，重点研究JX公司2020年度定向增发中控股股东进行利益输送的动因、行为及其产生的经济后果。

首先，从JX公司资金的充足性与资本结构两个层面来研究此次定向增发的必要性：一是JX公司的流动比率在最近五年内几乎都高于行业平均，其账面可变现资产是比较丰厚的，足以支撑其所要实施项目的开展；二是JX公司的资本结构在医药行业内属于资产负债率较低的，故从以上角度得出JX公司此次定向增发的动机并不充分。

其次，本案例认为JX公司控股股东能够实施利益输送的动因主要有以下三点：一是JX公司控股股东在JX公司历次定向增发过程中都会认购一定比例的股份，主要是为了避免自己丧失对JX公司的控制权，也更方便自己以后实施利益输送；二是从外部资本市场环境来看，2020年证监会放宽了再融资政策，折价率从90%降低到80%，融资规模也由股本的20%放宽至30%，这些政策在一定程度上也会导致部分公司利用放宽的政策实施利益输送；三是JX公司的治理结构包括董事会、监事会、独立董事，高层在作决策时更容易受到相互之间利益关系的制约。

再次，JX公司控股股东进行利益输送的方式有以下几种：一是JX公司在定向增发前后进行高送转的行为，在定向增发后JX公司的高股利分配也可以使不能将股票及时变现的控股股东直接获益；二是JX公司关联交易所产生的资金是否被控股股东挪用作为参与定向增发的资金是值得相关机构关注的；三是JX公司控股股东从上市公司发起第一次定向增发到最近一次定向增发的数十年间，反复进行高额股权质押，其较多使用股权质押的方式来套现是在利用资金往来占用公司资金。

最后，本案例认为医药行业在项目融资方面相较于其他行业更困难，主要是由于医药项目存在周期长、不确定性大、前期资金投入大、投资风险高等特点，筹资渠道相比其他行业项目较少，但这也不能作为医药行业部分上市公司利用政策的宽松为自己进行利益输送的原因。

未来，希望有相关部门或者其他学者能持续关注JX公司最近一次定向增发项目的后续实施状况、项目的效益及资金的使用效率等问题。2020年我国放宽定向增发政策后，出现一些上市公司抓住政策的宽松为自己牟取不正当利益，破坏资本市场的健康发展，希望相关部门与其他学者可以多关注并监督上市公司的定向增发行为，同时为相关部门如何预防此类事件的发生提供一些具有针对性的建议。

■ 思考题

1. 什么是定向增发？定向增发的动因何在？
2. 在定向增发中存在哪些问题？

3. 2020年国家放宽定向增发政策后，上市公司的定向增发呈现哪些特点？从政府监管层面，应如何进行约束？
4. 定向增发的利益输送行为有哪些？
5. 应该如何应对定向增发中存在的利益输送问题？

【理论依据】

1. 信息不对称理论

信息不对称是指信息的传递具有一定的时效性，有的投资者在企业中担任重要职位而能够更快地获取信息，但有的投资者不是企业内部人员而无法及时获取会影响自己投资决策的重要信息。在本案例中，JX公司的控股股东由于对公司内部情况了如指掌，可以选择合适的时机进行分红进而降低定向增发股票的定价，还可以在定向增发前发布一些利好信号来提高股价，以便在定向增发后进行股权质押套现，控股股东的这些利益输送行为对于处于信息劣势的中小股东来说是难以察觉的，等到中小股东察觉时股价早已下跌，股票也被套牢，利益也就受到了侵害。

2. 市场择时理论

市场择时理论，又称机会窗口理论，由斯坦于1996年提出。该理论认为当市场对企业价值高估或低估时，企业会选择有利的时机进行股票的发售或回购股票以获取超额收益。斯坦在《非理性世界的理性资本安排》中提出，非理性的资本市场导致了投资者对上市公司股票价值的误判，而理性的管理者则利用投资者的误判牟取利益，即在公司价值被高估时销售新股，在公司价值被低估时回购股票。根据《上市公司非公开发行股票实施细则》的规定，上市公司可以在董事会决议日、股东大会决议日及股票发行期首日中选择一天作为定价基准日。根据市场择时理论，上市公司如果存在对控股股东进行利益输送的动机，则会选择最合适的时机以最低的价格进行股票发售。2002年，Baker和Wurgler对市场择时理论进行了拓展，认为公司管理者可以利用资本市场窗口期，为公司选择最有力的融资工具，节省融资成本，实现股东利益最大化。

3. 隧道挖掘理论

Johon(2020)使用"隧道挖掘"一词来描述控股股东将资源从上市公司转移给自己的一种现象，我国学者也称之为"掏空""利益侵占"等。我国上市公司股权集中化的情况比较常见，容易引发委托-代理理论中的第二类代理问题，即控股股东利用自身对公司业务的话语权影响公司的一些重要决策。而隧道挖掘理论则是揭示了控股股东通过一些隐蔽的手段来转移公司财产，实现自身利益，侵害中小股权权益。结合本案例，控股股东在定向增发过程中利用关联交易、占用公司资金、低价认购新股等利益输送手段转移公司资产,这些隐蔽的手段被掩饰为一些看似合理的商业行为,也就构成了挖掘公司资产的"隧道"。

■ **参考文献**

[1] 杨鸣京.大股东认购对定向增发定价的影响:基于竞价发行方式下统一价格拍卖机制的分析[J].当代财经,2022(10):126-136.

[2] 控股股东股权质押是定向增发的"冷却剂"吗?[J].生产力研究,2022(07):113-117,138.

[3] 党宏欣.控股股东股权质押、掏空与公司财务困境[J].财会通讯,2022(03):61-64,78.

[4] 熊发礼,林乐芬.定向增发定价机制、投资者保护与财富转移[J].价格理论与实践,2021(4):5.

[5] 王健,李明操,郭文轩,等.个股情绪、定向增发与大股东利益输送:来自中国A股上市公司的经验证据[J].中国管理科学,2021(02):23-35.

[6] 张卫东,李莉.监管新规优化了定向增发市场环境吗?[J].武汉金融,2018(07):9-14.

[7] 吕可夫,阮永平,郑凯.监管强化外溢效应的定向增发实例剖析[J].上海金融,2020(09):52-61.

[8] 章卫东,黄一松,李斯蕾,等.信息不对称、研发支出与关联股东认购定向增发股份:来自中国证券市场的经验数据[J].会计研究,2017(01):68-74,96.

[9] 曹丽梅,徐一辰.机构投资者参与定向增发的动机研究:以葛洲坝为例[J].会计之友,2020(22):66-72.

[10] 王化成,刘金钊,高升好,等.掏空还是信号传递:大股东参与与定向增发折价[J].管理评论,2020,32(09):266-279.

[11] 刘超,阮永平,郑凯.定向增发、契约特征与大股东资金占用[J].外国经济与管理,2020,42(06):126-138.

[12] 朱艳苹,郭薇.上市公司定向增发的公告效应及影响:基于事件研究法的验证[J].中国注册会计师,2020(06):50-57.

[13] 丁畅.我国创业板上市公司定向增发对公司绩效的影响研究:基于EVA视角[J].时代金融,2020(28):17-20.

[14] 肖万,孔潇.股权集中、再融资与定向增发的选择:基于创业板的检验[J].工业技术经济,2020,39(04):132-138.

[15] 张丽丽.定向增发并购中大股东的角色:支持还是利益输送:基于上市公司并购非上市公司的实证研究[J].山西财经大学学报,2018,40(07):82-97.

[16] 简冠群.控股股东股权质押对定向增发股价长期表现的影响[J].现代营销(下旬刊),2018(10):55.

[17] 周菁,刘怡辰.大股东定向增发背景下现金股利对上市公司长期绩效影响研究[J].时代金融,2018(03):141-143.

[18] 李秉祥,简冠群.控股股东股权质押、投资者情绪与定向增发股价长期表现[J].中央财经大学学报,2017(11):75-84.

[19] 王振山,王秉阳.择时融资会恶化公司的经营业绩吗?[J].经济管理,2017,39(07):183-198.

[20] 崔宸瑜,陈运森,郑登津.定向增发与股利分配动机异化:基于"高送转"现象的证据[J].会计研究,2017(07):62-68,97.

[21] 江杨,李春涛,王森薇.从审计视角看信托公司参与上市公司股票定向增发业务的监管漏洞[J].上海金融,2017(08):85-88.

[22] 车文楷.基于利益驱动角度的"高送转"动机研究[D].济南:山东财经大学,2016.

[23] 卢静.论定增中非公允关联交易的法律规制[J].河北法学,2015,33(10):160-169.

第十章　管理会计信息系统在养老健康产业的应用

管理会计信息系统是推动财务转型和企业信息化的重要手段。业财融合是企业借助信息技术手段打破内部业务和财务的边界,使业务与财务在系统、流程、信息、数据等方面实现高度融合的方法,在激烈的市场竞争中,对企业的决策能力、客户服务、流程再造、协同能力、制度保障都起到关键作用。在企业发展壮大的过程中,组织结构容易变得松散,特别是规模性扩张的过程中,企业财务和业务容易分离,企业在集团化、连锁化的战略发展理念下,需要考虑内部流程优化并加强企业内部控制,可以通过管理会计信息系统来实现战略目标。近年来,大数据转型的发展理念逐步使企业转向信息化发展,企业在信息系统完善的过程中,特别是管理会计信息系统完善的过程中,不断实现管理控制来提高企业的整体效率。A公司在信息化转型的过程中,将业务系统融入财务共享平台,通过网络技术达到深度融合,以业务数字化为基础,以财务管理自动化为主线,将实现业财融合、支持公司战略实现为公司目标。本案例通过介绍A公司的信息化转型的全流程,深度挖掘管理会计信息系统在养老健康产业的应用。

一、背景描述

江苏省是全国人口老龄化程度较高的省份。根据江苏省民政厅的统计数据,截至2019年年底,江苏省全省60周岁及以上户籍老年人口1 834.2万人,占户籍总人口的23.3%;享受高龄补贴的老年人258.5万人。为应对深度老龄化社会带来的挑战,A公司发挥国企责任与担当,负责A市养老健康产业的经营管理。

A公司现资产规模10亿元,员工400人,年均营业收入1亿元,下属子公司4家,运营管理老年公寓社区、护理院、日间照料中心超过15万平方米。A公司是中国养老社区十大品牌企业,老龄产业协会副会长单位、省养老机构标准化试点单位。自成立以来,A公司通过自建、合作和并购等形式,向老年人及失能、失智人群提供生活照料、护理、康复、医疗、临终关怀等全流程养老服务。

二、主要问题及动因分析

A公司经过多年发展,已建立较为完善的制度体系,通过了ISO9001认证,完成了养老服务标准化认证,入住规模和服务水平处于行业领先地位,但在管理上,还存在的一些问题亟待解决。

(一)单位管理现状分析和存在的主要问题

(1)内控制度和管理流程主要基于人工控制,在执行上缺乏保障。

(2)业财数据尚未深度共享和融合,财务工作以会计核算和满足对外报告为主,工作效率较低,数据准确度不高,未能深度参与公司决策和经营管理。

(3)绩效考核的精细化程度不高,尚未对末级业务单元实施更有效的业绩绩效考核,需要进一步增强全员降本增效的意识,提升长期盈利能力以支持集团化连锁化经营。

(4)原始数据来源分散、格式规范不统一,大量基础数据尚未积累形成数据资产,无法为经营决策服务。

(5)对连锁机构缺乏有效的信息化管理监督手段,实施集团化、连锁化战略缺乏基础支撑。

(二)选择管理会计信息系统的动因分析

2017年以来,地产和保险企业纷纷进入养老市场,围绕养老概念大规模投资、建设项目,市场竞争激烈且呈现多元化发展趋势。A公司作为中国养老社区十大品牌企业,力争在激烈的市场竞争中实现可持续经营和集团化、连锁化发展,通过推动管理会计信息系统应用,一是提升业务自动化水平,实现内控系统化;二是实现业财融合,提高数据准确性和工作效率,提升核算精细化水平;三是提升客户群体满意度,打造独特的信息化服务优势;四是实现利润中心绩效考核与全面预算管理,通过运用管理会计工具降本增效,增强公司盈利能力;五是为集团化、连锁化战略构建坚实的基础。

三、改进与应用

(一)管理会计信息系统总体设计

1. 应用管理会计信息系统的目标

养老行业是劳动密集型产业,在人力成本日益增长的大环境下,加快养老机构信息化建设是实现降本增效和高质量发展的必由之路。通过管理会计信息系统的应用，进一步提高工作效率，实现精准降本、显著增效，实现价值创造的主要目标如下：

（1）实现全流程信息化。A公司采用信息化手段，与计算机软件企业合作开发适合自身企业内部流程和业务的软件，实现公司全业务、全流程的自动化处理，提升公司核心竞争力，推动集团化、连锁化战略落地。

（2）实现业财深度融合。A公司通过将业务和财务再设计，提升数据准确性和核算精细化程度，提高公司的管理和控制效率；同时，对团队实施利润绩效进行考核与分析，提高公司盈利水平并实现企业战略目标。

（3）实现全面预算管理。A公司通过提升公司全员降本增效的意识，进一步控制企业的成本并提升企业的价值。

（4）实现财务参与经营决策。A公司通过推动财务部由财务会计向管理会计转型，开展预测、决策、控制和考核，为企业决策服务。

（5）实现数据赋能发展。A公司不断积累经营数据，统一数据来源和规范标准，形成数据资产，完善企业管理会计信息系统，打造数字化、智能化的高质量新引擎。

（6）实现企业文化提升。A公司通过应用管理会计信息系统，改变全体员工的固有思维和习惯，把精益求精、团队协作的精神融入企业文化，透明化现有流程，简化企业管理过程中的控制难度，提升科学管理水平。

2. 应用管理会计信息系统的总体思路

管理会计信息系统建设以业务数字化为基础，以财务管理自动化为主线，以实现业财融合、支持公司战略实现为目标。

A公司自主开发的"颐养通"管理会计信息集成系统（以下简称集成系统）能够实现客户管理、合同管理、运营服务、计费与结算、一卡通、收费中心、微信平台、短信平台、绩效考核、数据分析等功能。集成系统下设三个子系统，总体思路如图10-1所示。

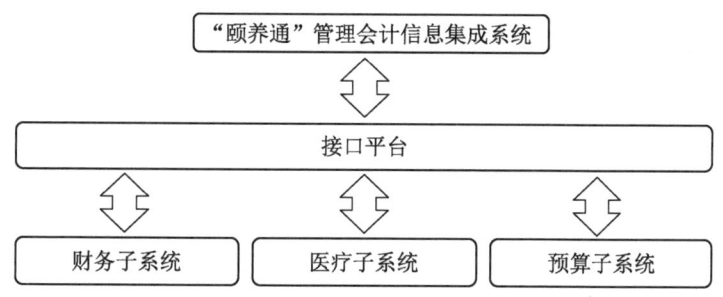

图10-1 集成系统总体思路

(1) 财务子系统，即用友软件（版本号13.0），主要实现资产管理和供应链管理、人事信息与考勤、薪酬管理、财务核算与报表编制。

(2) 医疗子系统，即杭创His系统（版本号5.0），主要实现护理院病案管理、医嘱、医技、医保结算等业务。

(3) 预算子系统，主要以成本费用为核心，将预算职能与各部门的业务活动联系起来，结合财务子系统，实现各项费用的事前控制、事中管理和事后分析。

集成系统与三个子系统间通过接口平台实现系统集成、数据共享，共同构建业财融合的管理会计信息系统。

3. 管理会计信息系统的主要内容

(1) 业务流程再造与管控。A公司集成系统以"提升全流程管理效率、加强关键点控制力度"为目标，重新梳理业务流程，主要包括入住管理、销售管理、合同管理、客户信息维护、计费与结算、房态分析、退住管理等。客户看房、订房、签约、缴款、入住、变更等全部流程均在集成系统中完成，实现业务标准化、流程化，降低操作风险，避免流程人为变更、费用计缴误差等情况。

(2) 业财融合。A公司通过财务子系统、医疗子系统、预算子系统与集成系统等业务系统的有机融合，统一会计科目编码，开展会计集中核算，主要内容包括长者服务费、能耗和押金收款、收入分期确认、增值服务核算、成本核算、采购核算、资产核算、一卡通核算、医保核算等会计凭证的自动化处理和财务数据的自动归集、记录与分析。A公司坚持将会计计量和管理融入系统、融入流程、融入业务，致力于价值创造过程，提高管理会计工作效率和质量，实现管理会计的自动化、集成化和智能化。

(3) 预算控制。A公司通过预算子系统对预算进行事前控制、事中管理和事后分析，将董事会批准的年度预算按公司、部门、经营单元分解录入预算子系统，推进公司全面预算管理，实现全部成本费用的自动化预算管理。各项报销单据经财务部审核后自动生成凭证，预算不足的将无法申请，定期形成预算差异报告，确保年度预算目标顺利完成。

(4) 绩效考核。为了实现各责任中心（业务单元）绩效考核的精细化管理，A公司与考核相关的会计核算部门均设置到末级业务单元，集成系统对各末级单元的收入和成本费用进行核算与统计，按月出具绩效考核报表，实现精细化管理。

(5) 经营分析。随着集成系统各项功能逐步完善，A公司业务和财务所需的主要数据均在集成系统中管理，通过针对性的数据分析支持公司经营决策。

4. 应用管理会计信息系统的创新

1) 不同系统的集成运用

由于目前养老行业内没有成熟的管理会计信息系统解决方案，在进行充分的市场调研后,A公司确立了"自主开发"与"系统集成"相结合的方针,引入2名行业专家和2家上市软件公司,完成了集成系统的总体设计。一方面在成熟软件产品的基础上,降低系统应用风险;另一方面对没有现成产品可匹配的业务,确立集成系统的个性化开发方向,自主研发以满足业务的实际需求;同时自主设计了接口规范,确定各子系统间数据交换格式、内容和规则,实现各子系统的集成运用。

2)筑牢信息技术的著作权优势

在软件公司的协助下,A公司使用Java、Python、C♯开源框架等多种软件开发技术,在Tomcat应用服务器上整合开发集成系统,A公司拥有该系统的全部源代码,并取得了软件著作权,集成系统具有强大的可扩展性和适应性。在此过程中,A公司的信息化队伍也实现了从无到有、从有到优的转型升级。

3)实现业财的深度融合

集成系统不是简单的手工操作线上化,而是业务和财务的深度融合。A公司财务部全流程参与信息系统建设,坚持融入系统、融入流程、融入业务,对A公司各类业务与管理模式设计进行审核和确认,致力于价值创造全过程,提高管理会计工作效率和质量。

4)保障集团化、连锁化战略实施

通过计算机网络与通信技术,集成系统在A公司本部集中配置和管理,各下属子公司与实际负责经营的单位远程连接使用,降低运营管理成本,实现对所有机构的集中管控,提高企业信息共享和使用程度。

5)强大的数据赋能

业财管理数字化升级后,基于系统的无缝衔接,业财数据能够相互关联并自动匹配,A公司财务人员利用数据挖掘与分析技术,从多维度开展动因分析,研究重点从原来简单的本量利分析向战略性财务、竞争性财务等领域拓展,在战略价值评估、价值链、商业模式设计、内部治理机制等方面为企业决策提供支持。

(二)应用过程

1. 组织架构

A公司按照集团化、连锁化管理架构,在董事会领导下,由总经理室负责经营管理,职能中心各部门统一管理财务、市场、人事和采购等工作,各项目中心主要负责具体服务和运营工作。A公司组织架构,如图10-2所示。

2. 参与部门和人员

A公司高度重视经营班子,成立由财务总监牵头,行业专家和技术专家等5人组成的信息化工作专班,同时联合2家上市软件公司和1家财务软件服务提供商,由近20名开

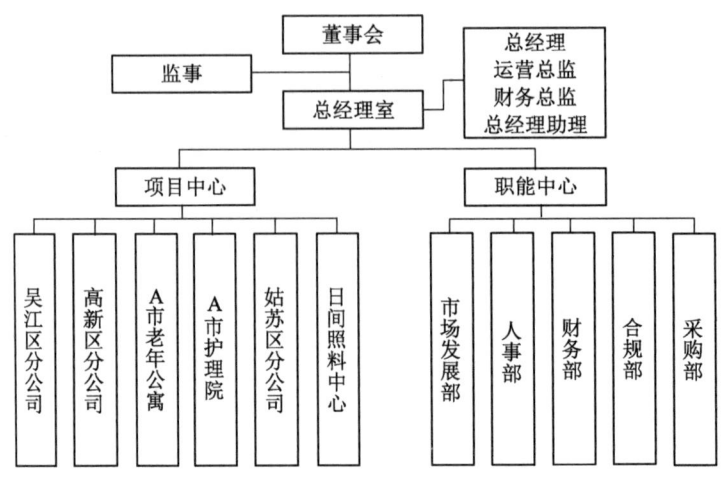

图 10-2 A 公司组织架构

发和实施人员组成了集成系统、医疗子系统、财务子系统和预算子系统四个项目组。在组织架构建立时,项目组就确立了业财融合方向,由财务部负责牵头确认业务和财务需求,市场发展部、采购部、综合部、人事部、营运部、物业、护理部、医技科、药房、餐厅等 10 个职能部门共派出约 15 名业务骨干加入项目组,配合提供需求、资料准备、系统测试等工作。系统开发组织结构,如图 10-3 所示。

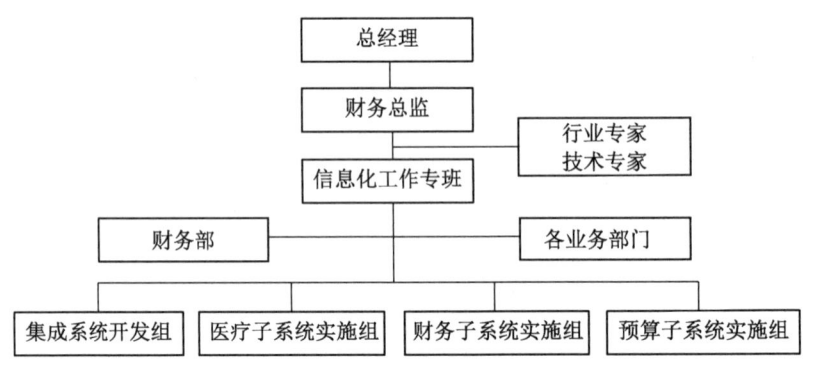

图 10-3 系统开发组织架构

3. 应用管理会计信息系统的基础

硬件和网络方面,A 公司建设了覆盖整个园区的局域网,配置了 24 台高性能服务器用于集群和虚拟化部署,机房按照二级等保标准设置了双重防火墙、UPS 电源、机房环境管理系统等,设有多条专线与医保系统连接。制度支持方面,A 公司通过了 ISO9001 认证,完成了养老服务标准化认证,聘请德勤会计师事务所完成了内部控制体系建设,各项制度如采购管理办法、报销支付管理办法、合同管理办法、预算管理办法等比较完善。

4. 应用模式和应用流程

根据工作专班确定的系统总体架构,由工作专班总协调,四个项目组同步进场开展需求调研,提出具体实施和开发方案、时间计划。工作专班会同财务部对方案进行研究讨论,针对组织结构和不合理的业务流程向公司提出调整与流程再造建议,实现组织结构与流程的优化。各项目组按照优化后的方案分别开展系统实施与软件开发,工作专班实时跟踪系统进度,协调矛盾差异,确认需求变更,组织测试和系统验收。

1) 集成系统

由 A 公司与上市软件公司共同定制开发的集成系统,该系统使用 Java、Python、C♯ 开源框架开发,系统具有强大的集团化组织架构权限功能。从横向上看,用户隶属于不同角色,可根据角色分配功能权限;从纵向上看,用户隶属于不同的组织,可按照组织设定数据访问权限;从功能上看,集成系统涵盖了客户从入住到合同打印、从服务到收费、从单据到凭证的所有管理环节,具有技术新颖、功能丰富、切合实际等特点。集成系统主界面如图 10-4 所示。

图 10-4 集成系统主界面

(1) 客户管理。每个客户在集成系统中都有唯一编码,与客户有关的信息登记、合同、收费、退住、财务数据等操作全部在线上完成,实现对各机构客户的集中管理。集成系统提前准备了经批准的合同模板、收费标准,可根据客户需求和评估结果自动生成并打印合同和单据,相关信息自动传递至收银处和会计核算部门,提高了数据的准确性与及时性。

(2) 服务管理。服务管理包含智能公寓服务、护理院服务、养护区服务、安养区服务等,具体内容包括入住、退住、退换房、合同变更、能耗处理、增值服务、照护记录、交接班管理、酒店入住与收费等。各项功能基于业务实际定制开发,实现管理线上化;对涉及费用的环节,集成系统自动将相关信息传递到财务部,经批量处理后自动生成凭证。入住流程如图 10-5 所示。

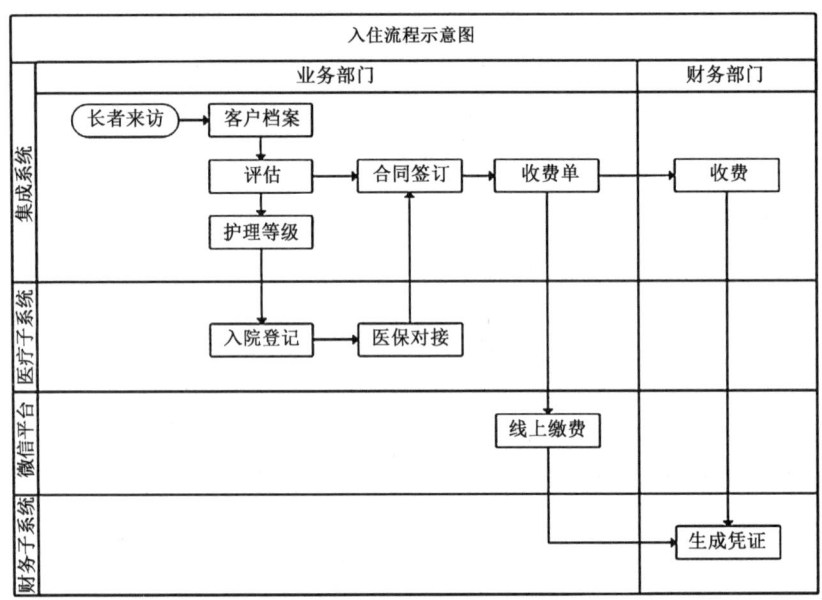

图 10-5 入住流程

(3) 一卡通系统。一卡通系统通过一张卡实现了入户门锁、超市购物、餐厅消费、能耗扣费、进出门禁多项功能,使用 Python 语言自主开发,在共享客户档案、人事档案的基础上,集成了餐厅消费机、门禁控制器、电梯控制器、超市消费机等设备。一卡通系统可以对卡片权限、消费时段、消费机器、各门禁点权限进行管理,也可根据情况增加和更换不同厂商设备。在软件功能方面,该系统根据公司业务特点开发了丰富的查询报表,可从不同维度分析消费行为数据;在提高财务效率方面,通过该系统能耗扣费功能,减少收款和记账工作;在个性化服务方面,该系统集成了短信平台,可按客户需求配置短信模板,将扣费、消费、进出机构时间等信息实时发送至家属或长者手机。

(4) 财务管理。集成系统设计了强大的财务管理功能,能够集中处理各业务模块产生的押金、服务费、能耗收费、一卡通充值、退费、收据、医保结算等数据。数据经财务部处理完成后,传至业务部门执行后续操作,实现业财联动。财务管理模块对所有收据按顺序自动编号管理;对涉及预收结转的收据,财务管理模块自动按月结转收入;对不同业务数据,财务管理模块按照系统配置自动生成对应的财务凭证;对能耗等费用,财务管理模块可根据客户选择在一卡通系统中自动扣除等。

(5) 绩效考核管理。随着集成系统的完善,财务核算日益精细化。信息化工作专班与人事部按照阿米巴经营理论,聚焦业务单元,激发内驱动力,根据业务单元属性,划分利润中心、成本中心、职能中心。通过核算、衡量业务单元贡献,形成以利润为核心、其他相关指标为补充的绩效考核体系,汇集各利润中心(业务单元)直接发生的收入、成本、物资领用、医疗子系统收支等数据,对成本中心发生的费用合理分摊到利润中心,自动计算并生成各考核单元的考核利润成果,各考核单元负责人可根据权限查询考核结果和收支明细。利润中心绩效考核推出后效果显著。

(6) 缴费管理。缴费管理模块通过集成银行智能 POS 和微信服务号实现连锁机构客户线上、线下缴费功能。在实际操作中,业务模块生成的收费数据同步传递到收银处和微信服务号,客户线下缴费时,收银员将集成系统生成的账单推送到银行智能 POS,客户可以刷卡、微信、支付宝的形式缴费;客户线上缴费时,可直接登录微信服务号查看账单并缴费。客户线上、线下缴费成功后,集成系统根据返回状态自动更新收款数据,并通过接口平台将数据传递至财务子系统自动生成凭证,大幅降低了收银工作强度。

2) 财务子系统

财务子系统主要实现供应链管理、人力资源管理、总账和固定资产管理。在财务子系统的标准模块基础上,A 公司进行了相关接口的定制开发,满足了业财融合的需要。

(1) 供应链管理。供应链模块覆盖了包括药品、耗材、餐厅食材、办公用品、工程物资等所有物资采购。根据优化后的业务流程,药房、餐厅、综合办公室等物资保管部门根据需求和安全库存要求,在财务子系统中批量生成请购单,采购部根据请购单生成采购订单,保管部负责验收入库。其中,对于药品等特殊物资,供应链模块通过定制开发的财务子系统插件,自动将入库信息经接口平台传入医疗子系统,实现两个系统间的入库数据同步。物资入库后,采购专员根据纸质发票和入库信息在财务子系统中生成发票,财务部审核后生成凭证,形成总账中库存商品相关科目的借方。

对于耗材、办公用品、工程物资等由需求部门申请出库;对于餐厅生鲜食材按需求每日供货的情况,财务子系统配置为入库时同步自动出库,以减轻工作量;对于药品出库,由医生在医疗子系统中根据病人实际情况录入医嘱,药房根据医嘱出库药品,数据经接口平台在财务子系统中自动生成出库单,实现两个系统的出库同步。月末,财务子系统结转当月出库成本,形成总账中库存商品相关科目的贷方。

每季末药品在医疗子系统中进行盘点,盘点单经接口平台自动传入财务子系统,除药品外的其他物资直接在财务子系统中进行盘点。对于盘点差异,经负责人按权限确认后,财务子系统生成盘盈入库单、盘亏出库单,相关单据自动生成财务凭证,调节总账中库存商品相关科目余额,实现实物库存金额与总账相关科目余额一致。

(2) 人力资源管理。人力资源模块主要实现人事档案、合同、考勤和薪酬管理,部门信息会自动传到接口平台供其他子系统使用。目前,A 公司有 60 余种考勤班次,通过提前录入员工排班信息,人力资源模块读取人脸识别考勤机数据,自动匹配计算员工出勤情况,汇总生成月考勤,根据月考勤自动计算工资、社保等数据。

(3) 总账和固定资产管理。总账模块细化了部门辅助核算,配合完成利润中心考核;固定资产模块,新增若干台便携式的移动办公设备,对各子公司近 2 万件固定资产重新打印并粘贴二维码资产标签,通过扫码盘点的方式,提高固定资产盘点效率。

3) 医疗子系统

护理院子公司使用杭创 His 系统,该系统主要包括住院结算、医生工作站、护士工作站、药房、病案管理等模块,用于完成病人与住院有关的医嘱、用药、检验、康复、医保结算等内容。医疗子系统按照 A 公司业财融合的要求进行了定制开发,医嘱与出库数据实时传到接口平台,财务子系统获取接口平台数据生成销售收入和出库成本凭证。

4) 预算子系统

预算子系统利用公司管理会计核算数据,建立从业务指标到财务指标的预算编制模型,并可根据实际业务执行情况动态调整和灵活管理。各业务部门通过对预算使用和控制负责,形成全员参与的预算管理文化。在实际使用中,业务部门在费用发生前要先在预算子系统中申请,如图 10-6 所示,超预算则无法申请;报销时按实际金额核销,财务部根据报销单据与预算子系统中的取号记录自动生成凭证。

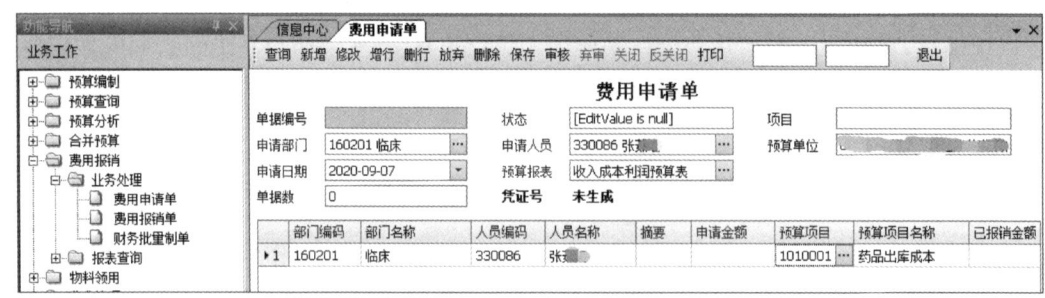

图 10-6 预算费用申请

预算子系统提供了 25 种查询和分析报表,用于财务部和业务部门分析使用。财务部通过预算子系统监控关键指标,设置超预算提醒,准确预测支出发生情况,如图 10-7 所示。

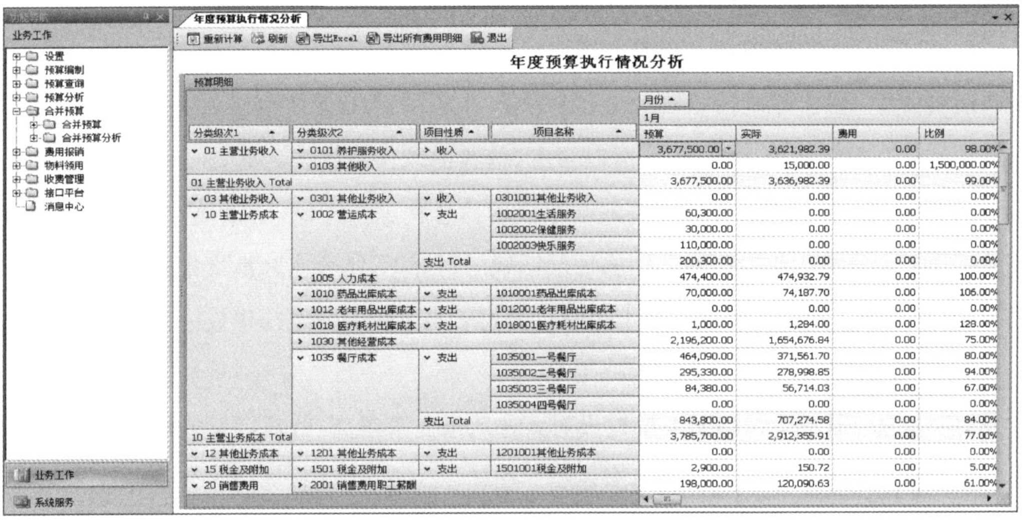

第十章 管理会计信息系统在养老健康产业的应用

图 10-7 预算子系统年度预算执行情况分析

5）接口平台

根据总体设计思路，A 公司集成系统成功的关键是数据集成。为此，信息化工作专班召集各软件公司，共同编写了接口规范。在系统开发前，信息化工作专班与软件公司一起深入讨论了各系统接口，提前设计各子系统对接的数据内容、结构、编码方式等。在基础档案方面，各模块通过接口平台共享客户档案、组织架构、人员信息、物资编码；在业务流方面，通过接口平台实现业务流与财务流的交互。接口平台成功地将自主开发的集成系统、财务子系统、医疗子系统、预算子系统集成起来，构建 A 公司的管理会计信息系统，如图 10-8 所示。

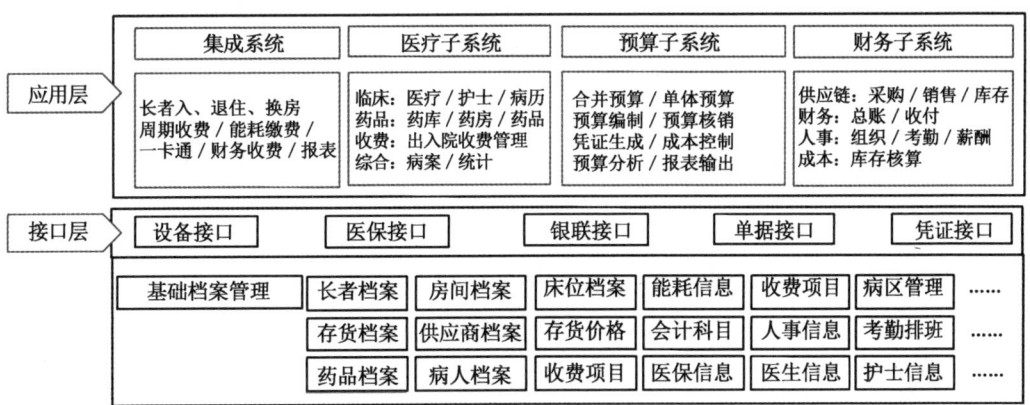

图 10-8 A 公司管理会计信息系统

（三）在实施过程中遇到的主要问题和解决方法

1. 问题1：系统建设缺乏参照标准

解决方法：由于养老行业信息化水平较低，主流的ERP系统价格高，也没有养老行业管理会计信息系统解决案例，缺乏可以参考、借鉴的软件系统。为此，A公司建立了由行业专家、财务及软件专家、总经理室共同组成的信息化工作专班，全面负责管理会计信息系统工作。信息化工作专班在公司管理层明确的目标下，结合实际汇聚集体智慧，对系统进行了顶层设计，同时邀请了2家上市软件公司参与系统的开发与集成。

2. 问题2：人才队伍缺乏

解决方法：管理会计信息系统建设对人才队伍要求很高，既需要精通财务和管理，又要懂业务和信息技术。A公司通过市场招聘组建了信息化部门，部门各成员的能力结构、知识结构、年龄结构合理搭配。同时，A公司培养信息系统关键用户，在相关人员调岗或离职时进行约束和交接，确保信息系统使用的延续性。

3. 问题3：业务需求不明确，导致各部门需求冲突

解决方法：信息化工作专班采取"自上而下"的顶层设计，由长远到近期、全面到局部，构建信息系统全局化蓝图；四个项目组围绕顶层设计和统一的接口规范，采取"自下而上"开发策略，循序渐进实现具体功能；信息化工作专班中的总经理室负责解决需求冲突和部门矛盾；财务部对需求进行控制，确保业财融合顺利实现。

4. 问题4：业务部门信息化意识不强

解决办法：由于业务部门一直以来依靠手工管理，入住、合同、采购等业务自由度高，集成系统实施后加强了流程控制，强调了信息的全面性、精细化和合规性，对此A公司通过压实业务部门主体责任，强化公司内控执行，通过进行人员调岗及加大培训力度等方法，提升企业文化共识，增强业务部门信息化意识。

（四）管理会计信息系统成效分析

1. 应用管理会计信息系统前后情况对比

管理会计信息系统实施前，A公司内部控制的执行主要依靠人工进行；业务部门对预算的参与度较低；凭证主要依靠手工输入，核算不精细，工作量大；A公司2022年收入虽较2021年增加了1 800万元，但净利润仅增长620万元，经营效率不高；公司的连锁机构也难以管控。

管理会计信息系统上线以来，A公司在流程控制、经营效率、经济效益、战略实现等方面有了显著提升，具体如下。

1) 完善内控体系，以自动化管理提升科学管控

A 公司通过对业务流程优化和再造，删除了 25 个不必要的流程，将主要的 60 个流程融入系统，解决了流程不规范、内控执行不严及数据不准确的问题。企业内部控制方面，A 公司聘请德勤会计师事务所建设内部控制体系，将其编制的内控矩阵、控制活动融入集成系统；管理会计报告方面，集成系统可以生成预算管理报告、关键经营指标分析报告、采购成本分析报告、季度绩效考核报告等 5 份管理会计报告，提高了信息整合水平，增加了管理会计对业务发展的动态支持；一卡通及微信平台的全新上线，为长者提供了更全面、更便捷的信息化服务。

2) 实现业财融合，以精细化核算促进降本增效

财务数据由业务系统自动生成，实现了业财数据融合，随着供应链、考勤薪酬的信息化，提高了信息沟通质效，解决了科学降本手段单一的问题。财务部在不增加人员的前提下，从每年处理 5 万笔分录增加到 10 万笔，核算项目进一步细分，核算精细程度大幅提高。供应链管理模块投入使用后，A 公司第一年就实现了采购成本平均降低 8%，未来每年至少可以节约近 100 万元。

3) 加强预算管理，以实时化分析确保预算完成

A 公司通过预算子系统实现预算管理前移，通过对预算编制分析，实现了预算目标与公司战略、预算部门、预算管理过程各环节的联动。2022 年度 A 公司提前 4 个月完成了全年预算利润目标。

4) 突出绩效考核，以单元化管理促进业绩提升

A 公司运用平衡计分卡和阿米巴经营理论，强化各业务单元绩效考核，提高企业经营效率，实现了系统化的绩效考核，激发了内生动力。2022 年，A 公司按要求封闭式管理后，虽然收入增长放缓，员工薪酬等费用显著增加，但全年仍实现了营业收入同比增加 800 万元、利润同比增加 1 000 万元的经营成果。

5) 战略引领实施，以自主可扩展促进集团管控

根据 A 公司战略规划，在"十四五"期间要实现公司集团化、连锁化发展，就必须依靠管理会计信息系统，在核心功能和项目布点上实现灵活性和可扩展性，围绕战略规划实现企业价值。通过先进的计算机网络技术、通信技术等，A 公司负责运营管理的养老健康服务连锁机构远程使用集成系统，实现集团化管理和控制，打破物理地域限制，降低连锁机构管理成本，提高了企业信息共享程度，为战略、管理和业务提供有效支持，提高总部对市场需求的响应速度。目前，A 公司实际负责运营管理的下属连锁机构（管理面积超过 5 万平方米，床位近 600 床）已经全面使用集成系统。

6) 积累丰富经验,以数据赋能公司高质量发展

A公司通过多维度分析创新经营范围,开拓养老健康服务的未来发展空间,如从客户构成出发,分析不同地域客户占比、年龄构成、不同群体成交率及长期客户转化率,为制定细分市场营销策略服务;从客户行为出发,分析不同客户收入贡献、欠费周期、增值服务、用药及治疗、餐饮消费、能耗使用、外出频次等,为提高主营收入和服务质量提供决策依据。

业财管理数字化升级后,基于系统的无缝衔接,各项数据相互关联并自动匹配,A公司利用数据挖掘与分析技术,从多维度开展动因分析,重点从原来简单的本量利分析向战略性财务、竞争性财务等领域拓展,在战略价值评估、价值链、商业模式设计、内部治理机制等方面为企业决策提供支持,数字化和智能化今后将成为A公司高质量发展的新引擎。

2. 对解决企业管理问题情况的评价

管理会计信息系统的成功实施,提升了A公司经营管理水平,提高了经济效益。从管理上看,大部分业务流程信息化及业财融合的实现,解决了流程不规范、内控执行不严及数据不准确的问题;随着供应链、薪酬考核的信息化,解决了科学降本手段不足的问题;通过核算精细化和技术创新,实现了系统化的绩效考核,激发了内驱动力;一卡通及微信平台的全新上线,为长者提供了更便捷、更友好的信息化服务。

3. 对支持企业制定和落实战略的评价

2022年是A公司"十四五"期间的关键年,A公司提出在"十四五"期间实现连锁化发展战略。集成系统在2022年全面应用于A公司,为节约成本、实现利润目标提供了手段,实现了对连锁机构的集中管控。2022年,A公司新增落地两个养老连锁项目,管理面积超过5万平方米,床位近600床,连锁化发展迈出坚实的步伐。

4. 对提升企业管理决策有用性的评价

通过管理会计信息系统建设,A公司实现了全业务流程线上管理,实现了内控体系与管理会计信息系统的融合,实现了经营和财务数据的有效积累,开拓了经营管理创新空间,改善了业财信息沟通质量,增加了管理会计对业务发展的动态支持。通过数据分析,可以探索新市场和新经营模式的可行性与价值,为企业发展提供了更精准的决策支持。

5. 对提高企业绩效管理水平的评价

管理会计信息系统上线后,A公司初步实现了流程管控、业财融合、数据分析、绩效考核、经营预测、连锁化支持六位一体,提高了业务效率,降低了沟通成本,解决了信息不对称问题,夯实了管理基础,提升了公司连锁化管控能力,也为公司盈利能力的提高打下基础。

四、本章小结

(一) 管理会计信息系统基本应用条件

(1) 取得上级公司和公司经营层的认同与支持,形成共识。

(2) 战略定位清晰,要有较为健全的内控制度体系和相对标准的业务流程。

(3) 具有相应的资金实力和专业人才。

(二) 管理会计信息系统成功应用的关键因素

(1) 面对激烈的市场竞争,A公司已初步形成有利于管理会计应用的企业文化。

(2) A公司各项制度与标准化建设相对完善,管理基础较好。

(3) 建立了由专业信息团队和行业复合型专家参与的开发小组,在此过程中财务部深度参与,人才基础有保证。

(4) 设置合理的信息系统架构,在保证先进性的同时,采取集成开发、分步实施的策略,以点带面,逐步推进。

(三) 对改进管理会计信息系统应用效果的思考

A公司应用管理会计信息系统时,调整了部门业务界线,将权力与责任透明化,通过精细化核算与利润中心绩效考核打破了"大锅饭"。在此过程中,由于将管理会计信息系统应用与管理问题的解决合并进行,导致少数管理人员把对管理的抵触情绪转移到管理会计信息系统,使得管理会计信息系统推动难度加大,实施周期延长。在今后工作中,A公司如能采取措施提高员工大局意识,加强管理会计人才培养,提升现代企业经营管理水平,管理会计信息系统应用效果会更加理想。

(四) 管理会计信息系统在应用中的挑战

管理会计信息系统实施后,A公司通过全流程线上化操作和业财资源整合,实现了业务和财务深度融合,解决了信息不对称的问题,提高了数据分析利用能力;随着流程和内控融入系统,切实起到了提质增效、规范管理的作用,提高了工作效率和信息准确度。

但随着管理会计信息系统的全面和深度应用,该系统对A公司的数据安全、信息系统稳定、机房管理、网络环境、IT队伍素质等提出了更高要求,相关系统建设和维护的软硬件投入成本大幅增加,IT专业人员也成为关键岗位人员。

(五) 对发展和完善管理会计信息系统的建议

(1) 重视信息技术人才引进,加强对熟悉财税知识和养老行业的复合型人才的培养,财务部要积极向管理会计领域延伸。

(2) 加强制度和标准化建设,加强业财融合运用,落实管理制度化、制度流程化、流程表单化、表单数字化。

（3）加大对信息安全等的投入，重视技术文档与技术方法的总结提炼，保证管理会计信息系统的可持续迭代升级，使管理会计信息系统能持续服务于公司的高质量发展。

（六）对推广应用管理会计信息系统的建议

养老行业普遍存在信息化水平不高、专业人才和成熟产品缺乏的问题，A公司将继续深耕细作，不断完善和提高信息化水平，形成产品化、标准化的养老行业管理会计信息系统解决方案，提升养老行业的信息化水平。

■ 思考题

1. 以预算为核心实现管理会计的控制职能需要采取哪些措施？
2. 企业如何根据自身情况打造业财融合的管理会计信息系统？
3. 组织内部业务与财务职能的再分工和再改造的管理平台应如何产生协同效应？
4. 如何打破职能边界和系统壁垒，实现业务、流程、信息、数据的融合？
5. 管理会计信息系统在业绩评价及战略发展中的作用是什么？
6. 企业在行业内应如何进一步加深管理会计信息系统的建设并为行业提供参考？

【理论依据】

1. 信息化治理机制

随着管理信息系统平台的建设，财务人员得以将重心转移到企业决策和管理上，信息化的治理方式促使企业调整相关的管理制度规范，为信息化治理机制提供了保障，是数字化经济下的必然要求。

通过云计算、大数据等技术，管理会计对企业内部的管理数据、价值信息、各部门工作内容和方向、市场需求度、消费者体验度等多个维度信息进行分析、整合、处理，针对不同的数据信息和处理结果进行建模，从而构建智能化决策系统，为企业战略发展提供充足的数据支持和参考。其中，大数据技术和云计算技术的运算速度、科学性、精准性是保证智能化决策系统运行的重要因素。通过智能化决策系统，管理会计能够有效地解决企业决策中存在的信息孤岛、信息不对等现象，管理会计通过智能化决策系统提供的综合数据进行评估分析，以处理企业定量问题和定性问题。同时，智能化决策系统还有信息预警功能，便于企业及时调整发展方向和策略。

2. 流程再造与信息协同

财务数据的自动化、智能化需要将业务与财务有机融合，构建基于管理会计理念的管理会计信息系统，而实现管理会计信息化的关键在于流程再造与信息协同。企业庞大的数据,需要管理会计借助管理会计信息系统进行加工处理,实现价值链增值,实现资金流、业务流程和数据协同发展,为提高企业控制力度及提高企业经济效益提供动力。

流程再造是指流程的业财边界跨越与协同能力的构建。企业为了保证流程标准化工作的推进,实施工作组需要从各部门抽调业务骨干成立业务组,对业务流程再梳理、再完善,不断研究流程优化的方案,规范成员、组织之间的不统一、不确定事项,减少管理中的空白,降低流程中的损失率。在流程再造的过程中,业务组突破了业务和财务的系统边界,而管理会计信息系统为这个闭环管理提供动力和数据赋能。

信息协同是指信息的业财边界渗透,要求业务信息与财务处理的协同驱动,需要进行业务信息及财务处理的标准处理,提升信息的自动化程度和横向可比性。新的协同思维,既是协同文化的一部分,也是组织内部协同能力的一部分。管理会计信息系统在信息协同上减少了手工协同模式中的沟通问题、信息流失及错误问题,提升了协同的功能。

3. 业财融合的三个发展过程

从财务共享、业财共享到业财融合的过程,是信息技术在财务领域持续应用的过程,更是财务管理和组织不断转型优化的过程。随着信息技术提供的数据共享和系统集成能力的提高,传统财务管理中的结构化任务逐步由计算机替代,将财务工作者从简单、重复的核算、编报等工作中释放出来,使财务工作者可以思考如何从企业整体价值创造的角度,与业务部门更好地协同融合。

从系统科学视角看,融合不是简单的"加"或者"合",而是子系统之间边界的再定位、功能的再分配。因此,当信息技术承担了部分工作,特别是实现了业财边界上的表单数据传递、信息加工与共享等后,财务部门工作再定位并逐步深入业务端的过程,即财务组织转型过程,是业财融合的关键所在。

通过业财共享实现业财融合及管理会计转型的过程,主要分为三个阶段。

1)第一个阶段——业财融合的建设阶段

在这个阶段中,企业的主要工作是为业财融合的实现做好组织、制度变革的准备,重点工作是文化建设、业务模式设计、系统建设,为业务和财务相互之间的边界跨越奠定基础。

2)第二个阶段——初步业财融合的实现阶段

在这个阶段中,管理会计信息系统开始运营,企业真正开始业财融合,并不断优化流程、分工和管理,实现了财务和业务的融合。

3)第三个阶段——管理会计转型探索阶段

在这个阶段中,共享财务、业务财务、战略财务的梯队逐渐划分清晰,人员能力提高,战略财务逐渐形成,发展数据融合,利用数据分析提高决策能力、风险管理能力,形成价值共创合力,实现企业综合管理效益的提高。

养老行业普遍存在信息化水平不高、专业人才和成熟产品缺乏的问题,管理会计信息系统的建设为行业提供了从战略、业务、财务、绩效等方面的行业标杆,形成产品化、标准化的养老行业管理会计信息系统解决方案,提升养老行业的信息化水平。

■ 参考文献

[1] 刘颖,肖泽磊,於流芳.基于业财融合的管理会计体系实践研究:以D乘用车公司为例[J].会计之友,2019(22),44-47.

[2] 王晓辉.管理会计视角下企业会计信息系统新模式构建[J].财会通讯,2017(22),108-110.

[3] 谌灿霞,张秋芬.科技创新型企业管理会计信息系统构建探析[J].财务与会计,2021(20),64-67.